高等院校创新创业教育系列教材

创新创业理论与实践

Chuangxin Chuangye Lilun yu Shijian

主　编 ◎ 姜淑凤　王世刚
副主编 ◎ 樊　锐　刘秀林　黄丽敏

华中科技大学出版社
http://www.hustp.com
中国·武汉

内容简介

本书按照《关于深化高等学校创新创业教育改革的实施意见》文件精神,结合编者多年开展创新创业教育及指导大学生创新创业训练项目的经验编写而成。全书共有九章,包括绪论、创造学概论、创新思维与实践、创造技法与实践、创新理论与实践、TRIZ理论与实践、成果保护与价值实现、创业理论与实践、大学生创新创业大赛与实践分析。

本书坚持以理论与实践紧密结合为编写的指导思想,每章均由本章要点、理论知识点、实际案例、训练项目等环节组成,融入课程思政元素,"思创"有机结合,较好地反映出当前高校创新创业教育类课程改革的发展方向,符合高校培养创新创业型高素质人才的要求。

本书适合作为高等学校各专业创新创业类课程的基础教材,也可供广大创造、创新、创业知识学习与实践训练的人员参考使用。

图书在版编目(CIP)数据

创新创业理论与实践/姜淑凤,王世刚主编. —武汉:华中科技大学出版社,2022.7
ISBN 978-7-5680-7908-2

Ⅰ. ①创⋯ Ⅱ. ①姜⋯ ②王⋯ Ⅲ. ①创业-高等学校-教材 Ⅳ. ①F241.4

中国版本图书馆CIP数据核字(2022)第004716号

创新创业理论与实践 姜淑凤 王世刚 主编
Chuangxin Chuangye Lilun yu Shijian

策划编辑:张 毅
责任编辑:张 娜
封面设计:孢 子
责任监印:朱 玢

出版发行:华中科技大学出版社(中国·武汉)　　电话:(027)81321913
　　　　　武汉市东湖新技术开发区华工科技园　　邮编:430223
录　　排:华中科技大学惠友文印中心
印　　刷:武汉市首壹印务有限公司
开　　本:787mm×1092mm　1/16
印　　张:16.5
字　　数:422千字
版　　次:2022年7月第1版第1次印刷
定　　价:49.80元

本书若有印装质量问题,请向出版社营销中心调换
全国免费服务热线:400-6679-118　竭诚为您服务
版权所有　侵权必究

前言

当前,全国各级各类学校普遍开展创新创业教育,是服务国家加快转变经济发展方式、建设创新型国家和人力资源强国的战略举措,是深化教育教学改革、提高人才培养质量、促进学生全面发展的重要途径,是落实以创业带动就业、促进高校毕业生充分就业的重要措施。习近平总书记指出,要把创新创业教育贯穿人才培养全过程,以创造之教育培养创造之人才,以创造之人才造就创新之国家。全面做好创新创业教育改革,需要深刻认识创新创业教育的本质和内涵,把"培养什么人、怎样培养人、为谁培养人"融入创新创业教育全过程,突出创新创业教育的"育人"本质。

为深入贯彻全国教育大会精神,全面落实新时代全国高等学校本科教育工作会议精神,坚持立德树人,围绕学生忙起来、教师强起来、管理严起来、效果实起来,深化本科教育教学改革,培养德智体美劳全面发展的社会主义建设者和接班人。按照教育部《关于深化本科教育教学改革全面提高人才培养质量的意见》(教高〔2019〕6号)和教育部《关于加快建设高水平本科教育全面提高人才培养能力的意见》(教高〔2018〕2号)文件要求,进一步深化创新创业教育改革,把深化高校创新创业教育改革作为推进高等教育综合改革的突破口,面向全体、分类施教、结合专业、强化实践,促进学生全面发展;推动创新创业教育与专业教育、思想政治教育紧密结合,深化创新创业课程体系、教学方法、实践训练、队伍建设等关键领域改革;强化创新创业实践,搭建大学生创新创业与社会需求对接平台;发挥"互联网+"大学生创新创业大赛引领推动作用,提升创新创业教育水平,特编写《创新创业理论与实践》一书。

本书按照国务院办公厅《关于深化高等学校创新创业教育改革的实施意见》文件精神,结合编者多年开展创新创业教育和实践的经验编写而成,意在把通才教育渗透于本科教育的知识与能力结构之中,把"四创"(创意、创造、创新、创业)的教育理论与实践融入各学科专业教育之中,从根本上实现创新创业人才的培养;提出和倡导"创意无限、创造光荣、创新伟大、创业崇高""创新引领创业、创业促进就业"的创新创业教育理念,将创新创业教育作为教学改革和创新的主要方向,面向每一位学生构建创新创业教育平台,针对不同专业、不同类型、不同个性特点的大学生开展分层次、多元化的创新创业教育,即在通识性教育的基础上,基于不同专业特性对学生进行差异性的创新创业教育。

本书从实际出发,立足于培养和开发学生的创新创造能力,着眼于培养高级创新创业人才,加强理论与实践、历史与现实、思辨与实证的结合,采用深入浅出的手法,对思维、创造、创新和创业等有关理论作了重点阐述,同时通过大量创新创业案例,给人以启发。本书通俗易懂,层次分明,概念清晰,有较强的可操作性;融入思政元素,力争实现"思创"结合。本书的出版,必将对培养创新型科技人才,提高学生自主创新能力,建设创新型国家发挥积极作用。

本书由齐齐哈尔大学、广西科技大学、成都大学联合编写,由姜淑凤、王世刚担任主编,负责全书的统稿,樊锐、刘秀林、黄丽敏任副主编。具体分工:姜淑凤编写第1、4、5章和附录;王世刚编写第2、7章;樊锐编写第3、8章;刘秀林编写第6章;黄丽敏编写第9章。

本书受2019年第一批教育部产学合作协同育人项目(201901287027)、齐齐哈尔大学重点教材资助项目(2021)和广西高等教育本科教学改革工程项目(2018JGZ126)资助。本书在编写过程中参考了相关文献,在此向相关作者和出版社表示衷心的感谢。

限于编者水平,书中难免存在疏漏,诚望广大同行和读者批评指正。

编 者

2022年7月

目录

第1章 绪论 ·· 1
  1.1 研究对象 ··· 1
  1.2 学科内涵与研究意义 ·· 3
  1.3 应用领域 ··· 5
  1.4 发展趋势 ··· 6

第2章 创造学概论 ··· 10
  2.1 创造及创造学 ·· 10
  2.2 创造性活动 ·· 16
  2.3 创造力 ·· 18
  2.4 创造的基本原理 ··· 30
  2.5 发明创造的原则 ··· 38

第3章 创新思维与实践 ··· 43
  3.1 创新思维概述 ·· 43
  3.2 创新思维的障碍 ··· 49
  3.3 方向性思维与实践 ·· 53
  3.4 形象思维与实践 ··· 65
  3.5 动态性思维与实践 ·· 80
  3.6 逻辑性思维与实践 ·· 84

第4章 创造技法与实践 ··· 87
  4.1 创造技法概述 ·· 87
  4.2 智力激励法与实践 ·· 89
  4.3 列举法与实践 ·· 93
  4.4 设问法与实践 ·· 98
  4.5 组合分解法与实践 ··· 103
  4.6 类比法与实践 ··· 106
  4.7 信息交合法与实践 ··· 109

第5章 创新理论与实践 ·· 113
  5.1 理论创新 ·· 113
  5.2 制度创新 ·· 115
  5.3 技术创新 ·· 116

5.4 教育创新 ... 122
5.5 知识创新 ... 124
5.6 文化创新 ... 125

第6章 TRIZ 理论与实践 ... 128
6.1 TRIZ 理论概述 ... 128
6.2 TRIZ 的基本原理与方法 ... 130
6.3 TRIZ 的矛盾及其解决方法 ... 148
6.4 TRIZ 的实践 ... 155

第7章 成果保护与价值实现 ... 158
7.1 创新创造成果的呈现形式 ... 158
7.2 知识产权保护概述 ... 163
7.3 专利 ... 166
7.4 专利的申请 ... 173
7.5 专利申请的案例分析 ... 175
7.6 创新创造成果的价值转化 ... 179

第8章 创业理论与实践 ... 181
8.1 创业概述 ... 181
8.2 创业精神与创业素质 ... 187
8.3 创业资源的整合 ... 194
8.4 创业计划书 ... 199

第9章 大学生创新创业大赛与实践分析 ... 208
9.1 "挑战杯"全国大学生课外学术科技作品竞赛 ... 208
9.2 全国大学生机械创新设计大赛 ... 215
9.3 全国 TRIZ 杯大学生创新方法大赛 ... 223
9.4 全国三维数字化创新设计大赛 ... 232
9.5 全国大学生电子设计竞赛 ... 235
9.6 全国大学生机器人大赛 ... 237

附录 ... 239
附录 A 40 个发明原理 ... 239
附录 B 矛盾矩阵表 ... 242
附录 C 技术转让(专利权)合同模板 ... 244
附录 D 技术转让(专利实施许可)合同模板 ... 249
附录 E 著录项目变更申报书 ... 255
附录 F 专利实施许可合同备案申请表 ... 257

参考文献 ... 258

第1章 绪 论

本章要点

了解创造、创新、创业理论的研究对象,掌握相关研究的基本概念;了解创造与创新理论的应用领域,了解创新的发展趋势;明确学习创新创业理论的目的和方法,理解学习创新创业理论的必要性。

1.1 研究对象

本书涵盖创造、创新、创业的基础理论知识与实践,实践部分是创新创业理论的实际应用,是获得创新性成果的全流程操作和演练过程。

本书主要研究创造、创新、创业的基本理论及其相互关系,以各自的原理、原则和技法为主要内容,同时它们也都是一种实践活动,从实践中来并接受实践的检验,是它们的共性。上述内容的学习与应用分创造、创新、创业与知识产权四个主体部分,每一部分由理论叙述到案例分析,加入 TRIZ 理论与创新实践技法应用,到辅助竞赛类实践应用这样一个递进的过程组成。

1. 创意

创造、创新、创业的开展源于创意,从创意开始,创意的延伸功能就是创造,创意是创造的前提条件和事先准备。没有创意就没有创造、创新及创业,因为创意产生设想和思路,然后创造才能把设想物化为有形的产品,创造先从创意开始。

创意(originality)就是具有新颖性和创造性的想法,也就是好的想法和巧妙的构思。它一般是指有新意的想法、念头和打算;过去从没有过的计划和思路;创新性的意念等。创意是对传统的叛逆,是打破常规的大智大勇,是一种智能的拓展,是破旧立新的螺旋式上升;是一种"全新的看法",一种"突破传统的想法",一种"别人没想到的新方法",侧重于思维的构思。一句话概括:把任何想法转化成效益就叫创意。

可见,创意不仅仅是文化上的创意,任何一个具体领域解决问题的新方法、新思维、新思路都是创意,其中一些创意能够部分甚至全部融入市场创造出价值。相较于技术进步、企业运营和品牌塑造,目前我国创意产业的发展更需要的是创新性思维,需要的是具有创新性思维和掌握了创新方法的人,也就是说,不解决好创新性思维问题,不掌握先进的、科学的创新方法,创意产业是发展不起来的,也不会产生更多更好的产品。

2. 创造

创造(creative)通常是指首创前所未有的新事物,是以实现新的目的为起因,以除旧求新活动为过程,以产生新的成果为结果的系统工程。它包括自然的创造,如星云的收缩创造了星球,地壳的运动创造了山脉湖泊等;人类的创造,如人类用劳动创造了世界,创造了各种自然学科、社会学科等,其结果具有社会或个人价值。

3. 创新

创新(innovation)是指在现有的思维模式下,以提出有别于常规思路的见解为导向,利用现有的知识和物质资源,在特定的环境中,为了满足理想化需要或社会需求而改进或创造新的事物、方法、元素、路径、环境,并能获得一定有益效果的行为。

创新这个概念来源于经济学。1912 年,美籍奥地利经济学家熊彼特提出了创新理论,创新的定义是建立一种新的生产函数,在经济活动中引入新的思想、方法,实现生产要素的新组合。随着技术创新研究的发展,经济学的技术创新概念又发展出知识创新、技术创新、制度创新等分支。更广义的创新则指引进新概念、新事物,包括科学发现、技术发明、观念更新、社会革新、事业进取、文化艺术的推陈出新等;主要体现在对已有创造成果的改进、完善和应用,是建立在创造成果基础上的再创造,可以是有形的事物,如各种产品,也可以是无形的事物,如技术、工艺、机构、体制等。

创造和创新的共同点是二者都具有新颖性,差别一是创造比较强调过程,创新比较强调结果,例如"实践小组的同学创造了一种新的方法,这种方法具有创新价值";差别二是创造强调自身的新颖性,不一定有比较对象,而创新强调与原有对象比较,如"黑白电视机的问世体现为一种创造成果的诞生,彩色电视机的出现是对黑白电视机的创新",又如"汽车的出现是创造,而将其应用于工业生产才是创新"。

4. 创业

创业(entrepreneurship)就是创业者对自己拥有的资源或通过努力能够拥有的资源进行优化整合,从而创造出更大经济或社会价值的过程。创业通常指创立基业,即创造、开拓、推进一种事业或产业,实现从无到有、从小到大、从弱到强的巨大变化。

创业有时可以通过从外部引进、学习和模仿去实现,有时可以通过创造、创新去实现。但是,从可持续发展的战略视角看创业,只有创造、创新才是创业的根本。

创业的核心是创造和创新,创业者需有创造和创新的能力。创意、创造、创新是创业的基石,它们之间的关系如图 1-1 所示。

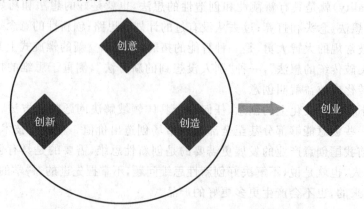

图 1-1 创意、创造、创新、创业的关系

创新与创业的关系主要体现在创新是创业的源泉,是创业的本质。创业通过创新拓宽商业视野、获取市场机遇、整合独特资源、推进企业成长。创新的科学技术转化为企业的经济效益与社会效益,杠杆支点在科技创新。当今世界,没有创新就不能充分发挥日新月异的科学技术强有力的作用,不创新就难以持续发展。

1.2 学科内涵与研究意义

一、学科内涵

1. 创造的社会学内涵

简而言之,创造就是把以前没有的事物创立或者制造出来。这明显是一种典型的人类自主和能动行为。因此,创造的最大特点是有意识地对世界进行探索性的劳动。因此,想出新方法、建立新理论、做出新的成绩或东西都是创造的结果。

创造是指将两个以上的概念或事物按一定方式联系起来,以达到某种目的的行为。创造的本质在于甄选,甄选出事物或概念之间真正有建设性的联系。

2. 创新的哲学内涵

创新从哲学上说是一种人的创造性实践行为,这种实践为的是增加利益总量,需要对事物和发现进行利用和再创造,特别是对物质世界矛盾的利用和再创造。人类通过对物质世界的利用和再创造,制造新的矛盾关系,形成新的物质形态。

创意是创新的特定思维形态,意识的新发展是人对于自我的创新。发现与创新构成人类相对于物质世界的解放,是人类自我创造及发展的核心矛盾关系。其代表两种不同的创造性行为,只有对发现的否定性再创造才是人类创新发展的基点。实践是创新的根本所在。创新的无限性在于物质世界的无限性。

3. 创新的社会学内涵

创新是指人们为了满足发展的需要,运用已知的信息和条件,突破常规,发现或产生某种新颖、独特的有价值的新事物、新思想的活动。

创新的本质是突破,即突破旧的思维定式、旧的常规戒律。创新活动的核心是"新",它可以是产品结构、性能和外部特征的变革,也可以是造型设计、内容的表现形式和手段的创造,还可以是内容的丰富和完善。

4. 创新的经济学内涵

创新在经济学上的定义是指以现有的知识和物质,在特定的环境中,改进或创造新的事物(包括但不限于各种方法、元素、路径、环境等),并能获得一定有益效果的行为。

经济学上,创新的概念来源于美籍经济学家熊彼特在 1912 年出版的《经济发展理论》。熊彼特在其著作中提出:创新是指把一种新的生产要素和生产条件的"新结合"引入生产体系。它包括五种情况:引入一种新产品、引入一种新的生产方法、开辟一个新的市场、获得原材料或半成品的一种新的供应来源、新的组织形式。熊彼特的创新概念包含的范围很广,涉及技术性变化的创新及非技术性变化的组织创新。

5. 科技创新的内涵

科技创新指科学技术领域的创新,创新在科学技术的进步中的重要性日趋明显,科技创新是社会生产力发展的源泉。它涵盖两个方面:自然科学知识的新发现,技术工艺的创新。在现代社会,大学、研究所等研究机构是基础科技创新的基本主体,而企业是应用工程技术、工艺技术创新的基本主体。

二、研究意义

1. 研究创新创业理论有其重要意义

近代以来,人类文明进步所取得的丰硕成果主要得益于科学发现、技术创新和工程技术的不断进步,得益于科学技术应用于生产实践而形成的先进生产力,得益于近代启蒙运动所带来的思想观念的巨大解放。可以这样说,人类社会从低级到高级、从简单到复杂、从原始到现代的进化历程,就是一个不断创新与创造的过程。不同民族发展的速度有快有慢,发展的阶段有先有后,发展的水平有高有低,究其根本,民族创新与创造能力的差异是主要的影响因素。

大学生创业是以在校大学生和毕业大学生这类特殊群体为创业主体的创业活动。随着我国走向转型化进程以及社会就业压力的不断加剧,创业逐渐成为在校大学生和毕业大学生的一种职业选择。

大学生作为年轻的高级知识群体,有着较为丰富的知识储备,是我国十四五规划的主要创业人群。但由于大学生群体社会实践经验与能力的欠缺与创业的成功要素相矛盾,所以大部分大学生创业在初期就自行夭折,大学生创业成为国家和社会共同关注的话题。在十四五规划中,针对这个现象进行相应的论述,给大学生创业带来了众多的机遇与挑战,大学生创业也将在这些机遇和挑战中走向新的高度。

2. 学习创新创业理论与实践的意义

理论结合实践的学习,是重要的学习资源的获得途径。通过学习帮助学生树立创新意识,开拓创新思路;掌握和运用发明的原理、原则和技法,提高创新思维能力;了解创业的资源整合、创业管理及方式途径,培养创业精神和素质。鼓励学生进行科技小发明作品的开发和制作,为参加科技创新、作业作品竞赛做准备,增强创造力。

3. 学习方法

掌握一些创新思维形式和创造技法及一些创造理论内涵,切记不要死记硬背。学习过程中要理论和实践相结合,加强日常强化训练,重在实际应用。一日一想,一周一创,一月一物,一学期一发明,在校一专利。要善于从发明创造活动的实际材料和案例来理解创造学原理,同时要善于运用创造、创新学理论观点和方法来分析和解决问题。敢于异想天开,不受条条框框约束,开拓创意空间。要善于发现问题、提出问题,培养自己的观察能力。利用网络资源、多媒体设备等进行创新、创业训练。

1.3 应用领域

在过去的一个多世纪,人类开始创造性地认知世界,许多实例提供了证明,创新和创造能力在危机中起着至关重要的作用。

一、创造的应用

创造的应用即为创造力,创造力是与创造紧密相关的概念,一切创造都源于人类高超的创造力。创造力是人类特有的一种综合性本领,它是知识、智力、能力及优良的个性品质等多种复杂因素综合优化构成的。

创造的应用包括以下几个方面:

(1) 作为学习知识的基础因素,创造力包括吸收知识的能力、记忆知识的能力和理解知识的能力。吸收知识、巩固知识、掌握专业技术和实际操作技术、积累实践经验、扩大知识面、运用知识分析问题,是创造力的基础。任何创造都离不开知识,知识丰富有利于更多更好地提出创造性设想,对设想进行科学的分析、鉴别与简化、调整、修正,并有利于创造方案的实施与检验,而且有利于克服自卑心理,增强自信心,这是创造力的重要内容。

(2) 以创新思维能力为核心的智能。智能是智力和多种能力的综合,既包括敏锐、独特的观察力,高度集中的注意力,高效持久的记忆力和灵活自如的操作力,也包括创新思维能力,还包括掌握和运用创造原理、技巧和方法的能力等,这是构成创造力的重要部分。

(3) 创造个性品质,包括意志、情操等方面的内容。它是在一个人生理素质的基础上,在一定的社会历史条件下,通过社会实践活动形成和发展起来的,是创造活动中表现出来的创造素质。优良素质对创造极为重要,是构成创造力的又一重要部分。

(4) 创造在商业实践中的应用。当今商业时代,商业竞争日益加剧,创业并获得财富不仅需要创业者个人艰苦奋斗,更需要发挥自我的主观能动性,有别出心裁的创造力实践。商业成功需要有经典的创意,需要有独特的点子。比如中国瓜果书创意产业基地的成功,它在创意文化产业尤其是创意瓜果书、花果书领域处于行业领导者地位,很大程度上在于该基地独特非凡的创造力实践。该基地开创性地设计研发出可以长出瓜果的书,从而颠覆了书本只能用来看的传统观点,打造出能长出花草和瓜果的有机书。这是典型的创造力实践典范,打破常规,破旧立新并富于首创精神。

二、创新的应用

创新涵盖众多领域,包括政治、军事、经济、社会、文化、科技等各个领域的创新。因此,创新可以分为科技创新、文化创新、艺术创新、商业创新等。创新突出体现在三大领域:学科领域,表现为知识创新;行业领域,表现为科技创新;企业领域,表现为制度创新。

科技创新是社会生产力发展的源泉。科技创新指科学技术的创新,涵盖两个方面:自然科学知识的新发现、技术工艺的创新。

企业创新是现代经济活动中创新的基本构成部分。企业往往由生产、采购、营销、服务、技术研发、财务、人力资源管理等职能部门组成,因而企业创新涵盖这些职能部门,包括产品创新、生产工艺创新、市场营销创新、企业文化创新、企业管理创新等。何道谊在《技术创新、商业创新、企业创新与全方面创新》一文中将企业创新分为企业战略创新、模式创新、流程创新、标准创新、观念创新、风气创新、结构创新、制度创新等八个方面。

1.4 发展趋势

1. 创造与创新方法一直为世界各国所重视

创造与创新方法在美国被称为创造力工程,在日本被称为发明技法,在俄罗斯被称为创造力技术或专家技术。我国学者认为创新方法是科学思维、科学方法和科学工具的总称。其中,科学思维是一切科学研究和技术发展的起点,贯穿于科学研究和技术发展的全过程,是科学技术取得突破性、革命性进展的先决条件。科学方法是人们进行创新活动的创新思维、创新规律和创新机理,是实现科学技术跨越式发展和提高自主创新能力的重要基础。科学工具是开展科学研究和实现创新的必要手段与媒介,是最重要的科技资源。

2. 时代发展

20世纪90年代以来,我们国家多次强调创新。1998年国家提出,创新是一个民族进步的灵魂,是国家兴旺发达的不竭动力。没有科技创新,总是步人后尘,经济就只能受制于人,更不可能缩小差距。当今世界的竞争,归根到底是综合国力的竞争,实质上是知识总量、人才素质和科技实力的竞争。中华民族是勤劳智慧的民族,也是富于创新精神的民族,现在我们更要十分重视创新,要树立全民族创新意识,建立国家的创新体系,增强企业的创新能力,把科技进步和创新放在更加重要的战略位置,使经济建设真正转到依靠科技进步和提高劳动者素质的轨道上来。同时,大胆吸收和借鉴人类社会创造的一切文明成果。我们是发展中国家,应该更加重视运用最新技术成果,实现技术发展的跨越。

2006年国家提出,大力实施科教兴国战略和人才强国战略,坚持自主创新、重点跨越、支撑发展、引领未来的指导方针,全面落实国家中长期科学和技术发展规划纲要,以提高自主创新能力为核心,以促进科技与经济社会发展紧密结合为重点,进一步深化科技体制改革,着力解决制约科技创新的突出问题,充分发挥科技在转变经济发展方式和调整经济结构中的支撑引领作用,加快建设国家创新体系,为全面建成小康社会进而建设世界科技强国奠定坚实基础。

2013年国家提出,实施创新驱动发展战略是立足全局、面向未来的重大战略;是加快转变经济发展方式、破解经济发展深层次矛盾和问题、增强经济发展内生动力和活力的根本措施。在日趋激烈的全球综合国力竞争中,必须坚定不移走中国特色自主创新道路,增强创新自信,深化科技体制改革,不断开创国家创新发展新局面,发挥科技创新的支撑引领作用,加快从要素驱动发展为主向创新驱动发展转变,加快从经济大国走向经济强国。要加强科技人才队伍建设,为人才发挥作用、施展才华提供更加广阔的天地,鼓励人才把自己的智慧和力量奉献给实现"中国梦"的伟大事业。

在跨入新世纪的发展中,创业教育同样受到了越来越多的关注,《国家中长期教育改革和发展规划纲要(2010—2020年)》中明确提出,提高自主创新能力,建立创新型国家,要实现扩大就业发展战略,促进以创业带动就业,把鼓励创业、支持创业放到了更加突出的地位。

创新对于学生进步、民族进步、经济、科技和国家发展都有重大意义,创造、创新、创业教育对实施科教兴国和可持续发展战略有至关重要的作用。学习创新创业课程就成为与时俱进、培养创新型人才的社会需求,是市场经济对人们提出的新挑战。对此,我们的教育必须要顺应这一时代的变迁。

3. 个人发展

个人发展是一个不断提高自身能力的过程,学习创新思维,学习创新与创业的基本理论,并将所学应用于实践中,能明确一些错误观念而避免之、转变之,是十分有益而必要的。所谓转变错误的观念,是向人提示一些习以为常而又以为本当如此的错误观念,使之有一个新的、正确的认识。

在创造性教育活动中存在着一个顽固而又不自觉的错误观念,便是认为创造活动只是少数天才的事情。虽然现在高喊"科学创新是高不可攀的,创造活动只是少数天才的事"的人已不多了,但这一观念却常常不自觉地隐含在一些习惯性言谈之中,从而不知不觉地误导着人们。在每个人的头脑中都有一些隐蔽的结论。这些隐蔽的结论常左右人们的日常生活,比如人们一谈到发明创造,就会很自然地列举出许多多诸如哥白尼、达尔文、爱因斯坦、居里夫人等世界级科学巨人。这实际上隐含着一种结论:只有那些载入史册的、世界级的发明和发现,才称得上是创造。因而人们对创造活动望而生畏,甚至想也不敢想。为此,应当有意识地改变观念,应当强调指出,今天的创造,不只是这些伟大的发明和发现,不能狭义地理解,创造也指日常的小改小革,无论在什么领域里或层面上,即使是十分微不足道的,只要做出比前人更新颖更独特的新突破,就是创造,即应从广义上理解和解释创造。只有确立这样一种新观念,人们才会认为创造活动并不神秘和高不可攀,只要肯动脑筋,人人都能成为发明家,也才会对创造活动感兴趣,并付诸实践,应用到创业、就业中去。人们只有树立了这种正确的认识,才会同发明创造与我无关的旧观念彻底决裂。创造不只是少数天才的事,人人都能创造。

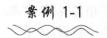

当老板!"我的身价,2000万!"

董某,国内某大学2008届毕业生。

他喜欢钻研问题,平时爱搞一些小发明、小创造。大二寒假的一天,他在家里发现,由于空间局促,要拉开左侧靠墙的冰箱门十分不便。爱动脑筋的他灵光一闪,动手画起草图,设计了一种左右两侧都能打开的"双轴式推拉门"。这个设计得到了学校老师的肯定,并帮助他申请了国家专利。

从念中学开始,他就做过不少创新的小设计。但这一次,他决定再进一步:"不能总是停留在设计样品的层面,是时候发挥一下它们的真正用途了。"他认为,这个双开门设计一旦投入市场,价值可能会很大,自己应当出去闯一闯,跑跑生产企业,争取把这项设计转化成产品。

2007年"五一"长假期间,他带着自己的发明,登上火车,开始了一场全国范围的"家电企业调研"。七天里,他走访了一大批冰箱生产厂家,并推介自己的发明。通过调研,他发现,这项设计不仅仅适用于冰箱,在家具、船舶、军用车等领域也能得到广泛运用。

当年7月,他拿到了《一种双轴式推拉门》的专利审批证书,这项发明也成为当年国家173

个重点专利项目之一。让他欣喜不已的是,这项发明还被评为第七届香港国际专利发明博览会专利发明奖的金奖,他获得了香港特别行政区高级工程师证书。据香港一家权威评估机构的初步评估,这项专利的国内转让价值折合人民币超过 2000 万元。

"我的身价,2000 万!"梦想成真的这一天终于来了。经过调研,他和连云港一家家具生产企业签订了专利转化意向书,成了一名合伙干实业的企业家。在大学期间,热衷创业的他就曾获学校优秀创新大学生荣誉。

创造、创新才是创业的根本,我们要立足于创造与创新,在深入研究它们的基本理论的基础上,重点钻研创造、创新、创业方法,不断提升自身的创造力,汲取更多的养料,为成功创业打下更坚实的基础。

人人都具有创造力,所以每个人都渴望通过学习一定的创造技法,挖掘自己的潜能,提高自身的创造力。当前,国家大力提倡创造、创新、创业,这三者是和每个人的创造力息息相关的,因此创造力的提高是创业者成功的充分条件。记住三句话:没有创新的语言是乏味的;没有创造的事业是盲目的;没有创业的人生是平淡的。

4. 大学生创业是创造、创新应用的趋势

大学生创业的主要途径如下:

途径一:校园学习。

创业者通过课堂学习能掌握丰富的专业知识,在创业过程中将受益无穷;大学图书馆通常能找到创业指导方面的报刊和图书,广泛阅读能增加对创业市场的认识;大学社团活动能锻炼各种综合能力,这是创业者积累经验必不可少的实践过程。

途径二:媒体资讯。

一是纸质媒体,人才类、经济类媒体是首要选择。例如比较专业的《21 世纪人才报》《21 世纪经济报道》《IT 经理世界》。

二是网络媒体,管理类、人才类、专业创业类网站是必要选择。例如中国营销传播网、中华英才网、中华创业网、校导网等。此外,从各地创业中心、创新服务中心、大学生科技园、留学生创业园、科技信息中心、知名企业的网站等都可以学到创业知识。

途径三:与人交流。

商业活动无处不在。创业者可以在日常生活中与有创业经验的亲朋好友交流,在他们那里,可以获得最直接的创业技巧与经验,有时候这比看书的收获更大。创业者甚至还可以通过电子邮件和电话联系自己崇拜的商界人士,或咨询与创业项目有密切联系的商业团体,创业者的谦逊总能得到他人的支持。

途径四:曲线创业。

先就业,再创业是时下很多学生的选择。毕业后,由于自己的阅历和经验不够,到公司锻炼几年,积累了一定的知识和经验后再创业也不迟。

先就业再创业的学生跳槽后,所从事的创业项目通常也是和过去的工作密切相关的。因此在准备创业的过程中,可以利用在公司与专业人士交流的机会获得更多来自市场的创业知识。

途径五:创业实践。

真正的创业实践开始于创业意识萌发之时,创业实践是大学生学习创业知识的最好途径。间接的创业实践学习主要可借助学校某些课程的角色性、情景性模拟参与来完成。例如,积极参加校内外举办的各类大学生创业大赛、工业设计大赛等,对知名企业家成长经历、知名企业经营案例开展系统研究等也属间接学习范畴。

直接的创业实践学习主要包括利用课余时间创业,例如在大学校园各楼宇提供饮水机清洗消毒有偿服务等,假期在外兼职打工、试办公司、试申请专利、试办著作权登记、试办商标申请等;也可通过举办创意项目活动、创建电子商务网站、谋划书刊出版事宜等多种方式来完成直接的创业实践学习。

途径六:校园代理。

大学生由于经验、能力、资金等方面都存在不足,直接创业存在很大困难,不现实,成功率也很低,而校园代理对创业者的经验、资金等方面没有太高要求,可以利用课余时间代理校园畅销产品,积累市场经验,锻炼创业能力,做校园代理没有成败之分,对于大学生来说多多益善,如果做得较好,还可以积累一定的资金。总之,通过校园代理可以为毕业后的创业之路准备必要的物质和精神条件。

途径七:个人网店。

大学生是最具活力的群体,也是新技术和新潮流的引导者和受益方。随着网络购物的方便性、直观性愈加凸显,越来越多的人在网上购物。一些人即使不买,也会去网上了解一下自己将要买的商品的市场价。一种点对点、消费者对消费者的网络购物模式开始兴起,以国外的ebay、国内的淘宝为象征,吸引了越来越多的人在网上开店,在线销售商品,引发了一股个人开网店的风潮。而大学生正是这一群体的主要力量,不少大学生看到这一潮流后纷纷投身个人网店,品尝到成功的果实。

途径八:城市嘉年华。

在中小学生的寒暑假期间,组织艺术、动漫专业的大学生开展城市cosplay展,可租用或借用学校的操场,开辟针对中小学生的学生用品摊位、小吃摊,组织城市游乐嘉年华,也可以组织可移动的充气城堡、电动玩具、动漫水世界等城市狂欢嘉年华项目。

总之,创业知识广泛存在于大学生的学习和生活中,只要善于学习,总能找到施展才华的途径,善于学习和总结永远是成功者的座右铭。

第 2 章　创造学概论

 本章要点

了解创造学的发展史;理解创造学的相关概念;掌握创造力及其开发的具体方法;明确影响创造力开发的相关因素,学会开展创造性活动。

2.1　创造及创造学

一、创造的相关概念

1. 发现

发现是指经过研究、探索看到或找到前人没有发现的事物或规律。这些事物或规律本身就已存在,只不过是前人没有发现而已,如稀有矿藏、美国人宣布西红柿可以预防前列腺癌、化学家发现了化学元素、牛顿发现了万有引力等都是发现。也就是说,发现的内容是客观世界已存在的天然性的成果。

2. 发明

发明是指创制新的事物、首创新的制作方法。我国《专利法》第二条明确指出"本法所称的发明,是指对产品、方法或者其改进所提出的新的技术方案。"发明是指研制出新的事物、提出新的方法或建立新理论,这些事物、方法、理论过去是没有的,如火药、造纸术、相对论等。

发明的成果包括物质成果、精神成果和社会成果三大类型。

发明应当包含创新,另外,发明必须利用自然规律。从专利法的角度而言,不利用自然规律的不能称为发明。自然规律本身不是发明,日常生活中常常将"科学发现"与"技术发明"混为一谈,其实这是两个截然不同的概念。发现的对象是自然规律或者自然现象,而发明的对象则是技术方案。

3. 创造、创新、发现、发明的关系

1) 发明与发现的关系

发明是指创造出一个在客观上过去并不存在的新事物或新方法。发现是指经过探索和研究后开始了解在客观上业已存在的事物或规律。找到以前有的只能称为发现,找到以前没有的可以称为发明。发现是认识世界,发明是改造世界。

发现回答的是"是什么"、"为什么"和"能不能"的问题,发明回答的是"做什么"、"怎么做"和

"做出来有没有用"的问题。发明总是从发现开始,否则发明就会成为无源之水,如图 2-1 所示。

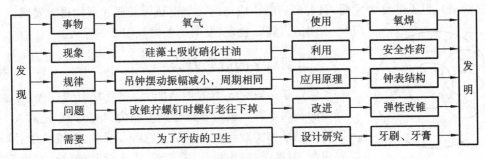

图 2-1 发明与发现的关系

2) 创造与创新的关系

创造技能就是创造活动,是指人们所从事的各种具有"新颖性"的活动。创新技能是指新技术、新发明在生产中首次应用,是指建立一种新的生产函数或供应函数,是在生产体系中引进一种生产要素和生产方法的新组合(熊彼特的观点)。即只有当一种新技术、新发明具有市场价值时,才可称其为创新。创造与创新的本质相同,都与"新颖性"有关。

创造与创新同时又存在差别:

(1) 创新一词出现较晚,最初,它只是指技术创新,是经济学领域的一个概念,由美籍奥地利经济学家熊彼特提出。

(2) 创新强调其商业利益或市场价值。创新重在最后的成果效应,所以最后的结果是否成功或者说是否具有经济价值,是判断该事物是否属于创新的一条重要标准。

比如,我国专利局已授予专利权的绝大多数发明创造因尚未转化为生产力,未占据市场和实现市场价值,就不具有创新的意义,所以创造的范围超过了创新的范围。

(3) 创新多是通过对已有事物的改进或突破来完成的。所以,创新的目标主要是已有事物。但是创造却不完全相同,创造的目标也可以是尚没有的想象事物。

3) 创造与发明的关系

创造是指人们所从事的各种具有"新颖性"的活动。发明是指创制新的事物、首创新的制作方法。创造与发明的本质是相同的,都具有新颖性,所以就有"发明创造""创造发明"的提法。

创造与发明也存在差别:

(1) 发明的外延比创造要小一些。

发明多指技术领域中的创造,而不包括非技术领域的创造。我国《专利法》中所称的"发明创造",指的就是发明、实用新型和外观设计三类。因此,人们在经营上的策划、文学上的创作、理论上的探究等虽然都属于创造之列,但不属于发明范畴,因此按规定不能申请国家专利。

(2) 发明的成果应是一个明确的新的技术方案。

发明的成果应是一个明显的实物或者一种可操作的方法。而创造的成果,不仅可以是一种具体的实物或方法,而且可以是一个决策、一种思想甚至是一个点子、一个想法。科学上的发现、技术上的发明、管理上的创新和文学上的创作都是创造。如邓小平提出的"一国两制"设想,就堪称一个伟大的创造。

(3) 创造往往强调的是过程,发明则往往强调其最后的成果。

比如一种新型电热保暖服的发明,至少要经过来回构思、反复设计,最后才可能制作成功。

其中的每一步,如每一个构思、每一步设计或每一次试制等,均因具有明显的新颖性而分别被视为创造(活动),但不能称为发明,只有最后制作成功的新型电热保暖服才可称得上发明。

创造、创新、发现、发明的关系如图 2-2 所示。

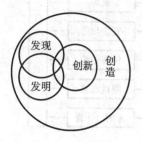

图 2-2 创造、创新、发现、发明的关系

二、创造学的研究方法

创造学是研究人类的创造能力、创造发明的过程、方法及其规律的新兴学科。创造学以创造发明为研究对象,是对人类创造发明的思维和实践经验的总结。它涉及哲学、思维科学、脑科学、心理学、逻辑学、行为科学、教育学、未来学和科学技术史等学科,是一门综合性很强的学科,揭示人类创造发明的规律,研究创造能力的培养,探索创造发明的方法,研究创造活动的组织和创造环境的形成等。

创造学是一门边缘性、综合性和应用性的学科,其主要学科分支有创造哲学、创造工程学、创造心理学、创造教育学、创造理学、创造美学、创造管理学及其他领域里的创造问题等。创造学是研究主体的创造能力、创造发明过程及其发展规律的科学,其中心任务是开发人类的创造能力。

创造学的研究方法主要包括以下三个方面:

(1) 通过对创造发明史所积累的大量材料进行实例考察和典型分析,揭示人类创造发明的机制和条件,探索创造发明的规律性。

(2) 通过对科学方法论、技术方法论、艺术方法论等方法论学说的研究,总结和探索创造过程的一般程序和方法,以形成创造活动的方法论基础。

(3) 通过创造心理学、一般认识论去研究和探索创新思维的发生规律、活动规律和发展规律,并通过对历史唯物主义和社会学的研究,揭示创造与社会环境的关系、创造的社会本质,形成创造学的完整体系。

三、创造学的研究内容

1. 创造精神

创造精神是人们的意识或创造欲望的反映。

创造学研究者认为,创造者必须具有以下五种精神:①造福于人类的精神;②敢想、敢干、敢于实践的精神;③达不到目的誓不罢休、百折不挠的精神;④善于发现问题、敢于创新的精神;⑤坚持不懈、虚心好学的精神。

2. 创新思维

思,就是想;维,就是序;思维就是有次序地想一想,思索一下,思考一番。总之,思维是指对事物进行分析、综合、判断、推理等认识活动的全过程。创新思维就不是一般的想一想,它是人类思维的高级形式,它想的是独立的见解,空前的、前所未有的想象目标,其结果是新颖的、有使用价值的、先进的产品。而创新思维又是扩散思维与集中思维的综合反映。

3. 创造环境

创造环境对创造发明者来说,是起促进和制约作用的。任何个人与团体,虽然都蕴藏着巨大的创造力,但受不同环境的影响,或促进或阻碍创造力的发展。充分认识创造力发展的环境,创设一个有利于创造发明的环境,日益受到人们的重视。开拓有利于学生创造发明的环境,必须是学校领导重视创造发明,积极培养学生的创造精神,有良好的民主作风,认真听取各方意见,从开发创造力的高度来尊重学生提出的创造性想法,保护创造权益,营造人人动脑筋搞革新的竞赛风气。

4. 创造性教育

将创造学研究者们提出的有关创造理论与方法,运用到教育活动中来,提高人员素质。创造性教育就是通过运用创新思维和创造技法开发人们的想象力、创造力和解决问题的能力,使人们的思维活动能够超出现有的知识范围,具有独创性,从而去搞革新、搞创造发明。

5. 创造技法

创造技法是从创造发明的活动、过程、成果中总结出来的带有普遍规律的方法。到目前为止,创造技法有三百多种。

四、创造学的发展历程

创造学既是一门年轻的学科,又有古老的历史。可以说,公元前 300 年的帕普斯的《解题术》,后来笛卡尔的《方法论》等都为创造学的诞生提供了思想准备。而创造学真正成为一门学科,还是 20 世纪三四十年代以来的事。

现代创造学的研究发源于美国。20 世纪 30 年代的一天,一个 21 岁的美国失业青年到一家报社去应聘,主考官问他:"你从事写作多少年了?"他回答:"只有三个月。但是,请你先看一看我写的文章吧!"主考官看完文章后对他说:"从你写的文章来看,你既无写作经验,又缺乏写作技巧,语句也不够通顺,但内容富有创造性,就录用你试一试吧!"这个年轻人由此领悟到"创造性"的可贵。到报社工作后,他积极主动地开发自己潜在的创造能力,并尽力在工作中把它发挥出来。后来,这位没有受过高等教育的小职员成了一名大企业家。他总结了许多创造发明的方法,撰写了著名的《创造性想象》一书,倡导研究、创造、发明的学问。他就是美国当代著名的创造工程学家奥斯本,奥斯本的成就引起了美国科学家和企业家的兴趣,启发了他们对创造发明本身进行深入的剖析和探讨。

1936 年,美国通用电气公司首先开设了"创造工程"课程,用来训练和提高企业职工的创造性,从此,创造学便蓬勃兴起了。

1. 创造学在国外的发展

在奥斯本撰写《创造性想象》和美国通用电气公司开设"创造工程"课程之后,1942 年美国加利福尼亚大学茨维基教授发明"形态分析法",1944 年美国哈佛大学康顿教授发明了创造技法的"综摄法",1948 年美国麻省理工学院开设了"创造力开发"课程。从此,创造学正式列入大学教育的内容。后来,美国各大学都陆续开设了创造工程、创造管理的课程,各大公司纷纷开设训练和提高职工创造能力的机构。就这样,创造学作为科学技术革命的杠杆之一,为半个多世纪以来美国科学技术处于遥遥领先的地位做出了应有的贡献。

20 世纪 50 年代中期,随着西方科学技术的大量引进,日本也引进了创造工程学和创造管理学。在日本,除了大学里设立创造工程研究会或创造工程研究所以外,1979 年还成立了日本创造学会来加强这方面的研究。就这样,创造学给日本带来了科学腾飞与经济繁荣。日本用了三十多年的时间，建成了世界经济强国。

科学技术发展到 20 世纪 80 年代，在国际经济活动中出现了一种新的趋势。这种新趋势就是产品竞争日趋激烈，不是以产品的数量优势逐步占领市场，而是以产品的独特性功能一次性占领市场。因此，出现了这样一种新局面：产品竞争变成了技术竞争，技术竞争实际上是人们智力的竞争，智力竞争则归结为人才的创造力的竞争。谁有创造性，谁就能在竞争中获胜。这就使得创造技法在世界各国迅速传播。

就创造学的整个发展过程来看，它经历了文科、工科和理科三个阶段。其最早表现为文科时代的创造学，也就是从哲学、心理学角度，从宏观上研究创造环境、创造的心理品质等问题。但它是在现有资料基础上的演绎，远不能满足生产实践对创造的要求。因而创造学很自然地向工科发展，这就是以促进生产实践中的发明为目标的创造工程学。创造学发展到工科时代并得到广泛的应用以后，人们提出了更高的要求，即进行智能的开发。这就使创造学发展到了理科阶段，开始研究人的创造思维的微观机制。

2. 创造学在中国的发展

1) 创造学在中国教育课程中的引入阶段

陶行知（1891—1946 年）是中国近代创造教育的先驱。1917 年他从美国留学回来就立志改革中国的旧教育，创造中国的新教育。他的"生活即教育，社会即学校，教学做合一"等理论，无不闪烁着创造的光芒。

陶行知认为，创造是一个民族生生不息的活力，是一个民族文化的精髓。所谓创造教育，就是培养民族活力的教育，是培养学生"独出心裁"能力的教育。他由法国著名雕塑家罗丹所言"恶是枯干"，引出他对创造教育的独到看法。他说："汗干，热情干了，僵了，死人才无意于创造。只要有一滴汗，一滴血，一滴热情，便是创造之神的行宫，就开创造之花，结创造之果，繁殖创造之森林。"如何才能保证不枯干呢？这就要求教育过程中"行动"和"思想"两大要素不可或缺。陶行知曾形象地说"行动是老子，思想是儿子，创造是孙子"，"要有孙子，非先有老子不可"。所以，陶行知创造教育的概念就是把行和知、手和脑统一起来，培养学生"独出心裁"能力的教育，也就是他所言"手和脑一块儿干，是创造教育的开始"的意思。

（1）陶行知创造教育思想体系的建立。

陶行知创造教育思想体系是在大量实践基础上，使中西方创造教育思想珠联璧合的结果。早在 20 世纪 30 年代，陶行知在上海就发表了以"创造的教育"为专题的演讲，提出"我们在打倒传统的教育，同时要提倡创造的教育"，他认为"创造是中国教育的完成"。此后，陶行知躬行实践，在 20 世纪 40 年代初，亲自制订了"创造年"计划，并在育才学校开展"创造月"活动。为了使育才学校更好地开展此项活动，从而发挥创造精神，鼓励创造生活，陶行知还制定了"育才学校创造奖金办法"。1943 年，他又发表了著名的《创造宣言》，号召敲碎儿童的地狱，创造儿童的乐园。他主张实施创造的儿童教育，强调从小培养学生的创造精神与创造能力。他宣称："处处是创造之地，天天是创造之时，人人是创造之人。"号召"创造主未完成之工作，让我们接过来，继续创造"。

（2）陶行知实施创造教育的目的。

陶行知实施创造教育的目的可以从学生和教师两方面来看。就学生而言，创造教育是为了使学生"手脑双挥""手脑联盟""手脑双全"，这是创造教育要达到的目标，又是实现创造教育的手段。陶行知曾经说过，"手脑结合，是创造教育的开始；手脑双全，是创造教育的目的"。早在

1927年,他就提出了"在劳力上劳心""教学做合一"的主张。可以这样说,"手脑双挥"是陶行知创造教育的精髓。他在《手脑相长歌》中写道:"人生两个宝,双手和大脑。用脑不用手,快要被打倒。用手不用脑,饭也吃不饱。手脑都会用,才算是开天辟地的大好佬。"这是他创造教育的目的的集中体现。

就教师而言,教师的创造,不是造神,不是造石像,不是造爱人。教师要造的是"真善美的活人";教师的成功是创造出值得自己崇拜的人。陶行知指出:"先生之最大的快乐,是创造出值得自己崇拜的学生。"说得准确些,先生创造学生,学生也创造先生,先生与学生合作创造出值得彼此崇拜的人。他还强调,教育者也要创造值得自己崇拜的创造理论和创造技术。也就是说,学校开展创造教育的目的,是要创造值得自己崇拜的学生和创造理论与技术的应用技能。

2) 中国现代创造学研究与应用阶段

中国现代创造学研究与应用是伴随着改革开放的春风发展起来的,可分为三个阶段:

(1) 第一阶段:引进消化、推广培训阶段(1980—1985年)。

20世纪80年代初,《潜科学》、《人才》和《科学画报》等杂志陆续发表了一批译介创造技法和创造学观点的文章,在科技界、教育界、企业界引起了强烈反响,得到一批有识之士的高度重视和热情支持。苏州市汽车电器厂、陕西机床厂等企业开始把创造技法应用到本企业的技术革新中,提高了产品质量,打开了销路;上海和田路小学组织学生学习和运用创造技法,开展小发明活动,取得了一批成果;一些地区的青年也运用创造技法取得了一批小发明成果。教育界、科技界、企业界的一批中青年创造学研究者开始在各领域研究创造学,撰写了一批论文。

1983年6月28日,由中国科学技术大学、上海交通大学、广西大学和广西自然辩证法研究会联合发起的全国第一届创造学学术讨论会和全国第一期创造学研究班在广西南宁开幕,来自全国各省、市、自治区239个单位的259名创造学研究者和爱好者汇聚一堂。会上打印交流了60篇论文,12位中青年学者作了学术报告,会议结束时,选举产生了中国创造学研究会筹委会。对于此次会议,我国杰出科学家钱学森院士指出:"1983年6月,我国在广西南宁举行了创造学学术讨论会,并邀请日本创造学家村上幸雄先生参加,开始了我国创造学的讲习和研究。"中国创造学研究会筹委会选出五位领导小组成员:温元凯、张文郁、郑公盾、许立言、甘自恒。领导小组聘请著名科学家钱学森、茅以升教授担任中国创造学研究会筹委会顾问。此后,中国创造学研究会筹委会不断推动着我国创造学事业的发展。

(2) 第二阶段:应用开发、展示成果阶段(1985—1994年)。

创造学在中国的传播和发展,以1985年中国发明协会的成立为标志,进入了第二阶段,即以创造学的应用开发、展示创造成果为主要内容的阶段。

中国发明协会于1985年10月16日经党中央批准,在北京成立,由国家科委党组和全国总工会党组领导,聂荣臻元帅任名誉会长,著名科学家、中国科学院院士武衡任会长。中国发明协会成立以来,在推广和应用创造学、推动我国发明创造事业方面做了大量工作。

中国发明协会在全国各省市发展建立了几十个地方协会和一百多个部门或行业协会;成功地主办了全国优秀期刊《发明与革新》,在全国范围内产生了广泛的影响,为我国创造学界在研究、宣传、应用创造学,开发创造力方面做出了突出的贡献。同时,协会还成功地组织了全国发明展览会和北京国际发明展览会,现场展出发明成果,签订技术转让合同,积极推进发明家、创造学研究者的国际交流;组织国内发明家参加国际性的发明展览会,展出发明成果,夺得大批金牌,赢得了国际友人的好评。协会与全国总工会、中国专利局联合举办了"全国优秀发明企业家"的评选活动,把"普及创造学知识,促进创造力开发和研究活动"写进协会章程,成立了中国发明协会创造学研究委员会、中国发明协会中小学创造教育分会、中国发明协会高校创造教育分会,专门负责大力促进创造学的研讨、普及活动和创造教育的实践,开展创造教育;促进了一大批企业开展创造学培训、合理化建议和发明创造活动,在开发国民创造力方面取得了明显的效果。

(3) 第三阶段:独立研究、形成学派阶段(1994年至今)。

创造学在中国的传播和发展,以1994年中国创造学会的正式成立为标志,进入了第三阶段,即独立研究、形成学派的阶段。

1994年6月9日,经中国科协、国家科委、国家民政部审核批准,中国创造学会在上海正式成立。中国创造学会成立后,进一步推动了创造学的独立研究和创造力开发工作。中国创造学会委托湖南省创造学会等单位创办了会刊《创造天地》,该刊发表了大量高质量的创造学论文和介绍创造教育经验的文章,对促进我国创造学的发展发挥着重要的作用;成功地组织了多届"创造学奖"评选活动,举办了中国创造学会全国学术讨论会,推动了大、中、小学的创造教育,企业创造学培训和发明创造学校、学院的发展;多次派代表出席有关创造学的国际学术会议,开展了更加广泛的国际学术交流。总之,中国创造学会对推动我国创造学事业的发展产生了深远影响,涌现了一批在推广和应用创造学、推进创造教育方面取得突出成果的先进单位:东风汽车公司、第一汽车集团公司、上海第二钢铁厂、正泰橡胶厂、铁道部株洲车辆厂、上海和田路小学、湖南轻工业高等专科学校、中国矿业大学、北京航空航天大学等。更加可喜的是,中国创造学界在涌现一大批知名创造学家的同时,在独立研究创造学方面初步形成了三大学派:创造哲学学派、创造工程学学派和创造教育学学派。

我国创造学界三大学派的形成,大批学术带头人的涌现,不仅标志着创造学在我国的传播和发展进入了独立研究的新阶段,而且预示着我国创造学在21世纪知识经济新时代具有人才济济、蓬勃发展的美好前景。

创造学在高等学校也得到了迅速发展。多数高校都开设了创造学课程,一些学校陆续成立了创造学方面的有关机构和组织。

2.2 创造性活动

人类从走出原始的洞穴到住进豪华的别墅,从脱下遮丑的树叶到穿上华丽的盛服,从钻木取火、茹毛饮血到使用各种现代化的科学技术等进步都是创造的结晶,人类用劳动创造了世界,同时劳动也创造了人类自身。

人类在创造神话般的奇迹的同时,创造性活动自身的规律也日益引起人们的注意,研究创造性活动的规律,按创造性活动规律办事已成为一个人成才、一个单位发展、一个民族兴旺发达、一个国家繁荣昌盛的重要标准。

一、创造性活动的过程

创造性活动的过程就是解决问题的过程,就是创造性活动实施的过程,可分为四个前后相连的阶段。

1. 解决问题的创新思维程序

发现问题:创造的起点。

分析问题:提出问题和解决问题的中间阶段。

提出假设:解决问题的阶段,关键是提出解决问题的方案,包括解决问题的原则、方法、步骤。

验证假设:解决问题的最后阶段,也是最重要的阶段。

2. 创造过程的四个阶段

1) 准备阶段——问题的提出

从提出问题开始,问题的深度决定科研活动是否具有创造性。研究者针对提出的问题,首先进行周密的调查研究,搜集与问题有关的研究成果,然后用已有的理论进行分析。

这时候,研究者对问题的探索充满着热切的期望,是有意识地积累相关背景知识的阶段。

2) 酝酿阶段——问题的求解

针对问题,根据已有的理论和搜集到的事实,提出各种可能的解决方案,也就是提出科学探索过程中的假说,并对所提方案做出评价。这实际上是试错的过程,它往往要经过多次甚至无数次的失败,促使问题中的矛盾愈来愈尖锐化。

在"山穷水尽"的情况下,研究者仍然日思夜想,进入"如痴如醉"的境界,这是有意识和无意识交替作用的阶段。比方说,作家面对稿纸写不出一个字来;画家面对空白的画布发呆,整个思维有些"剪不断,理还乱"的滋味,他们会暂时放下创作,去干些别的事,如听听音乐,阅读书籍。这个潜伏阶段可能很短暂,只有几天,但也可能持续好几年的时间。在这个时期,研究者的思维仿佛在冬眠,等待着"孵化"。如果你要问他在等待什么,他可能会回答"灵感"。

3) 豁朗阶段——问题的突破

解决问题的方案(假说)是在这个阶段形成的,这是创新思维过程的关键阶段,这个阶段可以说是灵感长期孕育而又瞬间到来的阶段。在这个阶段突破陈旧的观念,摆脱思维定式的束缚,创造性地提出新观念、新思想、新方法,是决定性的环节。

新观念、新假说提出时只是思想的闪光,或者是模糊不清的,或者是带有错误的成分的,必须经过进一步的整理、修改和完善的逻辑加工过程才能形成创新点。

在日常生活中,我们或许曾有过这样的经验:对一件事进行长时间思索,却总理不出头绪,可是突然一个令人激动的想法或一个解决问题的思路掠过心头,使你豁然开朗,茅塞顿开,很多有伟大发现的人都声称,他们最佳的洞察力往往出现在看似不大可能的场合下,就像晴空霹雳一样来到眼前。实际上,这种表面上突如其来的大彻大悟,是前两个阶段积累后的高潮。

4) 验证阶段——成果证明、检验

这个阶段主要是设计、安排实验与观察,检验由新假说推演出来的新结论是否正确。

解决问题的方案是否能成功、是否有价值,只有经过检验、评价才能确定。在检验新假说时,新的实验与观察的执行人可以不同,时间的长短也有差别,检验的结果可能是新方案的证实或证伪,或一部分被证实,一部分被证伪。

这一阶段基本上是常规思维,是有意识地进行的。在这个阶段,研究者要把他的新观念以一定方式表现出来并加以验证,就像解方程式练习一样,把得出的结果代入原方程式加以验证。研究者可以做出实际的样品,或把他的新观念写在纸上记录下来。对作家来说,这个阶段包括实际写作、修改、润色、编订等。这其中必然包括撕掉或扔掉无数纸片,直到作家满意为止。

在认真评价解决问题的创新方式时,也是在进行批判性思维。

二、创造性活动的分类

对于创造性活动,可以从不同的角度进行分类。

(1) 按不同的创造主体、不同的创造技术领域来分:理论主体的理论创新活动;政治主体的制度创新活动;科学主体的科学发现活动;发明主体的技术发明活动;企业主体的技术创新活动;管理主体的管理创新活动;教育主体的教育创新活动;文艺主体的审美创造活动;新闻出版主体的精品创造活动;体育活动主体的新纪录创造活动;生态活动主体的生态创新活动。

(2) 按创造成果的价值及其经济效益的大小来分:重大发明创造、中等发明创造、一般发明创造等。

(3) 按创造的新颖程度来分:相对新颖创造和绝对新颖创造。

三、创造性活动的规定性

创造性活动的共同属性也称规定性。

(1) 主体性:创造性活动的主体必须是人(包括现实的个人、群体和全人类);创造性活动的主体既不是上帝,也不是观念,更不是历史。

(2) 控制性:任何一种创造性活动都是主体有目的地控制客体的一种活动。

(3) 新颖性:任何一种创造性活动之所以称为创造,主要是因为它能产生一种前所未有的新成果。

(4) 进步性:任何一种创造性活动的成果必须是具有社会价值的,有利于社会进步的。

(5) 综合性:任何一种创造性活动的过程都是辩证综合的过程。

2.3 创 造 力

创业发展离不开创新,创新离不开对创造力的开发。创造力作为创造活动的主体因素,构成了创造学研究的重点。

一、创造力的分类与构成

创造力是智慧,是活的生产力,是财富,是创造活动中最关键、最活跃的因素。研究创造力的分类与构成,对于开发、利用创造力具有十分重要的作用。

狭义的创造力是指人天生所具有的创造潜力,是每个正常人头脑中都具有的一种自然属性,随人类大脑的存在而存在,随着大脑的进化而进化;人天生所具有的创造潜力没有太大的差别。

而本书所讲的创造力是人们进行创造性活动所表现出来的一种能力,是人的一种社会属性,是人后天通过各种教育和训练才形成的,与人的知识储备和人生阅历有关,而且是可以测量的。

1. 创造力的分类

为了深入研究创造力,许多学者从不同角度对创造力进行分类。了解这些分类,有助于深入理解创造力。

1) 创造力的五层次分类

美国心理学家泰勒根据创造成果的新颖程度和价值大小,把创造力分为五个层次:

(1) 表达式创造力:少年儿童在日常生活中表现出来的创造力,如幼儿在语言表达、绘画或歌舞中表现出来的创造力。

(2) 生产式创造力:在生产过程中表现出来的一般创造力。

(3) 发明式创造力:通过发明成果表现出来的创造力,如开发设计新产品、发明新机具等。

(4) 革新式创造力:对旧事物进行较大的变革和创新所表现的创造力,如创新工艺流程、进行技术改造等。

(5) 高深创造力:在科学、技术、生产、文化、艺术等领域获得重大创造发明成果,产生深远影响的创造力,如创立相对论、发明移动电话、发现癌基因。

在上述五个层次的创造力中,表达式创造力是基础,为以后各层次创造力的发展做好了必要准备。

2) 创造力的四层次分类

我国学者刘道玉把创造力分为四类,他认为这样更能揭示创造力的活动特征。

(1) 类创造力:创造力的雏形,也称前创造力。它既可以发展成真正的创造力,也可以仅仅表现为假创造力。

(2) 潜创造力:这种创造力存在于一切已具有创造性素质和才能的个体中,但还没有表现为真正的创造力。从发展来看,它可能成为真正的创造力,但也可能被压抑或扼杀,而仅仅以一种潜能的形式存在。

(3) 真创造力:真正的创造力是已经表现出来的具有创造性的能力,具有独创性和实用性。

(4) 假创造力:只有实用性而无独创性的创造力。反之,只有独创性而无实用性的创造力称为类创造力。

3) 创造力的三层次分类

我国学者鲁克成等倾向于根据创造成果的价值和意义,把创造力分为三个层次:

(1) 低层次创造力:仅对创造者本人的个体发展有意义,一般不体现社会价值的创造力。也有人把这种创造力称为类创造力。

(2) 中等层次创造力:具有一般社会价值的革新或创造所体现的创造力。

(3) 高层次创造力:对人类社会产生巨大影响、具有很大社会价值的创造发明所体现的创造力。

2. 创造力的模型表达式

根据美国心理学家史登堡的理论,人的创造力与智力、知识、思维模式、个性、动机、环境等多种因素有关,可表示为:$C=f(I,K,TS,P,M,E)$。式中:C 为创造力;I 为智力;K 为知识;TS 为思维模式;P 为个性;M 为动机;E 为环境。

智力:一种偏于认识方面的心理特征和个性特征,属于解决精确领域里的常规性问题的能力。创造力在很大程度上体现为一种智力品质,需要观察力、记忆力和理解力。研究表明,在个体智商达到一定水平后,智力的影响就小了,更需要想象力、灵感等非逻辑思维能力。创造力需要解决的往往是不能用智力解决的、属于模糊领域里的非常规性的问题。创造力是一种高度发展的智力,是一种包含智力在内的综合能力。智力是创造力的必要条件,但不是充分条件。

知识：我国多数学者认为知识是创造的前提，离开必要的知识，不知道别人已经做了什么，就根本谈不上创造。但是，对待知识一定要客观和变通，否则就容易拘泥于书本，不由自主地从书本的观点和立场出发去观察和处理问题，以致陷入书山文海中不能自拔。在这种情况下，知识反而会阻碍创造力的发展。所以，知识对创造力的影响一般是正向的，但有时也可能是负向的。

思维模式：提高创造力的一个先决条件是不要将固定的思维模式强加于眼前的事实，而是要学会另辟蹊径，这样做也意味着要推翻习以为常的思维方式。所以，思维模式是影响创造力的重要因素。

个性：个体创新的胆量和勇气。产品创新设计往往是一个团队的工作，可以弥补个体之间个性的差异，根据冒险转移理论，群体思维更倾向于冒险。

动机：个体的创新愿望，这是创新人员应具有的最基本素质。

环境：主要指社会环境是否鼓励创新。

由于天才论的长期影响，人们总认为科学家、发明家都天赋异禀，这其实是一种错觉。牛顿、爱因斯坦、爱迪生等大科学家、大发明家，在小时候并没有表现出比同龄人聪明。相反，有时还显得很"笨"，甚至被认为是"不会有出息的人"。美国普林斯顿大学医疗中心对科学泰斗爱因斯坦的大脑进行了20多年的解剖研究得出结论：爱因斯坦能在科学上做出巨大的创造性贡献，并不是依靠天赋，而是依靠勤奋和思想。他的脑细胞轴突出，表明他思考得比常人多。相反，美国超级神童赛达斯，出生6个月便认识英文字母，2岁便能看懂中学课本，12岁破例被哈佛大学接收学习。但由于他缺乏后期的努力，结果一事无成。大量类似的事例说明：天赋并不是成功的决定因素，勤奋、进取、自信等非智力因素，则往往是迈向成功的决定因素。

3. 创造力的构成要素

研究创造力的构成要素，对深入揭示创造力的本质和科学开发创造力是十分必要的。借鉴和吸取国内外学者有关创造力的研究成果，可以得到图2-3所示的结构模式。

1）创造力的总体构成

由图2-3可知，创造力是一个综合系统，它分为一般创造力和特殊创造力。一般创造力具有普遍适用性，在一切创造活动领域都有作用。一般创造力水平较高的创造性人才，可以在不同的领域表现出创造力。特殊创造力则如一个画家的形象记忆力和色彩鉴别力等特殊才能，只有在绘画创作中才有意义，其普遍性低于一般创造力。

2）一般创造力的构成

一般创造力由知识经验、智力因素和非智力因素三方面构成。三方面要素间相互作用、互相影响，决定创造力的总体水平。

二、创造力的基本特性

从宏观的角度来考察，创造力具有以下特性：

1. 普遍性

创造学研究认为，创造力是人的自然属性，是人类共有的心理特性。创造力与事物发展同在，事物总是要发展的，不会停留在一个水平上，"发展是硬道理"。既然是发展，就需要有创造力的参与，创造力渗透于一切创造性活动之中。时代每前进一步，无不与创造力相伴；每项成果的取得，无不是创造力作用的结果。

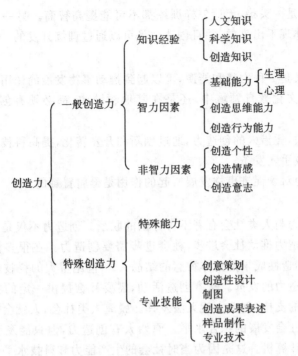

图 2-3 创造力的构成要素

创造并不神秘,人人都有可以开发的创造潜力。吉尔福特说:"创造性再也不必假设为仅限于少数天才,它潜在地分布于整个人类中间。"陶行知先生在《创造宣言》中就曾指出:"处处是创造之地,天天是创造之时,人人是创造之人。"深刻地说明了创造力人人有之。

案例 2-1

"猪孩"王显凤的启迪

1974年12月23日,王显凤出生在辽宁省台安县高力房镇锅栓子村一个特殊的家庭中。她的母亲患病,父亲是聋哑人,缺乏照顾的她与猪为伍,形成猪的习性,1984年才被人发现。经专业人员检测,十年与猪为伴,造成了王显凤心理的严重畸形。当她被外界发现时,这个"猪孩"混沌一片,没有大小、长短、上下、颜色等概念,几乎没有记忆力、注意力、想象力、意志力和思维能力,甚至表现的情绪也极为原始、简单,只有怨、惧、乐,没有悲伤。据测量表明,她的智商为39。

为帮助"猪孩"王显凤过上正常人的生活,中国医科大学组织了9人的"猪孩"考察组,鞍山市社会福利部门、鞍山市心理研究所决定免费为其提供治疗。全国教育系统先进教师姜云香把王显凤领回自己的家中,采用特殊引导的教育方法帮助"猪孩"王显凤认字、念诗,培养她独立生活的能力。七年后,经过全面科学的测定:王显凤的智力相当于小学二、三年级水平;她的智商也从39的重度智残达到69,接近正常人70的最低水准;而她的社会交往能力基本达到了正常水平。

从案例 2-1 来看,一方面说明只要是人都有创造力,虽然王显凤是一个"猪孩",但她的创造力还存在。因为如果是一头猪,无论怎样训练都不可能提高智商。另一方面又说明,如果没有开发,人的创造力是体现不出来的,并且创造力是可以通过训练开发的。

2. 动力特性

创造力,顾名思义是一种力量和能源,可以起到推动事物发展的作用。事物的创生和发展,不论是在科技、经济、文化教育领域中,还是在其他领域中,都必须有创造力的参与推动才能发展。

例如,普通的铁块,凭借人的创造力,通过创新和开发转化,提高科技含量,可以使经济价值得到显著增长,制造成手表发条。

由此可见,创造力对于促进事物发展所起的作用是毋庸置疑的。

3. 社会性

社会性是指创造力与人类社会有着不可分割的联系。创造力不仅是人的自然属性,也是人的社会属性。人的创造力推动社会进步,社会进步需要创造力。在很多情况下,创造活动表现为群体的共同实践,创造性成果是集体智慧的结晶。20世纪重大的科技创造成果,无不是社会性的大创造和集体创造力的发挥。从事创造活动,需要社会提供一定的文献资料和物质条件,没有必要的外在条件的支持,创造力就无法发挥。脱离人类社会,人就会丧失创造力。

创造力水平反映社会发展的综合水平。原始人有创造力,但只能发明简单的石器,他们不可能创造先进的电子计算机。这是因为当时社会的生产能力和科技水平比较低,相应的人的创造力只能适应当时的生产及生活水平。

4. 差异性

创造力大家都有,但不同人的创造力是有差异的,而且差异还很大。因此,创造力有大小之分。

5. 可开发性

创造力可以通过后天的学习训练和工作实践形成,不是天生不变的,是可以开发改变的。创造力的可开发性表现为它若受压抑就会丧失,若被激发就会产生。因此,一个宽松而又充满生机的环境对开发创造力是非常重要的。创造力是一种综合性的能力,它可细分为许多要素,每个要素都对创造力产生直接或间接的影响。因此,开发创造力,可从智力、知识、个性等多方面去塑造,围绕多个要素开发人的创造力。

综上所述,创造力需要开发,创造力可以开发,开发创造力有规律可循,开发创造力是一项系统工程,需要创建有利于创造力开发的"生态环境"。创造力开发的前景广阔,深入研究创造力开发,对于促进社会进步具有重要意义。

三、创造力的开发

开发具有打开发掘、开化唤起、激发产生、显现发展等含义。开发创造力,就是通过激发、导向、教育、训练等开发活动和创造实践,把人潜在的创造力发挥出来,提高到一个新的水平。

1. 开发原理

创造力开发的一般原理是"用则进,废则退",头脑"越用越灵"就是这个道理,创造力开发是有一定的规律可循的。

1)压力原理

逆境不一定就是坏事,对于一般人来说,不论做什么事情,最好要有一定的压力,这一点更适用于创造活动。无恐则怠慢,怠慢则难以创造。

没有压力,人的意志会衰退,智慧会枯竭,才干会丧失,即使以前很聪明的人,也会因此而变得笨拙起来。所以,适当的压力对于创造是十分有意义的,压力是驱散惰性、激发创造欲的动力。对于创造者来说,其压力可能来自以下几个方面。

(1) 社会压力:来自社会方面的压力。强烈的民族自豪感和责任心,对于国家的热爱、民族的希望,都可以产生压力。

鲁迅留学日本最初的专业是现代医学,他父亲病故,使他对中医产生了怀疑,想通过从医使中华民族强大起来。鲁迅在医校学习一年后便退学了。在一次观看日俄战争纪录片时,他看到中国人观看日军杀害中国人的情节而无动于衷,很受刺激。他认为:"救国救民需先救思想。"于是他毅然弃医从文,以唤醒民众。正是这种强烈的民族责任感,使鲁迅成为一名文学巨匠。

案例 2-2

亚运火炬的诞生

1990 年,在我国召开的第十一届亚运会上曾有火炬接力活动,但接力所用的火炬要从外国进口,其进口价格昂贵,且附带条件苛刻。

广东神州公司立即表态:"堂堂 11 亿人口的中国,火箭都能上天,凭什么让外国人看不起? 亚运火炬我们包了!"在没有任何参考资料的情况下,他们把压力变为动力,夜以继日加紧工作,用了不到一个月的时间就圆满地完成了"争气火炬"的研制任务。100 天内制造了 300 只风吹雨淋都不灭的亚运火炬,无偿捐献给亚运会。

历史上有很多创造者,他们为了民族、为了国家、为了整个人类的进步而奋发向上,努力钻研、创造,做出了巨大贡献。其中很多人的成功就是由于社会压力通过其自身因素而起的作用。

案例 2-3

数字视频处理器芯片

经过 40 多年的改革开放,中国的电视机生产制造能力已经成为世界第一。但是,还没有我们自己的高端芯片。

海信集团的科研人员在压力的推动下,努力攻关,经过 4 年多的时间(2001—2005 年),终于制造出了海信电视机自己的芯片,内部集成了近 200 万个逻辑门、700 多万个晶体管的"信芯",达到了 SOC 级的超大规模集成电路设计水平,创造出电视机数字视频处理器芯片。

(2) 经济压力:虽然每个人的需求是不相同的,但其中一个最基本的需求就是生存需要。生活在社会中的人,一方面具有永不满足于现状的心态,另一方面又具有相对懒惰的心理,一旦达到了某种目的便不思进取。所以,适当增加经济压力,不断进行反馈调节,也能促使人们进行发明创造,以获得更好的经济效益。

许多面临倒闭的工厂,因职工创造出新产品而重新发展起来。特别是近年来,我国下岗职工较多,下岗后收入相对减少,这就使得一些人努力开发自己的创造力,从而在再就业或再创业中做出突出成绩。

(3) 工作压力:常见的各种科学院、研究所、公司创新技术中心等,其"功能"就是给研究者提供一定工作条件的同时,也形成了一种工作(环境)压力。

工作压力太大或许会把人压垮,但如果工作上没有压力,人的创造才能也是难以发挥出来的。比如,美国可口可乐公司有一次在纽约召开世界各地机构负责人参加的研究公司广告新主题的会议,会上要求每个参加者都要提出有创意的方案,否则就不散会。在这种情况下,与会人员只能开动脑筋、认真思索。结果,参加会议的人全都提出了各自的新方案。最后,由执行副总裁史卡利根据这些创意提炼出最终主题,一整天的紧张会议才告结束。

(4) 自我压力:来自创造者自身的压力。创造者自己给自己规定了某种目标,即形成了一种内在自我压力。凡为人类做出重大贡献的科学家和发明家,主要靠自我压力,他们善于运用所掌握的知识巧妙地将外界压力转变为自我压力,从而调整自己的目标和行为,主动开创新局面。

自我压力的实质是自己向自己挑战,自己与自己竞争,自己为自己确立一个又一个更高的奋斗目标。法国作家巴尔扎克在1841年确定了创作 137 部反映法国革命后人民社会生活的创作计划——《人间喜剧》,当时就有四家出版商和他签约。之后,他以惊人的毅力朝着自己的目标前进,最后完成 90 余部,取得了令人惊异的创作成果。

2) 激励原理

(1) 信息激励:我们现在已步入信息社会,在人们周围,充满各种各样的信息,有意识地注意有关信息、发现有关信息、分析有关信息、利用有关信息,从而引导自己的创造活动,这是开发创造力的重要途径。

洗土豆的洗衣机

河南、四川农村很多海尔洗衣机的用户抱怨洗衣机不好用,结果海尔集团调查后大吃一惊,原来当地农民用洗衣机洗土豆,大量的泥沙沉淀排不出去,洗衣机自然会坏。事后,海尔集团的解决办法是为农民设计出专门洗土豆的机器设备,而并非告诉大家洗衣机不能洗土豆。聪明的企业善于发掘客户的潜在需要,并创造性地满足,这就是海尔集团的成功之处。

法国的公司为了获取有用的信息,其中一个方法是聘请名流、经济学家、管理学家做兼职顾问,顾问的工作就是定期陪董事长共进晚餐,董事长通过共进晚餐时的"聊天"获取各种信息。一个创造者要善于识别、寻找那些对自己有利的信息,多看、多听、多写、多记、多参加各类学术活动等。

(2) 交流激励:它包括的范围比较广。研讨、争论首先能振奋人的精神,可以激发人们探索未知领域的积极性,增强人们的创新意识;其次可以开阔视野、丰富知识,使人的思维更加活跃;最后,研讨和争论可以帮助创造者发现问题、深化认识。

化学史上关于燃素说的长期争论,地质学中水成论与火成论的激烈争论等,都对科学技术的发展起过积极的推动作用。

爱因斯坦在1903—1905年的三年中,经常同索洛文、贝索等年轻朋友在瑞士首都伯尔尼的一家咖啡馆聚会并研讨学术问题。爱因斯坦关于狭义相对论的第一篇论文就是在这种讨论中孕育的。交流能帮助创造者走出认识误区,增强信心。

(3) 机制激励:一些有利于人们开发创造力的制度、条例、法规,可以鼓励人们开发自己的创造力。

激励机制在一定意义上属于创造环境的范畴,例如,我国专利法的再次修订以及创新奖励条文的出台,均有利于激发人们创造力的开发。我国国家创新体系的建立,对开发国民的创造力有不可估量的作用,促成了一大批创造成果的问世。

公司的激励机制中,物质激励(如奖金、津贴、福利等)是主要模式,也是目前我国企业内部使用非常普遍的一种激励模式。

2. 开发方法

1) 推广实施创造教育

实践证明,实施创造教育是开发创造力最根本、最有效的一种方法。与传统教育相比,实施创造教育有很大难度,它需要有创造性的教师、创造性的教材、创造性的教学方法和管理方法、创造性的评价标准和考核方式等。由于创造教育是以提高学生创造力为重要目标的一种教育,因而它对于创造力的开发具有特殊的意义。

2) 进行创新思维练习

创造力的核心是创新思维,一个不善于进行创新思维的人,很难发挥自己的创造力。狭义的创新思维,一般指的是发散性思维。从思维的角度分析,现在的大、中、小学生所接受的各种教育和练习,绝大部分都属于集中性思维,学校一般很少培养学生的发散性思维。经常进行发散性思维练习,有利于学生创造力的开发。

创新思维的另一个属性,就是要摆脱习惯性思维,摆脱人们在从众心理支配下的群体思维。为此,有人又将创新思维称为求异思维。

脱离习惯性思维往往会产生新的发现和发明。如对于"用火烧食物时,火在食物的什么方位?"这个问题,习惯性思维是火在下方;然而,火能否放在食物的上方呢? 在这种想法的启示下,人们发明了上方也可以加热的烤鱼器。

3) 加强创造技法学习

无论做什么事情都有一个方法问题。方法对了,可事半功倍;方法不对,则常常事倍功半甚至劳而无功。开发创造力的一个重要途径,就是学习并熟练地运用各种创造技法。事实证明,创造技法的推广和实施是一项开发创造力的有效措施。

4) 培养创造者的创造性人格

爱因斯坦曾说过:"智力上的成就在很大程度上依赖于性格的伟大。这一点往往超出人们通常的认识。"这句话深刻地指出了一个人的性格与其创造力的关系。可见,一个人要想更有效地开发创造力,就应该注意培养自己的创造性人格,如勇敢和献身精神、坚毅和刚强、乐观和幽默等。

3. 开发的影响因素

一个人创造力的大小,标志着其创造力开发的程度。许多事实表明,创造力的大小与很多因素密切相关。研究这些相关因素可促使人们更有效地开发自己的创造力。

影响创造力开发的因素主要有知识因素、能力因素、人格因素和环境因素。

1）知识因素

（1）知识的多少与创造力的关系。

知识,是人的各种能力的基础。知识是创造力的重要组成部分,但并不是创造力的全部要素。一个人创造力的大小并不完全由他占有知识的多少来决定。知识多的人,其创造力并不一定强。一个人知识积累多,头脑中的"条条框框"就多,形成的"创造禁区"也多,往往会束缚其创造力的发挥,阻碍其创造活动的开展。

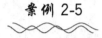

飞机的发明

人们很早就梦想在天空中飞行,但一直未成功。19世纪末,随着科学技术的迅速发展,在世界范围掀起了研制飞机的热潮。当时一些知识渊博的大科学家对此纷纷表示反对。最初,法国数学家勒让德认为,要制造一种比空气重的机械装置到天上去飞行是不可能的。随之,德国电工学家西门子也发表了类似看法。由于他们有崇高威望,因而其观点极大地妨碍了世界制造飞机思想的发展。能量定律发现者之一、德国物理学家赫姆霍兹又从物理学的角度论证了要使机械装置飞上天的想法"纯属空想",这一"科学结论"使德国金融界和工业集团撤销了原先对飞机研制事业的支持。

然而,1903年首次把飞机送上天空的是当时名不见经传的美国人莱特兄弟。他们没有上过大学,但他们思想活跃、富于创造,凭着自学成才、勇于探索未知领域的大无畏精神,在科学技术上获得了巨大成功。

日本物理学家汤川秀树讲得好:"知识有一个好处,就是至少在理论上可以有一个发现新事物的基础;但是,它也有一种逐步僵化的效应,不管发生什么都不会令人惊讶,这也就失去了显示创造能力的机会。"

我们也经常看见,现实生活中确有一些知识渊博的科技人员无论对什么新的建议、想法都要找出一些不能干、干不出的理由,以表现他们的"无所不知",从而轻率地否定别人的思想,这实际上也扼杀了他们的创造力。许多事实表明,如果一个人的创造力较差,那么大量的知识反而会使其墨守成规。

中小学生在经过一定的创造力开发后也可以表现出较强的创造能力。宝鸡市小学生韩江涛发明了"墨水一擦净",不仅获得了国家专利,而且使5家濒临倒闭的企业起死回生。

李翔,1993年出生,2005年进入云阳中学读初一。他爱好发明,作品屡获大奖。2005年8月,李翔获得了"中国青少年科技创新奖"。他10岁时发明的卧床小便器于2006年正式投产,催生百万产业,该发明曾获诸多大奖。

（2）知识的层次与创造力的关系。

一个人知识的多少并不决定他是否能创造,但知识层次的高低却决定着一个人创造成果的水平及其科技含量。知识层次低的人一般不能从事高层次、高水平、高科技的创造活动。比如,一个高中生能力再强,也无法进行原子弹的研究。

2）能力因素

创造力是一种后天的社会属性。从创造学的角度考察，开发创造力应加强以下几种能力的培养：自学能力、接受新思想的能力、观察能力、发现能力、想象能力、组织能力、社交能力等。

(1) 自学能力。

自学能力是最基本、最重要的能力，是获得知识的重要手段。在科学技术迅猛发展的今天，对于创造者来说，单靠学校老师传授的知识显然是不够的。所以，为了建立创造某一目标所需要的最佳知识结构，就必须依靠自学。著名教育家叶圣陶先生曾说过：教是为了不需要教。这深刻说明了培养自学能力的重要性。

(2) 接受新思想的能力。

创造者需要善于捕捉、理解和支持新的思想。对于新思想要敏感，要有兴趣，要持积极的态度。新思想虽然经常闪烁着智慧的火花，但并不是每一种新思想都能产生有价值的创造发明，因此在接受新思想之后，还要善于将其改造和加工，使新思想变为自己的东西，以激发自己的创造力。

(3) 观察能力。

观察，是有一定目的的、有组织的、主动的知觉。全面地、正确地、深入地观察事物的能力，称为观察能力。

《福尔摩斯探案集·冒险史》中有这样一段对话：华生不服气地对福尔摩斯说："我觉得我的眼力并不比你差。"福尔摩斯问他："门前的楼梯有多少级？"虽然华生走过几百次了，但他并不知道。福尔摩斯说："因为你没有观察，只是看了一下。我知道有17级，因为我不但看了，而且观察了。"由此可见，看见并不等于观察。

观察能力对于发明创造和科学研究来说，都是一种十分重要的、最基本的能力。有些发明创造就是直接来源于深入细致的观察。

比如，人们所熟知的英国细菌学家弗莱明（A. Fleming）通过观察发现了青霉素，瑞典化学家诺贝尔（A. B. Nobel）通过对砂土吸收硝化甘油现象的认真观察而制成了安全火药，奥地利遗传学家孟德尔（G. J. Mendel）因仔细观察分析豌豆杂交试验过程而发现了划时代的遗传规律，英国博物学家达尔文在观察大量动植物后最终发现了著名的物种进化规律……这些案例都说明了观察能力在创造发明中的重要性。

(4) 发现能力。

发现能力对于人们的创造力开发非常重要。一个人观察到一种现象，并不代表他已经发现了它。例如，天文学家勒莫尼亚从1750年到1769年曾先后12次观察到天王星，本可以做出重大发现，但由于他受到"太阳系的范围只到土星为止"的传统知识束缚，这颗星多次"被看见而未被发现"。直到1781年，天王星才由英国的天文学家赫歇尔（F. W. Herschel）认定发现。发现能力又可细分为发现问题的能力、发现异同的能力、发现可能的能力和发现关系的能力等四类。

(5) 想象能力。

想象，是人对已有的表象进行加工改造，创造出新形象的思维过程。没有想象就不可能有创造。想象按其是否有意识、有目的，可以分为无意想象和有意想象。

每个人在童年时代都是极富想象力的。鲁迅说过，孩子是可以敬服的，他常常想到星月上的境界，想到地面下的情形，想到花卉的用处，想到昆虫的言语；他想飞上天空，他想钻入蚁穴。正是由于这一点，孩子在创造过程中知识和经验不足的缺陷往往可通过想象力的发挥得到一定补偿。开发人的创造力,从某种意义上讲就是帮助他恢复孩童时代的想象能力。黑格尔说过:最杰出的艺术本领就是想象。

(6) 组织能力。

组织能力是现代科学技术发展的需要。现代科学技术的发展表明,多数重大创造发明可以说是靠集体合作、群体智慧来完成的。例如,晶体三极管的发明就是由美国贝尔实验室的三位科学家(布拉顿、巴丁和肖克莱)多次合作于1947年12月完成的。2013年6月26日我国神舟十号载人飞船历时15天,圆满完成了各项预定任务,航天员进驻天宫一号开展空间科学实验和技术试验、太空授课,这项工程需要成千上万的专家群体攻关完成,展示了中华民族齐心协力的结果。由此可见,要开发创造力、做出重大贡献,就必须具备发挥群体智慧的组织能力。

(7) 社交能力。

20世纪伟大的成功学导师戴尔·卡耐基曾经讲过,一个人的成功,只有15%是由于他的专业技术,而85%则要靠人际关系和他的为人处世能力。创造本来就是有相当难度的社会活动,如果人际关系处理不好,则更是难上加难。卡耐基的85%:15%之说或许有些夸大其词,但人际关系在一定程度上确实能决定创造活动的成败,因而社交能力也被视为创造力开发的一个重要因素。社交能力也是做好其他工作的重要素质。

3) 人格因素

在心理学上,人格亦称个性,指个人稳定的心理品质。它包括两个方面,即人格倾向性和人格心理特征。前者包括人的需要、动机、兴趣和信念等,决定着人对现实的态度、趋向和选择;后者包括人的能力、气质和性格,决定着人的行为方式。

创造者的人格因素主要包括人的品格、性格和体格等方面。大量事实表明,人格因素对于创造力的开发非常重要。在一些关键时刻,有些人格因素的重要性并不低于知识因素和能力因素。与创造力开发最为密切的人格因素有自信、质疑、勇敢、勤奋、好奇心、兴趣、情感和动机等。

4) 环境因素

创造者自身因素以外的方方面面,一般统称为创造的环境。从哲学角度看,创造者自身的知识、能力和人格因素等构成了创造的内因,而环境因素则属于创造的外因。通常来说,一个人创造力的大小只与其内因有关。但是,有创造力的人是否能够取得创造的成果,还要取决于创造的环境。所以,在创造力一定的情况下,环境越好,创造成果就会越多;相反,如果创造环境越恶劣,那么创造成果就会越少。

4. 开发的实践练习

(1) 图2-4所示的线段,哪一条更长?
(2) 图2-5所示的线段平行吗?
(3) 观察图2-6,你能观察到什么?
(4) 观察图2-7,你能观察到什么?
(5) 发挥你的想象力,图2-8所示的物品是怎样联系到一起的?

四、创造力的测评

实验表明,创造力的大小可以采用对比的方法进行测量、评价,这方面的工作称为创造力的测评。国外比较流行的测评方法大体上有三大类:创造成果分析、专家评估和创造力测试。其中最常用的是创造力测试,主要有以下三种:

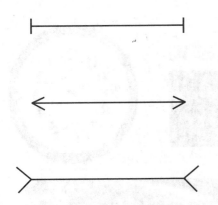

图 2-4　比较线段的长度

图 2-5　线段平行吗

图 2-6　人头与花瓶

图 2-7　是船还是桥

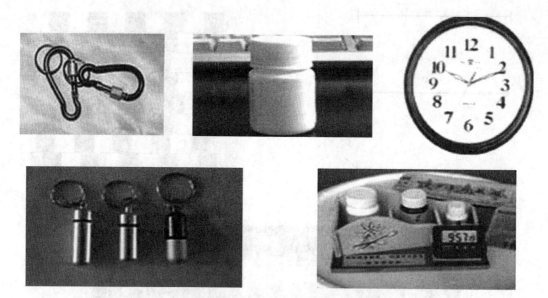

图 2-8 想象力练习

1）个体调查

采用问卷、采访等方法全面调查被测者的情况,然后根据这些情况分析、衡量和推测被测者的创造力水平。国际上比较著名的个体调查有美国创造行为研究所的"阿尔法个案调查"和谢弗的"创造力个案调查"等。

2）人格检测

人格是人的性格、气质、能力等心理特征的总和。人格检测通过分析被测者对一系列问题的选择性答案,来判断其人格特征并推测其创造力的大小。著名的人格检测有美国心理学家托兰斯的"你是哪种人"测验和戈夫制作的"创造个性量表"。

以托兰斯人格检测为例。要求被测者从提供给他们的词汇表上选出符合自己情况的词,然后进行统计分析和评价。实验发现,选择"好奇的""主动的""慷慨的"等词的人创造力较强,而选择"谦恭的""顺从的""殷勤的"等词的人创造力较弱。

3）创造力测验

创造力测验是指采用书面试卷方式,由被测者在规定时间内独立完成,再按照一定标准对答案进行评分,并根据得分情况来衡量创造力的大小。它在形式上类似于心理学中的智力测验。近年来比较流行的创造力测验有吉尔福特的创造力测验和托兰斯的创新思维测验。

2.4 创造的基本原理

创造既是一个宏伟的社会实践过程,又是一个微观的心理反应过程,如果没有正确的原理指导、原则规范和过程提示,创造活动有可能陷入毫无头绪的境地。

创造原理,就是人们根据创新思维的发展规律和创造性行为的实施特点,总结出来并用以指导发明创造活动的带有普遍意义的道理。它是创造技法得以产生和发展的基础。

创造原则,就是人们开展发明创造活动所依据的法则和评判发明创造构思所凭借的标准。它对创造技法的实施具有方向性和指导性的意义。

创造技法,就是人们根据创造原理解决发明创造问题的创意,是促使发明创造活动完成的具体方法和实施技巧。它是创造原理融会贯通以及具体运用的结果。

创造技法是从创造原理中最终派生出来并与实践密切结合的可操作的具体程序或步骤。创造原理是创造技法之母。目前创造技法虽然多达数百种,但创造原理主要有以下十种。

1. 综合原理

所谓综合原理,是指在思维过程中,人们应将研究对象的各个部分、各个方面结合和统一起来加以研究,从而在整体上把握研究对象的本质属性和内在规律。

综合原理并不是将事物的各要素、各部分、各方面进行简单的相加,如图 2-9 所示,其基本特点和最高宗旨是根据事物各部分的本质特征和发展规律,全面加以概括和总结、精练和提升,进而在思维中真实地再现事物的整体。

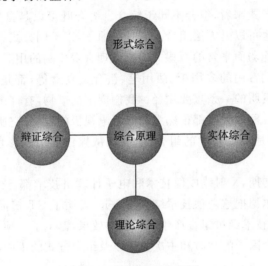

图 2-9 综合原理的模型

中西医的结合就是一种综合。中西医结合并不是把中医和西医简单地叠加在一起,而是经过仔细分析后取中、西医中的合理和适用部分加以组合的。

可见,综合是在科学分析的基础上择优进行的组合。

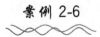

"阿波罗"登月计划

众所周知的美国"阿波罗"登月计划,可以说是大型的各种行业、各种学科、各种技术、各种方法、各种思想的辩证综合物。参加该计划研究的有 120 多所大学,20 000 多家大、中、小型公司和科研机构,总共投入了 450 000 名科技人员。"阿波罗"飞船有 7 000 000 个零件,仅科研课题就有 50 000 多项,它是人类历史上规模宏大的计划之一。它是复杂系统工程的光辉典范,也是人类综合能力的最好体现,因为"阿波罗"宇宙飞船的技术没有一项是新的突破,都是现有的技术。

综合已有的科学原理,可以创立新的科学原理。如爱因斯坦综合万有引力理论与狭义相对论,创立了广义相对论。综合已有的事实规律,可以发现新的事实规律。如门捷列夫综合化学元素分类法和化学元素原子量递增顺序,发现了化学元素周期律。综合已有的科学方法,可以创建新的科学方法。如笛卡尔将几何学与代数方法综合,产生了新的解析几何方法。综合已有的产品实物,可以建造新的先进产品。如日本松下电器公司综合了世界各先进国家不同机电产品的技术特长,创造出誉满全球的松下电器。

21世纪世界上的重大发明创造中,属于日本的很少,但日本人善于在别国先进技术的基础上进行综合,因而创造出许多世界一流的新技术和新产品。"综合就是创造"在实践中已产生巨大的效应。

2. 组合原理

所谓组合原理,是指将两种或两种以上的学说、技术、产品的一部分或全部进行适当叠加和组合,用以形成新学说、新技术、新产品的创造原理。

从思维特征和操作形式来看,组合不同于综合。组合既可以是自然组合,也可以是人工组合;既可以是技术组合,也可以是方法组合。同是碳原子,以不同方式、不同晶格组合,便可得到坚硬而昂贵的金刚石或脆弱而平常的石墨。组合原理有着广阔的用武之地。

组合就是创造。我们常用的多用柜、两用笔、组合文具盒等,都是利用组合原理创造的体现。组合法是现代技术发明的一条重要途径。我们周围的事物,有许多是由两个或两个以上的技术因素组合在一起的。例如大家都很熟悉的彩色电视机的发明,它所采用的多项技术在当时都是已经非常成熟的,但是经过科学的组合,电视机从黑白显示到彩色显示,产生了一个质的飞跃。

在20世纪70年代初期,X射线成像技术和电子计算机技术都已经非常成熟了,诺贝尔生理医学奖获得者豪斯菲尔德把这两项技术结合在一起,发明了CT扫描仪。其实这里面并没有原理上的突破,只是原有技术经过组合产生了全新的效果,诞生了一项重大的发明。

根据参与组合的组合因子的性质和主次关系以及组合方式的不同,组合的类型大体可分为四种,如图2-10所示。

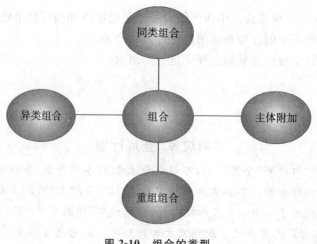

图2-10　组合的类型

1) 同类组合

同类组合，又叫同类自组，是指两个或两个以上相同或近于相同的事物的简单叠合。同类组合是在保持事物原有功能或原有意义的前提下，通过数量的增加弥补功能上的不足或求取新的功能。

比如，一般的直升机只有一个旋翼，把八个旋翼组合在一起，就发明了载重量达160吨的八旋翼直升机；用几百个易拉罐组成求生筏；发射人造卫星的多级火箭，其原理可被视为几枚火箭的同类组合；子母灯、双向拉链等。这些都是同类组合成功的范例。

2) 异类组合

异类组合，是指来自不同领域的两种或两种以上不同类型的事物进行的叠合，如日历笔架、日历圆珠笔等就是异类组合的创造产物。在异类组合中，被组合的因子来自不同的方面，各因子彼此一般没有明显的主次之分，参与组合的因子可以从意义、原则、构造、成分、功能等任何一方面或多方面互相渗透，从而使组合后的整体发生变化。

比如，汽车就是发动机、离合器和传动机构等因子组合创造而成的一种交通工具。针线、日历和圆珠笔虽不属于同一类产品，但是其组合的结果产生了带针线包的圆珠笔和内藏日历的圆珠笔。

3) 主体附加

主体附加，是指在原有的事物中补充新的内容，在原有的物质产品上增添新的功能附件。如早期的自行车没有车铃，后来加上了车铃。

在主体附加创造中，主体事物的性能基本上保持不变，附加物只是对主体起补充、完善或充分利用主体功能的作用。印有导游图的折扇很畅销，折扇上的导游图就是一种附加物。

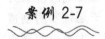
案例 2-7

带橡皮擦的铅笔

有一天，穷困的画家律蒲曼正专心致志地绘画，要修改时却找不到橡皮擦。好不容易找到一块擦去了需要修改的画面后，又不知道把铅笔放到何处了。他从中吸取教训，把橡皮擦与铅笔用丝线缚在一起，这样可以避免两者分离难找。但这种方法不牢固，使用一会儿橡皮擦就掉下来了，很不方便。他不甘心，于是剪下一块薄铁片，把橡皮擦和铅笔末端绕包起来，再压两道浅渠，使用时再也不会掉下来。他想：如果铅笔都能带着橡皮擦，定会受画家、广大学生的欢迎。于是，律蒲曼向亲戚借来几十美元到专利局办理申请手续，很快得到确认，不久雷巴铅笔公司买了这项专利。原本生活潦倒的律蒲曼获得了55万美元的专利费。

4) 重组组合

重组组合，是指在同一个事物的不同层次上分解原来的事物或组合，然后以新的方式重新组合起来。

战国时期田忌赛马的故事可以生动地说明重组组合的创造思想。现在，人们把这一原理应用到某些体育比赛中，如乒乓球团体赛等，取得了较好的成果。目前，在企业中大力开展的资产重组，实际上也是一种组合创造与创新。在这一原理的引发下，可产生许许多多重组的方法。

3. 移植原理

移植原理是指在同一研究领域的不同载体或在不同研究领域之间的原理借用,从而产生新的成果。19 世纪末,人们对于电影机的研究虽已取得很大进展,但仍有一个关键性问题未能解决,即如何使影片以每秒 24 幅的速度做动、停、动的间歇运动,使影片经过片面时每秒动 24 次、停 24 次。许多研究者对于这个复杂的问题均束手无策。法国科学家卢米埃尔兄弟看到缝纫机的机针插入布里时布料不动,当针向上提起时布料向前挪动一下,然后又是停、动、停。他们把这种原理移植到电影机中,很快便解决了上述的难题。通过普通的缝纫机动作启示解决了电影机放映中的大难题,充分体现了移植原理的运用和成果。

移植又可以分为原理移植、结构移植、方法移植和材料移植四种。如解析几何学和物理化学的诞生就是原理移植的结果。结构移植是将彼事物的结构形式或特征移植到此事物中,以产生新事物的方法。结构移植大有用武之地。例如,人们移植积木结构开发出模板机床、拼装式家具;移植出土文物金缕玉衣,发明出空心保健凉席等。方法移植是指将某种新方法移植到各种科研和技术创新之中,以使其能启迪和促使新成果的产生。材料移植是指新产品研制过程中,用某种材料替代原来惯用的材料,使新移植的材料发挥更好的创造作用。许多产品是通过材料的更换实现创新的。

4. 还原原理

还原原理强调在发明创造过程中,回到研究对象的起点,将最主要、最基本和最关键的因素抽取出来并集中精力研究其解决的方法和手段,以取得发明创造的最佳成果。创造方法学中的还原原理旨在鼓励人们要善于回归、还原到研究对象的本质上。

洗衣的本质是"洗",即还原衣物的"本来面貌";而衣物变脏的原因是灰尘、油污、汗渍等对衣物的吸附与渗透,所以洗净衣物的关键是使污物与衣物分离开。我们可以突破传统的洗衣方式,广泛考虑各种各样的分离方法,如机械分离法、物理分离法、化学分离法等,于是就发明创造出不同工作原理的各种洗衣机。如:超声波洗衣机通过超声波在衣物之间不断产生微小的真空泡,真空泡破裂时会产生冲击波,将衣物上的污垢从衣物上分离下来,起到去污作用;电磁去污洗衣机,在洗涤头上装有电磁圈,通电后发出微振去污;活性氧去污洗衣机,利用电解水产生的活性氧来分解衣物上的污垢;臭氧洗衣机,将臭氧泵放在洗衣机中,分解污渍,使其溶于水中;离子洗衣机,在洗衣机内安装离子水发生器,把普通自来水分解为离子水,渗透分解污渍。

案例 2-8

打 火 机

各种类型打火机的研制成功即是还原原理具体应用的典型事例。取火采用钻木、火镰、火柴等,火柴盒有大有小,也可有各种不同的形状,火柴棒可长可短,但无论火柴棒和火柴盒如何变化,追溯到原点,其主要功能都是发火(产生火源)。

于是把"发火"抽象出来,经发散思维,便可构思出各种可燃性气体发火、电火花打火以及不同的液体燃烧起火等。显然,这样做易于突破原有火柴知识的桎梏,拓展创新者的思维视角,从而发明出各种类型的打火机。

5. 逆反原理

所谓逆反原理,是指在发明创造过程中,人们沿着与常规思路相反的方向寻求问题解法的一种思维原理,逆反可以分为四种类型,如图 2-11 所示。

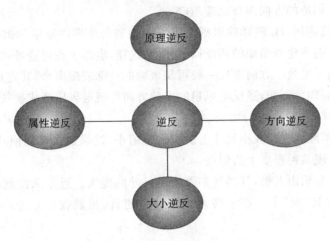

图 2-11 逆反的类型

案例 2-9

搬运图书的妙法

苏格兰有一家图书馆要迁往新址,其图书搬运工作量十分巨大。按照以前的做法雇请搬运工来完成这项任务,支付的酬金相当可观,给经济本来就不宽裕的图书馆造成一定压力。图书馆负责人开动脑筋,采用了违反惯例的做法,发出了取消借书数量的限制。

结果在短期内大量图书外借,而还书时则还到新址,由读者完成了大部分图书的搬运工作,既节省了搬运费用,又满足了读者的求知欲望,皆大欢喜。

1) 原理逆反

将事物的基本原理,如机械的工作原理、自然现象的规律等有意识地颠倒过来,往往会产生新的原理、新的方法、新的认识和新的成果,从而实现创造。

德国青年摄影师莫泽尔·梅蒂乌斯研究了电影的原理,并用逆反的方式在地铁中实行,在与车窗等高处的地铁通道墙壁上挂出一幅幅连续变化的图片,当列车运行时,图片正好以每秒24 幅的速度映入乘客眼帘,于是乘客就能看见墙壁上的"电影"了。

2) 属性逆反

事物的属性是丰富多样的,有许多属性是彼此对立的或者是成对的,比如,软与硬、干与湿、直与曲、柔与刚、空心与实心等。属性逆反,就是有意地以与某一属性相反的属性去尝试取代已有的属性,即逆反已有的属性,从而进行创造活动。

1924 年,德国青年马歇尔·布鲁尔产生了用空心材料替代实心材料做家具的思想,并率先用空心钢管制成了名叫"瓦西里"的椅子,在社会上产生轰动并一直风靡至今。从那以后,马歇尔·布鲁尔又用这一空心取代实心的属性逆反原理完成了包括日内瓦联合国教科文组织大厦在内的许多著名设计,终于成为新型建筑师和产品设计师的杰出代表。

3) 方向逆反

完全颠倒已有事物的构成顺序、排列位置、安装方向、操纵方向、旋转方向,完全颠倒处理问题的方法等,都属于创造的方向逆反原理范畴。

第二次世界大战期间,H. 凯泽曾根据上下方向颠倒的原理改革了原来从下向上建造船舶的工艺,使用了自上而下建造船舶的相反操作程序,这样,电焊工在建造各层甲板时就不必再仰头工作了,大大提高了工效。方向逆反一般可从事物的外部表现出来,其直观性强,因而是发明和革新的一个重要原理。例如,逆反电风扇的安装方向可使电风扇变成换气扇。

4) 大小逆反

对现有的事物单纯地进行大小尺寸上的扩大或缩小,结果也常常能使其性能、用途等发生变化或转移,从而实现某种程度上的创造。

比如,四川有名的乐山大佛,其名气多源于其尺寸的庞大。近年来出现的像乒乓球大的葡萄,其创造性也就在其"大"上。在一粒米上刻一首唐诗,虽然仅仅是缩小而已,却也是一种创新。

6. 换元原理

所谓换元原理,是指人们在发明创造过程中采用替换的思想或方法,使研究对象的表象不断剥离、本质不断暴露、内容不断展开、研究不断深入、思路不断更新的发明创造原理。

换元原理和移植原理在思路和方法上有所不同:换元原理强调在解决创造问题时,应采用替代或更换的做法,使问题具有新的特点和新的意义,便于人们寻求新的创造成果;移植原理强调在解决创造问题时,应采用移植或引进的做法,使对象具有新的起点和新的优势,便于人们实现新的创造目标。

换元原理通常包含以下两个含义:

第一个含义是指,在发明创造过程中,人们可以有目的、有意识地去寻找替代物。如果能找到性能更好、价格更低的替代品,这本身就是一种创造。比如,在制造火柴时以废纸代木,可以节省大量宝贵的木材资源;在制造游艇时以玻璃钢替代金属,可以减轻重量、改善性能、提高航速。

第二个含义是指,人们在发明创造和科学探索的过程中,往往要用一事物替代另一事物。通过对替代物的研究来解决被替代物的问题,从而使矛盾集中化和明朗化,以利于人们创新思维的发挥。

7. 完满原理

完满原理是"完满充分利用原理"的简称。在我国企业界广泛开展的"合理化建议"活动中,有不少发明和新成果与创造的完满原理有关。

人们总是希望能在时间上和空间上充分又完满地利用某一事物或产品的一切属性,因此,凡是在理论上未被充分利用的事物,都可以成为人们创造的目标,这是提出完满原理的主要根据。

一般说来,创造发明的最终目标都离不开满足人们的需要,也就是说,对于创造发明的成果应尽量从中索取最多和最大的用处。因此,对人类最有用处的创造发明是最好的创造发明,最好的创造发明应该是最合理的创造发明,最合理的创造发明就应该最大限度地符合完满原理。

1) 整体完满充分利用分析

整体完满充分利用分析,是指对一个事物或产品的整体利用来进行分析,了解该事物或产品是否在时间上和空间上均被充分利用了。

例如床,床的功能主要是供人睡觉休息,而人不可能一天24小时都睡觉,一般人一天只有三分之一的时间在床上度过(即8小时睡眠)。可见,床的时间利用率实际只有30%左右,即一般情况下人的70%的时间是不需要床的。由此人们便发明了折叠沙发床,让它在70%的时间里作为沙发使用,既节约了空间,又充分利用了床的功能。

2) 部分完满充分利用分析

对事物的部分进行分析,也可以产生新的创造。墙壁是房屋的一部分,房屋墙壁的作用是什么?它的功能被充分利用了吗?正是基于这样一种对于房屋墙壁的充分利用分析,美国太阳能设计协会将能使太阳能转变成电能的半导体嵌入墙壁,推出可发电的"墙壁",测算其成本较低,发出的电亦可满足室内的用电需要。

又比如,鞋子可以分解为鞋底和鞋帮两部分,它们的磨损程度不一样,一般鞋底容易磨损,可采取提高鞋底质量或及时更换鞋底、降低鞋帮质量的方式进行创造。

当汽车报废后,并不意味着其所有的组成部分都不再有利用价值。德国宝马公司经过详细研究后发现,宝马汽车报废后其中还有75%的金属零部件完全可以使用。于是,该公司开辟了废旧汽车回收业务,以便把75%的金属部件卸下来重新使用。

8. 迂回原理

所谓迂回原理,是指人们在发明创造活动中,针对认识上所出现的暂时性障碍采用迂回、包抄的方式,克服思维盲点,从而改变思维角度、加快思维进程、强化思维效果。

9. 分离原理

所谓分离原理,是对研究对象进行科学的分解或离散,使研究对象的本质属性和发展规律从复杂现象中暴露出来,从而使研究者能够理清研究思路,抓住主要矛盾,以获得发明创造的成果。

1900年,根据红细胞所含凝集原的不同,兰德斯坦纳把人类血液区分为四种基本类型,即O型、A型、B型、AB型。凡是红细胞中含A凝集原者,为A型;含B凝集原者,为B型;含A和B两种凝集原者,为AB型;两种凝集原都没有者为O型。兰德斯坦纳也因此获得了1903年诺贝尔生理学及医学奖。

案例 2-10

活字印刷术

自从汉朝发明纸以后,书写材料比起过去用的甲骨、简牍、金石和缣帛要轻便、经济多了,但是抄写书籍还是非常费工的,远远不能适应社会的需要。

大约在公元600年前后的隋朝,人们从刻印章中得到启发,在人类历史上最早发明了雕版印刷术。到了宋朝,雕版印刷事业发展到全盛时期。雕版印刷对文化的传播起了重大作用,但是也存在明显缺点:第一,刻版费时费工费料;第二,大批书版存放不便;第三,有错字不容易更正。

北宋平民发明家毕昇发明了活字印刷术,活字制版正好避免了雕版的不足,只要事先准备好足够的单个活字,就可随时拼版,大大地缩短了制版时间。活字版印完后,可以拆版,活字可重复使用,且活字比雕版占用的空间小,容易存储和保管。这样活字印刷的优越性就表现出来了。

10. 群体原理

所谓群体原理,是指在大型或复杂的发明创造活动中,依靠群体智慧聚集和学科知识互补的优势,使发明创造活动实现由个体行为向集体行为的转化,以适应现代发明创造活动对学科综合、知识融合和人才聚合的需要。

目前,整个科学界正显示出一种既高度分化又相互渗透,既高度综合又纵横交错,既高度深化又大量繁生的景象。在这种新形势下,要想"单枪匹马,独闯天下",去完成像人造卫星、宇宙飞船、空间试验室和海底实验室等大型高科技项目的开发设计工作,显然是不可能的。因此,需要利用群体原理开展创造活动。

2.5 发明创造的原则

在发明创造活动中,通过各种创造思维的启发作用和各种创造原理的引导作用,人们就有可能在自己的头脑里形成一个关于发明创造对象的新构思或新设想,然后按照发明创造的原则对其进行有意识、有目的的分析和判断,以及酝酿和改善,使之成为真正可供实施的创造性方案。

发明创造的原则就是人们开展发明创造活动所依据的法则和评判发明创造构思所凭借的标准。主要有以下几个基本原则:

1. 遵守科学原则

任何发明创造都必须遵循科学原理,不得违反科学规律,任何违背科学技术原理的发明创造都是不能获得成功的。

在进行发明创造构思时,必须做到以下几点:

(1) 对发明创造设想进行科学原理相容性检查。

如果某一研究问题的初步设想与人们已经发现并已获得实践检验证明的科学原理不相容,则不会产生任何有价值的发明创造成果。例如,有人力图发明一种既不消耗任何能量,又可源源不断对外做功的"永动机",但无论他们的构思多么巧妙,方案如何周密,结果都逃脱不了失败的命运。因为他们的发明创造设想违背了"能量守恒"的科学原理。

(2) 对发明创造设想进行技术方法可行性检查。

图 2-12 所示的扑翼式人力飞机是不可能实现的。人体所能发出的功率同体重相比实在是太小了。一名体重 75 千克的青年男子,能在 10 分钟持续时间内发出 0.35 马力(1 马力 = 735 瓦)的功率,每千克体重仅能发出 0.5% 马力的功率。而一只鸽子,每千克体重能产生 7.5% 马力的功率。此外,鸟的胸肌发达,骨骼轻巧,也非人类所能比拟。因此,扑翼式人力飞机无法实现。

图 2-12　扑翼式人力飞机

(3) 对发明创造设想进行功能方案合理性检查。

案例 2-11

特殊礼帽及特殊火车

有人设计出一种特殊的礼帽,戴在头上,当你俯首向别人行礼时,它会自动升高,使你免除举手之劳。不难想象,没有多少人会因"自动升高的功能"而去购买这种机关复杂、价格不菲的特殊礼帽。

还有人设想出一种避免火车相撞的特殊办法,在每列火车的前后及顶部都装上铁轨,使之连接贯通。当两列火车迎面相遇时,一列火车可以沿另一列火车前部的铁轨爬上车顶,再顺车后铁轨平安落下。这样一来,既不会撞车,又不用铺设双轨,可谓"一举两得"。但该设想没有考虑,火车彼此爬来爬去,里面的乘客是否受得了,因此其功能合理性很差,不能成为一项具有使用价值的创造性设想。

2. 市场评价原则

市场评价原则又称为效益效率原则,是指创新成果除了接受基础科学的评价之外,还要接受市场的检验和评估。

爱迪生曾说:"我不打算发明任何卖不出去的东西,因为不能卖出去的东西都没有达到成功的顶点。能销售出去才证明了它的实用性,而实用性就是成功。"所以,发明创造的成果要经受市场的考验。根据以下几个评价事物使用性能最基本的标准,仔细讨论做出切合实际的判断和结论。

（1）解决问题的迫切程度。
（2）功能结构的优化程度。
（3）使用操作的可靠程度。
（4）维修保养的方便程度。
（5）美化生活的欣赏程度。

3. 相对最优原则

发明创造可使人们的思维质量更高、工作质量更优、生活质量更好，但这并不是说，发明创造就是十全十美的。

在发明创造活动中，为了解决某个研究问题，人们利用创造方法学的原理和技法，获得了许多创造性设想，它们各有千秋、难分伯仲。这时人们就需要按相对最优原则，对各种设想进行分析、判断和选择。

（1）从发明创造技术先进性上进行比较选择。
（2）从发明创造经济合理性上进行比较选择。
（3）从发明创造整体效果上进行比较选择。

案例 2-12

苏格拉底让学生摘果子的故事

几个学生向苏格拉底请教人生的真谛。苏格拉底把他们带到一片果林边，这时正是果实成熟的季节，树枝上挂满了沉甸甸的果子。

"你们各顺着一行果树，从林子的这头走到那头，每人摘一枚自己认为最大最好的果子。不许走回头路，不许做第二次选择。"苏格拉底吩咐。

学生们出发了，在穿过果林的整个路程中，他们都十分认真地进行着选择。等他们到达另一端时，老师已在那里等着他们了。

"你们是否都选择到了自己满意的果子？"苏格拉底问。学生们你看看我，我看看你，都不肯回答。

"怎么啦，孩子们，你们对自己的选择满意吗？"苏格拉底再次问。

"老师，让我们再选择一次吧，"一个学生请求说，"我刚走进果林时，就发现了一个很大很好的果子。但是，我还想找一个更大更好的。当我走到林子的尽头时，才发现第一次看见的那枚果子就是最大最好的。"

另一个学生紧接着说："我和师兄恰好相反。我走进果林不久就摘下了一枚我认为最大最好的果子。可是，之后我发现，果林里比我摘下的这枚更大更好的果子多的是。老师，请让我再选择一次吧。"

"老师，让我们再选择一次吧。"其他学生一起请求。

苏格拉底坚定地摇了摇头："孩子们，没有第二次选择，人生就是如此。"

我们可以从案例 2-12 中得到启发：在做事情的时候，如果一味地去追求最优的、最好的，我们很可能就贻误了时机；如果有比较满意的方法可以解决问题，我们就要立刻付诸行动。

4. 机理简单原则

有些人认为,发明创造事物的原理和结构越复杂,其水平就越高,价值就越大。这其实是一种误解。因为,在现有科学水平和技术条件下,如不限制实现发明创造方式和手段的复杂性,则几乎所有的创造目标都可以实现。但其付出的代价可能远远超出合理范围,使得发明创造的结果丧失了实用价值。因此,在发明创造过程中,要始终贯彻机理简单原则,可从以下几个方面进行检查。

(1) 发明创造事物所依据的原理是否重叠,超出应有范围。
(2) 发明创造事物所拥有的结构是否复杂,超出应有程度。
(3) 发明创造事物所具备的功能是否冗余,超出应有数量。

5. 构思独特原则

创造贵在独特,创造也需要独特。因为发明创造的最高境界是创立独具特色的事物,而不是对现有事物进行简单的修缮或改良。在创造活动中,关于发明创造对象的构思是否独特可以从以下几个方面进行考察。

(1) 发明创造构思的新颖性。
(2) 发明创造构思的开创性。
(3) 发明创造构思的特色性。

案例 2-13

独具特色的牛仔裤

李维·施特劳斯公司(Levi Strauss & Co.)的李维牛仔裤(Levi's),已经有一百多年的历史,是由德国移民李维·施特劳斯(Levi Strauss)创立的。其所设计的牛仔裤开始是作为淘金者专用的抗磨损工作服。牛仔裤采用了西班牙牧童短裆瘦腿裤的款式,缝制过程中用走明线、钉铜锌合金扣的方式加工,并在口袋四角钉铆钉,在重要部位用皮革镶边,在显眼位置钉金属亮片,既增加了裤子的耐磨性,又增加了裤子的装饰性,独具特色,卓越不凡,在漫长的时间里长盛不衰。其主要原因就是保持了自己的风格,又在款式、面料、饰物和制法上不断增添新的特色,所以李维·施特劳斯公司的牛仔裤独领风骚百年。

6. 不轻易否定、不简单比较原则

在分析评价各种产品的创新创意方案时,应注意避免习惯性思维,避免依据经验、逻辑等轻易否定的倾向。我们应在尽量避免盲目地、过高或过低地估计自己的设想的同时,也要关注别人的创意和构思。

7. 创造原理实践练习

(1) 换元原理设计方法(个人练习):根据下列题目进行换元设计,将所产生的构思记录下来(每次 20~30 分钟)。

① 设计一座合理的桥,使河水猛涨、洪水暴发时,也不会把桥梁冲垮。
② 设计一种不用节食,就能达到减肥效果的方法。

(2) 逆反原理设计方法(个人或集体练习):根据下列题目进行逆反原理设计,将所产生的设想都记录下来(每次 15 分钟)。

①将电风扇变成排风扇。

②设计新型的上热下冷式冰箱。

(3) 组合原理设计方法(个人练习):根据下列题目,分别进行组合设计,将所产生的设想都记录下来(每次 20 分钟)。

①设计电话与电视的组合。

②设计一个新型的带有记录剃须次数的计数器的剃须刀。

③设计一支"龙凤"笔。

④设计一种新型的多头听诊器。

(4) 仔细分析图 2-13 和图 2-14,其发明创造使用了哪些创造原理?

图 2-13　折叠椅

图 2-14　神舟十号载人飞船

第 3 章　创新思维与实践

本章要点

掌握创新思维的标准与特征；明确常用的创新思维方法；通过练习讨论提高用创新思维进行创新设计的能力。

创新思维就是有创见的思维，即通过思维不仅能揭示事物的本质，还能在此基础上提出新的有建设性的设想和意见。创新思维与一般性思维相比，其特点是思维方向的求异性、思维结构的灵活性、思维进程的飞跃性、思维效果的整体性、思维表达的新颖性等。

物理学家卢瑟福有一次问他的学生："你今天上午准备做什么？"学生回答："做实验。"又问："下午呢？"答曰："做实验。"再问："晚上做什么？"学生仍旧回答："做实验。"卢瑟福遂不满地问道："你整天都做实验，那么你用什么时间进行思考呢？"

正如巴尔扎克所说，"思维是打开一切宝库的钥匙"，创新、创造既是一个宏伟的社会实践过程，又是一个微观的心理反应过程，是整个创新活动体系的中流砥柱，是创新能力的核心。同时，创新思维能力是可以通过专门的训练获得的。

3.1　创新思维概述

创新思维是一种具有开创意义的思维活动，即开拓人类认识新领域、开创人类认识新成果的思维活动。创新思维是以感知、记忆、思考、联想、理解等能力为基础，以综合性、探索性和求新性为特征的高级心理活动，是需要人们艰苦付出的脑力劳动。一项创新思维成果，往往要经过长期的探索、刻苦的钻研，甚至多次的挫折之后才能取得，而创新思维能力也要经过长期的知识积累、素质磨砺才能具备。创新思维的过程，离不开繁多的推理、想象、联想、直觉等思维活动。

"人"字形铁路的设计

京张铁路 1905 年 9 月 4 日开工，1909 年 8 月 11 日建成。这是完全由中国人自己主持设计、自己施工修建的第一条干线铁路。当时的清政府委派詹天佑为京张铁路局总工程师。京张铁路工程最为人所熟知的是青龙桥车站的"人"字形铁路，如图 3-1 所示。

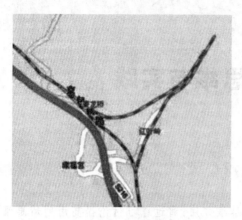

图 3-1 "人"字形铁路

京张铁路从南口北上要穿过崇山峻岭,坡度很大,按照国际的一般设计施工方法,铁路每升高 1 米,就要经过 100 米的斜坡,这样的话坡道长达 10 多公里。外国媒体说:"能在北京到张家口建造铁路的中国工程师还没出世呢。"为了缩短线路、降低费用,詹天佑大胆创新,设计了"人"字形铁路线路,为了安全、平稳,北上的火车到了南口以后,就用两个火车头,一个在前面拉,一个在后面推,火车向东北方向前进,进入"人"字形铁路线路的岔道口后,就倒过来,原先推的火车头改成拉,而原先拉的火车头又改成推,使火车向西北前进,这样一来火车上山爬坡就容易多了。在 20 世纪初,如此大胆的设计,在中国铁路建筑史上是一个不小的创举。这种以新颖、独特的方式解决铁路修建中坡度和动力难题的思维就属于创新思维。

一、思维及其分类

1. 思维

思维,就是有顺序地想和思考,是人脑对客观事物间接的和概括的反映,是在表象、概念的基础上进行分析、综合、判断、推理等理性认识的过程。我们通常把这一过程的产物即理性认识称为思维。

就其本质而言,思维是对问题或情景的内部表征。比如,在做某件事之前会提前想好每一步要做什么。需要运用思维的基本构成:表象、概念、语言来完成这一过程。表象:人的头脑中,似乎能看到真实物体的效果,具有图画般特点的心理特征。概念:对某类事物的概括。语言:生活中我们每时每刻都在使用,包括用于思维和交流的词、符号,以及将词或符号联系起来的规则。

国际象棋大师卡斯帕罗夫,可以蒙着眼睛下棋。他是怎么做到的呢?他便是运用表象、概念和语言这三种思维基本构成进行思考的。在走盲棋的时候,头脑中会浮现出不同的表象,利用技法概念来辅助下棋。

人的大脑由两个半球组成,两个半球由胼胝体连接起来。当一个人演奏小提琴时,双手协调运动要求大脑的左右两个半球必须飞快地传递信息。因此,早期的音乐训练是可以改变胼胝体的大小的。

人的左右脑按照一种很有趣的方式分工合作。人的左半脑主要从事逻辑性、条理性的思维;右半脑主要从事形象思维,是创造力的源泉,是艺术和经验学习的中枢。例如,语言的工作一般由左半脑负责,右半脑只对一些简单的语言和数字有反应。在相当长的一段时间内,人们总以为右半脑是次要的脑半球,但现在我们知道,右半脑在知觉技能方面的功能超过左半脑,对模式、面孔、音调、情绪识别等方面起着重要作用。左右脑模式详见表 3-1。

表 3-1　左右脑模式

左 脑 模 式	右 脑 模 式
词汇性的(使用词汇进行描述)	词汇性的(例如图片)
分析性(有步骤地解决问题)	综合性(把事物整合为一个整体)
象征性(用符号象征某些事物)	真实性(涉及事物当时的原样)
抽象性(抽象出少量的信息代表事物)	类似性(看到事物相同的地方)
时间性(按时间完成任务)	非时间性(没有时间概念)
理性(根据理由和事实得出结论)	非理性(不需要以理由与事实为基础)
数字性(用数字进行计算)	空间立体(看到事物与其他事物之间的联系,组成整体)
逻辑性(把事物按逻辑进行排列)	直觉性(根据不完整的规律、感觉洞察事物真相)
线性(连贯性思维)	非线性(思维不连贯,比较跳跃)

2. 思维的分类

根据不同的目的,适应不同的需要,可以从不同的角度出发对思维进行分类。

(1) 从抽象性来分,思维可以分为以下几种:

①直观行动思维:直接与物质活动相联系的思维,又叫感知运动思维。孩子最初的思维往往是直观行动思维。运动员对技能和技巧的掌握也需要直观行动思维做基础。这种思维主要是协调感知和动作,在直接接触外界事物时产生直观行动的初步概括,感知和动作中断,思维也就终止了。

②具体形象思维:以具体表象为材料的思维,是一般形象思维的初级阶段。它借助鲜明、生动的表象和语言,在文艺创作中经常运用。

③抽象逻辑思维:以抽象概念为形式的思维,是人类思维的核心形态。它主要依靠概念、判断和推理进行思维,是人类最基本也是运用最广泛的思维方式。一切正常的人都具备抽象逻辑思维能力。

(2) 从目的性来看,思维可以分为几个几种:

①个别性思维:以实践所提供的个别经验为起点,把个别经验上升为普遍性的认识。个别性思维大多来自日常的生活体验,过于直接和个性化,因而不具有普遍的指导意义,其真实性有待实践检验,最终上升为普遍性认识。

②求解性思维:围绕问题展开思维,依靠已有的知识去寻找与当前现状的联系,从而使问题得到解决。如解答数学题,先分析已知条件,再看问题,最后寻找已知条件与问题之间的联系。

③决断性思维:以规范未来的实验过程或预测其效果为中心的思维。遵循具体性、发展转化、综合平衡三条原则。

(3) 从智力品质上划分,思维可以分为以下几种:

①再现思维:依靠过去的记忆而进行的思维。把已经学过的知识原封不动地照搬套用,就属于这一种思维。

②创造思维:依赖过去的经验和知识,将它们综合组织形成全新的东西。如把已经学过的几个数学公式综合起来解决某个具体的问题。那些有发明天赋的人,就是善于进行这种创造思维的人。

（4）从思维技巧上看，思维还可以分为归纳思维、演绎思维、批判思维、集中思维、侧向思维、求异思维、求证思维、逆向思维、横向思维、递进思维、想象思维、分解思维、推理思维、对比思维、交叉思维、转化思维、跳跃思维、直觉思维、渗透思维、统摄思维、幻想思维、灵感思维、平行思维、组合思维、辩证思维、综合思维等。

从理论上说，分类越详尽越好。但有些思维方式在训练与应用的过程中并不需要严格区分，一是很多思维方式总是共同起作用，二是有些思维方式统一在某种思维方式之中。

二、创新思维及其特点

1. 创新思维

创新思维是人类在探索未知领域过程中，能够打破常规，积极向上，寻求获得新成果的思维活动。创新思维是人类思维活动的精髓。

从定义上可以看出，创新思维是运用独特的方式方法，积极主动去解决问题的思维活动，能够打破常规，运用独特的方式方法去提出问题和解决问题，这就是创新思维的非常规性，是创新思维最显著的一个特征。

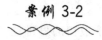

火箭中的方向舵

通常，在火箭箭体的下面都安装有方向舵，以稳定火箭在大气中飞行的姿态。然而，在火箭起飞时，初速度等于零，没有气流吹在方向舵上，因而它不能起到控制作用。怎么解决这个问题？

科学家们自然想到要控制火箭喷射出燃气流的方向，以稳定火箭使其在起飞时不会倾翻。解决的方法是：在高温高压的燃气流中安装一个控制舵，常规的思维方法是采用能耐高温高压的材料来制成控制舵。但问题又出现了，火箭起飞后，有了速度，方向舵能够起作用了，如何除掉控制舵，防止它添乱，又使科学家们大伤脑筋，最后只好请教发明家了。

发明家提出了一个出乎大家意料的方案，采用易燃烧的木舵来代替耐高温高压的控制舵。在火箭起飞的瞬间，木舵还没有燃烧或者还没被烧蚀完时，它可以起控制作用，当火箭有了速度，不需要木舵时，它也烧蚀完了。

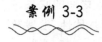

茅台酒参加商品展览会

参加商品展览会的商家都非常爱惜自己的展品，却有人反其道而行。1915年，在巴拿马万国博览会上，我国贵州的茅台酒也参加了展出，评委们都被琳琅满目的洋酒吸引过去了，外观粗糙的茅台酒无人问津。怎么办呢？

参展的茅台酒商家把装有茅台酒的酒瓶摔在地上，哗啦一声，瓶碎酒流。响声倒没有惊动多少评委，扑鼻的酒香却把众多评委们招引过来，一尝，好酒！茅台酒博得好评，最终获得博览会金奖。

案例3-2和案例3-3都说明,创新思维的特征除了非常规性外,还有积极主动性。要创造新的事物、新的方法,必须具有积极主动和进取的心态,否则就不能"思人之所未思",无法创造性地解决问题。而且,在创造的过程中困难重重,需要创造者以大无畏的精神全身心地投入,去敏锐观察,发挥想象,活跃灵感,标新立异,把一个人全部的积极的心理品质都调动起来。进行创新,不能沿老路走,必须积极主动地开辟一条新路。

2. 创新思维的特点

1) 思维的敏感性

创新思维具有敏锐感知客观世界变化的特性。人们通过各种器官直接感知客观世界,但要理性地认识客观世界,就需要敏感的思维。

一叶知秋,从一片树叶的凋落,知道秋天的到来,就是通过个别的、细微的迹象,可以看到整个形势的发展趋向与结果,反映了秋天来临黄叶飘落的自然规律,也显示了这个成语创造者思维的敏感性。

1820年,丹麦科学家奥斯特发现通电导线会引起磁针的偏转,英国科学家法拉第敏锐地预见其科学意义,大胆探索,开辟了电磁学的新天地。

2) 思维的独特性

创新思维的独特性是指按照与众不同的思路展开思维,达到标新立异的效果,体现个性。创造性成果必须具有新颖性,创新思维的思路是独特的,不同于一般思维。

例如,用图画表示以下两句诗的意境:"野渡无人舟自横""踏花归来马蹄香"。前一句诗,很多人画了冷清无人的渡口和停在水面上的空船;有一位学生则别出心裁,在船头添了一只小鸟。后一句诗,很多人画了踏青归来骑马的游人,至多在马蹄上画几片沾着的花瓣;而有一位学生则在马蹄四周添了几只紧追不舍的蜜蜂。创新思维的独特性在这里得到了充分的体现。

3) 思维的流畅性

创新思维的流畅性是指能够迅速产生大量设想,思维速度较快的性质。流畅性是对速度的一种评价,反应敏捷,表达流畅。

创新思维无疑是流畅性思维。人们常用"才思泉涌"来形容思维敏捷的科学家的风貌,用"一气呵成"来描述才华横溢的文学家的工作状态。一个"涌"字,一个"呵"字,充分体现了创新思维的高速度特征。德国数学家高斯上小学时就崭露才华。一次,老师要大家计算从1到100之间所有自然数的和,话音刚落,高斯就算出了正确答案。原来,他想出了创造性的方法,把100个数组合成1加100、2加99……直至50加51这样50个组,每组的和都是101,然后乘以组数50,立即就得出了正确答案。高斯的算法便是创新思维流畅性的范例。

流畅性训练:

(1) 词汇流畅:在3分钟内,尽可能多地写出包含"木"的汉字。

(2) 表达流畅:以大家最为熟悉的讲台为例进行表述。

(3) 图形流畅:在规定时间(5分钟)内,尽可能多地画出包含特定结构(如圆形、三角形、T形)的事物并注明其名称。

4) 思维的灵活性

创新思维思路开阔,善于从全方位思考,思路若遇难题受阻,不拘泥于一种模式;能灵活变换,从新角度去思考,调整思路,从一个思路到另一个思路,从一个意境到另一个意境;善于巧妙地转变思维方向,随机应变,产生合适的办法。创新思维善于寻优,选择最佳方案,机动灵活、富有成效地解决问题。

灵活性训练:

(1)一词多解:解释下列词组并分别造句(每题3分钟)。

①包袱;②差两分。

(2)同音不同义:根据下列各组汉语拼音,尽可能多地用汉字写出同音(四声可变化)不同义的词组(每题3分钟)。

  hua yuan da shu yi yi shi shi

(3)殊途同归:用下列各组数字通过四则运算分别求出指定数24,每个数字只能使用一次(每题不超过半分钟)。

①3 3 3 3 ②4 4 4 4 ③5 5 5 5 ④6 6 6 6

5)思维的精确性

创新思维的精确性是指能周密思考、精确地满足详尽要求的性质。随着科技的不断发展,客观事物的复杂性要求人们细心观察、周密思考。

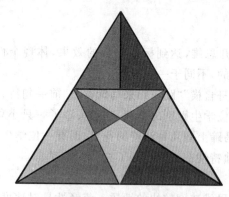

图 3-2 精确性训练

精确性训练:

(1)详尽数图:仔细数出图3-2中包含的三角形的总数(1分钟)。

(2)对联:根据给出的上联,按照对仗原则拟出对应的下联(每题4分钟)。

①五月黄梅天

②无锡锡山山无锡

③风吹马尾千条线

④此木为柴山山出

6)思维的变通性

创新思维的变通性是指运用不同于常规的方式对已有事物重新定义或重新理解的性质。打破常规,克服思维障碍,找到突破口。曹冲称象、司马光砸缸等故事便是创新思维的变通性的范例。

案例 3-4

风靡世界的饮料——咖啡

1000多年前,非洲埃塞俄比亚一个叫"凯夫"的小镇有个聪明的牧童。他对自己的羊了如指掌,羊也非常听他的话。有一天,他把羊赶到了周围有一片灌木的草地上吃草。到了晚上,发生了奇怪的事,羊不听话了。他费了好大劲才把羊赶进了围栏,羊进栏后,还是很兴奋得挤来挤去。

第二天,他又把羊赶到那片草地上去。他看到,羊除了吃青草外,还吃了灌木上的小白花、小浆果和叶子。到了晚上,他的羊和前一天一样不听指挥。

为了证明是不是羊吃了灌木叶和果实出现了反常的现象,第三天,他把羊赶到了另一片草地上,只让羊吃青草。当晚羊群恢复了常态。

问题出在灌木上。小牧童拔了几棵灌木回家,他尝了尝灌木毛茸茸的叶子,有点苦,又尝了尝果子,又苦又涩。他把果实放在火里烧一烧,发出浓郁的香味,再把烧过的果实放在水里泡着喝,味道好极了。当天晚上,小牧童也兴奋得彻夜未眠。小牧童反复试了几次,每次都得到了同样的结果。

于是,他把这种香喷喷的东西当作饮料,招待镇子里的人。此后,一种新的饮料诞生了。这就是咖啡,也就是非洲小镇"凯夫"的谐音。

分析案例 3-4 中小牧童发现咖啡的过程,可以看出创新思维的多种特征:
①好奇心:我的羊怎么变得这么奇怪?
②敏感性:羊是不是吃了灌木叶引起的变化?
③观察力:羊不仅吃了灌木叶,还吃了花和果实。
④联想能力:叶子和果实中有特殊的东西,人能不能吃?
⑤探究性:拔一些灌木回家去看个究竟。
⑥冒险性:我来尝一尝。
⑦灵活性:有点苦,烧一烧会怎么样?泡水喝是不是更好?
⑧健康的品质:如果小牧童自私一点,自己偷偷享用咖啡豆,那咖啡便成不了风靡世界的饮料。

3.2 创新思维的障碍

思维是一种复杂的心理现象,是人脑的一种能力。思维是人脑对客观事物的概括的、间接的反映。思就是思考,维就是方向或次序,思维可以理解为沿着一定方向、按照一定次序的思考。客观事物是复杂的,而人的大脑思维有一个特点,就是一旦沿着一定方向、按照一定次序思考,久而久之就形成了一种惯性。遇到类似的问题或表面看起来相同的问题,会不由自主地沿着之前的思考方向或次序去解决,这叫思维惯性。多次以思维惯性来对待客观事物,就容易形成固定的思维模式,即思维定式。思维惯性和思维定式可以合称为思维障碍。

显然,思维障碍阻碍了我们创造性地解决问题,对于创新是非常不利的。我们要进行创新思维,必须首先突破思维障碍。

1. 习惯型思维障碍

习惯型思维障碍是人们不由自主地经常犯的一种错误,但并不总是有害的。对于有些简单的问题,如日常生活中的小事,按照习惯去思考、去行事,可以节省时间或者少费脑筋。

人的思维不仅有惯性,还有惰性,但对于比较复杂的问题也如法炮制,往往会使我们犯错误,或者面对新问题时一筹莫展。

2. 直线型思维障碍

人们在解决简单问题时只需要用一就是一二就是二,或 A=B、B=C,则 A=C 这样的直线型思维方式就可以奏效,往往在解决复杂问题时也是如此。

在学习时,虽然会遇到稍微复杂的数学问题、物理问题,但多数情况下可以把类似的例题拿来照搬;对待需要认真分析、全面考虑的社会问题、历史问题或文学艺术方面的课题,经常是死记硬背现成的答案。这样,就养成了直线思维的习惯,不善于从侧面、反面或迂回地去思考问题。如果没有破除直线型思维障碍的训练和实践,即使是比较有经验的人也难免陷入思维的误区。

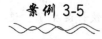

案例 3-5

寻找犯罪嫌疑人

1985年,某厂有35 000元被窃,厂方和市公安局出动了大批力量来破案。

他们的思路:进行排查,找出嫌疑人,再通过审查破案。嫌疑人应当是有前科的,经济上支出明显超过收入的。结果找到了一个年轻工人,平时吊儿郎当,工资较低,恰好又刚买了一辆摩托车。于是,这个年轻工人便成了重点怀疑对象,被审查了好几个月,结果却搞错了。实际上作案的是另一个平时看着很老实的职工。

3. 权威型思维障碍

在长期的学习、工作和生活中,人们逐渐形成了对权威的尊敬甚至崇拜。然而,权威的意见只是在一定时间、一定范围是正确的,实践才是检验真理的唯一标准。

当普通的自行车工莱特兄弟想要发明飞机时,许多有名的物理学家都提出了否定的意见,他们认为想让机械装置在空气中浮起来是不可能的事情。然而,莱特兄弟不迷信权威,经过多次实验,终于让世界上第一架飞机飞上了蓝天。权威人物被自己的知识和经验限制了,自己给自己设置了思维上的障碍。而不为权威的意见所限制,没有任何条条框框,反而能够取得成功。

著名哲学家罗素有一次来中国讲学,他在讲台上首先提出了一个问题:2+2=? 台下都以为罗素会说出奇特的答案来,听课的几百人面面相觑,无人回答。罗素笑着说:"2加2等于4嘛,你们为什么不敢回答呢? 无非是以为我的答案与常识不一样,你们千万不要迷信权威。"

英国皇家学会的会徽上就镶嵌着一行耐人寻味的字:"不要迷信权威,人云亦云。"我国著名国画家齐白石曾说过:"学我者生,似我者死。"

这就告诉我们,对于权威,应当学习他们的长处,以他们的理论或学说作为基础和起点,但不可一味顺从和模仿。

4. 从众型思维障碍

从众心理,就是不带头,不冒尖,一切都随大流的心理状态。

现实生活中,大多数人都可能因从众心理而陷入盲目,明明稍加独立思考就能正确决策的事,偏偏跟着大家走弯路。

一位心理学家做了这样一个实验:让一个人跟着另外四个人走进实验室,地上画着四条长度不等但相差不多的线段 a、b、c、d,让大家判断线段 a 与 b、c、d 中哪条线段的长度最接近。前面四个人都回答是 c,后面那个人看了一会儿,认为是 b(实际上这个答案是对的),刚想回答,心理学家说:"请再想一想,到底是哪一条?"他又想了一会儿,回答说:"是 c"。

为什么一开始的判断是正确的,后来却改口了呢?原来,当心理学家让他再想一想的时候,他想，难道其他四个人都错了，就我一个人是对的吗？不可能吧？这就是典型的从众型思维障碍。

案例 3-6

富尔顿错失重要发现

物理学家富尔顿，出于研究工作的需要，测量了固体氦的热传导系数，采用的是一种新的测量方法，测出的数值比过去公认的理论计算出来的数值高出 500 倍。他迟疑了一阵，决定把这个结果束之高阁，没有告诉别人，也没有继续研究下去。

没多久，一位年轻的美国科学家在实验中也测出了相同的结果，且把结果公布了出去，同时在此基础上发明了一种新的测量热传导系数的方法。由于这位科学家的数据和方法真实准确，科学界很快就给予了承认，还纷纷赞扬他的创新精神。

富尔顿听说此事后追悔莫及，痛心疾首。

5. 书本型思维障碍

书本型思维障碍是指对书本知识过分相信而不能突破和创新的思维。

有人认为，一个人的书本知识多了，就必然有很强的创新能力。还有的人认为，书本上写的都是正确的，遇到难题先查书，如果自己发现的情况与书本上不一样，那就是自己错了。

在这种认识的指导下，书上没有说的不敢做，书上说不能做的更不敢做；读书比自己多的人说的话百分之百相信，一点儿也不敢怀疑。这种对于书本的迷信阻碍了人们去纠正前人的失误，去探索新的领域。

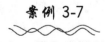
案例 3-7

人体的染色体数目是多少？

20 世纪 50 年代，美籍华裔生物学家徐道觉错过了一次重大的发现。

徐道觉的一位助手在配制用来冲洗培养组织的平衡盐溶液时，不小心配成了低渗溶液。低渗溶液是最容易使细胞胀破的。徐道觉把这种溶液倒进胚胎组织时，在显微镜下无意中发现，染色体的数目清晰可见。

这本来是发现人类染色体确切数目的大好时机。可是，徐先生想起美国著名遗传学家潘特在书上写过：由于大猩猩、黑猩猩的染色体都是 48 个，可以推断出人类的染色体也是 48 个。既然书上已经断定了，还研究什么呢？他便放弃了进一步的研究。

过了几年，另一位美籍华裔生物学家蒋有兴也采用了低渗处理技术，但他没有盲目相信书上的说法而是认真观察研究，终于发现，人类的染色体不是 48 个，而是 46 个。

案例 3-8

一个向书本挑战取得成功的故事

20世纪50年代，美国某军事科研部门研制了一种高频放大管。研制了很长时间后仍没有进展，主要是因为科研人员被能不能使用玻璃管的问题难住了。

后来，由发明家贝利负责的研制小组承担了这一任务。上级主管部门为了让他们放开手脚，大胆创新，下了一个很特殊的命令：不许查阅有关书籍。经过贝利小组的努力，终于研制成了一种频率达到100个计算单位的高频放大管。

事后，小组成员查阅了有关书籍，上面是这样写的：如果采用玻璃管，高频放大的极限频率是25个计算单位。他们终于明白了上级下达特殊命令的苦心。

贝利感慨地说："如果我们当时查了书，一定会对研制这样的高频放大管产生怀疑，从而没有信心去研制！"

俗话说，尽信书不如无书。书本知识是重要的，但是，书本知识毕竟是经验的总结，时代发展了，情况变化了，书本知识也可能过时。

诺贝尔物理学奖的获得者、美国物理学家温伯格说过一段值得我们深思的话："不要安于书本上给你的答案，要去尝试下一步，尝试发现有什么与书本上不同的东西。这种素质可能比智力更重要，往往成为最好的学生和次好的学生的分水岭。"

正确的态度应当是：既要学习书本知识，接受书本知识的理论指导，又要避免书本知识可能包含的缺陷、错误或落后于现实的局限性。

爱因斯坦曾说："我从不记书本上找得到的知识，在书本上找得到的知识，根本用不着上大学去学，人们解决问题依靠的是大脑的思维能力和智慧而不是照搬书本。"在从事创新活动时，要对所应用的书本知识进行严格检验，而检验的唯一标准是实践。

6. 经验型思维障碍

通常情况下，经验对于我们处理日常问题是有好处的。特别是一些技术和管理方面的工作，就需要有丰富的经验。

经验是相对稳定的东西，也可能导致人们过分依赖乃至崇拜，形成固定的思维模式，这样就会降低人们的创新思维能力。

案例 3-9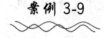

多余的减速器

美国早期设计的飞船上都装了一个小小的减速器，用来降低太阳能发射板的开启速度。科学家嫌这种减速器太笨重，而且容易沾上油污，多次改进后仍不满意。

正当研制小组几乎绝望的时候，有位科学家突破经验型思维障碍，提出可以不用这个减速器。最终的实验证明这个建议完全正确，也就是说这个减速器从一开始就是多余的。

在日常生活中,离不开经验,但又不能全靠经验,单纯从狭隘的经验出发思考问题,不顾事物之间的差异,将一时一地的成功经验盲目推广,往往会事与愿违。

7. 其他类型的思维障碍

还有一些思维障碍,不同的人表现的程度不同。例如:自卑型思维障碍、麻木型思维障碍、偏执型思维障碍等。

3.3 方向性思维与实践

科学是在不断改变思维角度的探索中前进。

——伽利略

一个成功者和一个失败者之间的差别,并不在于知识和经验,而在于思维方式!

——美国哈佛大学校长陆登庭

将人们思考时的趋势或思路比作思维方向,然后将按趋势和思路来开展的思维统称为方向性思维。它包括发散思维和收敛思维、正向思维和逆向思维、侧向思维和转向思维等。

一、发散思维和收敛思维

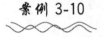
案例 3-10

洛杉矶成功举办奥运会

举世闻名的世界奥林匹克运动会到第 22 届(1980 年)时,因耗资巨大面临着难以继续办下去的危机。1976 年,加拿大的蒙特利尔市承办第 21 届奥运会,花费了 35 亿美元,亏损达 10 亿美元,数额如此庞大的支出,怎能不令人望而生畏。

而 1984 年洛杉矶奥运会通过采取改造已有体育场地(尽量少建新馆)、利用假期大学生宿舍办奥运村、选择赞助厂商、出售转播权与火炬传递接力权、专卖专利商品等节流开源措施,使这届奥运会不但没有负债,而且盈利 2 亿美元,创造了震惊世界的奇迹。后来,尤伯罗斯说,这要归功于他尝试运用了发散思维去运筹帷幄。

1. 发散思维

1)发散思维的含义

发散思维,又称辐射思维、放射思维、扩散思维或求异思维,是指大脑在思维时呈现一种扩散状态的思维模式,它表现为思维视野广阔,思维呈现出多维发散状。如一题多解、一物多用等方式,可以培养发散思维能力。不少心理学家认为,发散思维是创新思维最主要的特点,是测定创造力的主要标志之一。

发散思维的客观依据是,由于事物的内部及其所处客观环境的复杂性,事物的发展往往不是单一的,而是包含多种可能性,其中每一种可能性都可以作为设计一个解决方法的依据。

发散思维作为一种极具创造力的思维活动,使人们在思维过程中不受条条框框的限制,充分发挥探索性和想象力;从标新立异出发,突破已知领域,无一定方向和范围,从一点向四面八方想开来,从已知的领域探索未知的境界,从而找出更多更新的可能方案、设想或解决办法。

2) 发散思维的特点

发散思维能力的强弱决定了创新思维能力的强弱。发散思维具有流畅性、变通性和独特性三大特点。

(1) 流畅性。

流畅性是指在短时间内迅速做出众多反应的能力,体现了发散思维在数量方面的特点。

美国大发明家爱迪生就是一个思维非常敏捷的人。在发明白炽灯时,为了找到灯丝最佳材料,他提出了近千种方案,使用多种发散途径和方法,终于找到了适用的材料和方法。

曾有人请教爱因斯坦:他与普通人的区别是什么?爱因斯坦答道:如果让一个普通人在一个干草垛里寻找一根针,那个人在找到一根针之后就会停下来,而他则会把整个草垛掀开,把可能散落在草里的针全都找出来。

(2) 变通性。

变通性也叫灵活性,是指思维能触类旁通、随机应变,不受思维定式的影响,能够提出新概念。变通过程就是克服人们头脑中某种僵化的思维框架,按照新方向来思索问题的过程。变通性比流畅性要求更高。

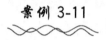

苯胺紫的发明

19世纪中叶,欧洲疟疾流行,天然奎宁不够,著名化学家霍夫曼提议用化学方法合成。他的学生18岁的帕金按照老师的意图积极进行这方面的试验,但一次又一次地失败了。一天溶液呈现出鲜艳的紫红色。他灵机一动:虽然奎宁没有制作成功,可现在纺织工业缺染料,这不是很好的染料吗?他进一步试验、加工,制成了苯胺紫,申请了专利,办起了有史以来第一家合成染料工厂,开辟了人造染料的新工业部门。帕金就是得益于思维的变通性。

(3) 独特性。

独特性指人们在发散思维中做出不同寻常的异于他人的新奇反应的能力。这一能力可以使思维突破常规和经验的束缚,获得新颖的、独特的创造成果。

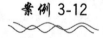

无线电通信的发明

德国的物理学家赫兹于1888年成功地进行了电磁波的发生和接收实验,他的独创性思维使他成为电磁波的报春人。可是当别人提出利用电磁波进行无线电通信的设想时,他断定这是不可能的:若要利用电磁波进行无线电通信,必须有一面和欧洲大陆面积差不多大的巨型反射镜才行。这种主观武断的想法,使他中止了原有基础上的独创性实验。可是几年后,物理学家马可尼等人凭借独创性思维发明了无线电通信,获得了诺贝尔物理学奖。

发散思维的三个特点是相互关联的,思维的流畅性是产生其他两个特征的前提,变通性则是提出具有独特性新设想的关键。独特性是发散思维的最高目标,是在流畅性和变通性基础上形成的。没有发散思维的流畅性和变通性,也就没有独特性。

例如,在回答"红砖头有什么用"时,两人均在两分钟内说出10种用途。A说可以造房子、造围墙、造猪圈、造羊圈、造狗窝、造鸡窝、造兔窝、造鸭窝、铺路、造台阶等;而B说可以造房子、铺路、练气功、练举重、做涂料、写字、做武器、下象棋、防台风和放在车轮下防滑等。比较而言,B所涉及的类别较多,A只局限于做建筑材料,故B的发散思维变通性比A强。若有人说"红砖头可以当作多米诺骨牌,作为比赛用具",可以认为他的发散思维独特性较强。

3) 发散思维的常见形式

(1) 多路思维。

多路思维就是根据研究对象的特征,人为地分成若干思路,然后一条一条地考虑,以取得更多解决方案的发散思维。

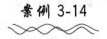

维修女神像的垃圾是怎样变废为宝的?

美国的一座有百年历史的自由女神铜像被翻新以后,在现场留下200多吨废料,这些废料既不能就地焚化,也不能挖坑深埋,清理装运到相距甚远的垃圾场,运费又十分昂贵。这时,一个名叫斯塔克的人自告奋勇地承包了这件苦差事。

他对废料进行分类利用,把废铜皮铸成纪念币,把废铝做成纪念尺,把水泥块做成小石碑……

(2) 立体思维。

立体思维就是考虑问题时突破点、线、面的限制,从上下左右、四面八方去思考问题,即在三维空间解决问题。立体思维在日常生活和生产中是非常有用的。

例如,在养鱼业中,根据鱼类的习性,合理搭配饲养的鱼种,就可以充分利用鱼塘的空间,提高单位面积产量;在农业生产中,利用立体空间,可以采取间作、套种等多种措施。

运用发散思维取得成功的战例

古今中外有不少运用发散思维取得成功的战例。1945年4月的柏林战役,是第二次世界大战苏德战争中最后一次大规模战役,德军沿柏林方向构筑了三条防御地带,动用了85个师的兵力,计100万人左右,其中有4个坦克师,10个摩托化师,1500辆坦克,10 400门大炮,妄图把苏军阻挡在奥德河一线,以保卫柏林。苏军的战役企图是彻底歼灭德军防御集团,夺取希特勒的老巢,迫使德国投降,并推进到易北河一带。苏军统帅朱可夫元帅面对重兵压境的严峻形势,在发散思维指导下,想出了一条常人难以想象的奇谋妙计。他决定苏军在黎明前发动进攻。他立即组织了140部探照灯,加上成批坦克与卡车的车灯同时打开,总共有1000多亿度电光集中射向德军阵地,照射得敌人眼花目眩,晕头转向,惊恐万分,不知苏军是什么新式武器,接着数千门大炮、追击炮、火箭炮向德军阵地猛烈射击;同时苏军步兵在坦克的掩护下,协同作战,展开冲击。德军来不及招架还击,在一片惊恐慌乱中,苏军顺利地通过了德军的坚固防线。

试想,如果朱可夫元帅不是运用了穷尽一切可能的发散思维,怎么会想到利用极为普通的照明灯具,充当神奇的制敌武器,成功地导演了一场有声有色的心理战呢?

怎样才能更好地进行发散思维呢?丰富的知识是发散思维的翅膀,如果没有知识,对某一事物不了解,那就不可能有能力展开发散思维。

2. 收敛思维

收敛思维也叫集合思维,它是相对于发散思维而言的。它与发散思维的特点正好相反,它的特点是以某个思考对象为中心,尽可能运用已有的经验和知识,将各种信息重新进行组织,从不同的方面和角度,将思维集中指向中心点,从而达到解决问题的目的。

例如洗衣机的发明:首先围绕"洗"这个关键问题,列出各种各样的洗涤方法,如用洗衣板搓洗、用刷子刷洗、用棒槌敲打、在河中漂洗、用流水冲洗、用脚踩洗等,然后进行收敛思维,对各种洗涤方法进行分析和综合,充分吸收各种方法的优点,结合现有的技术条件,制定出设计方案,再不断改进,最终获得成功。

1) 收敛思维的特点

(1) 唯一性。

尽管解决问题存在多种多样的方法,但最终总是要根据需要,从各种不同的方法中选取解决问题的最佳方法。

收敛思维是寻找唯一确定的答案,不允许含糊其词、模棱两可。一旦选择不当,就可能造成难以弥补的损失。

(2) 逻辑性。

收敛思维强调严密的逻辑性,需要冷静的科学分析。它不仅要进行定性分析,还要进行定量分析,要善于对已有信息进行加工,由表及里,去伪存真,仔细分析可能产生什么样的后果以及应采取的对策。

(3) 比较性。

在收敛思维的过程中,对现有的各种方案进行比较才能确定优劣。比较时要考虑单项因素,更要考虑总体效果。

有的研究者曾认为,收敛思维可能对创造活动有阻碍作用,还认为中国人习惯收敛思维,不如西方人善于使用发散思维,因此创新能力不如西方人。其实,收敛思维对创新活动的作用是正面的、积极的,和发散思维一样是创新思维不可缺少的。这两种思维方式运用得当,都会对创新活动起促进作用;使用不当,就不能发挥应有的作用。

但我们国家在很长一段时间里,在教育上忽视了发散思维,这对创新能力的培养是不利的,需要改变这种教育方式,但是不能因此归罪于收敛思维。

杨振宁教授在谈中美两国教育哲学的差异时,得到的结论是:如果你讨论的是一个美国学生,就要鼓励他多进行一些有规则的训练;如果讨论的是一个亚洲的学生,他的教育是从亚洲开始的,那么就鼓励他去挑战权威,以免他永远胆怯。

2) 收敛思维的运用

(1) 目标识别。

我们在思考问题时,要善于观察,发现事实和看法,并从中找出关键的现象,对其加以关注和定向思维。德波诺认为,这个方法就是要求"搜寻思维的某些现象和模式",其要点是,确定搜寻目标(注意目标),进行观察并判断。通过不断的训练,促进思维识别能力的提高,学会在纷繁复杂的环境中发现目标。

案例 3-15

小猫毁掉司令部

第一次世界大战期间,法国曾和德国交战。法军一个旅司令部在前线构筑了一个极其隐蔽的地下指挥部,不幸的是,他们只注意了人员的隐蔽,而忽略了某位长官养的一只猫。当时,德军的一个参谋人员在观察战场时发现:每天早上八九点钟,都有一只小猫在法军阵地后的一座坟包上晒太阳。他立刻向高级指挥官做了汇报。高级指挥官召开了高级参谋会议,会议的参加人中有几个人认为这里大有文章,但另一名高级指挥官认为这是小题大做,为一只猫进行会议讨论不值得,他发言后,其他人便什么都不说了。主持会议的高级指挥官没有办法,只好让参加会议的人都写下自己的看法,他将这些书面材料整理出来。最终做出了如下判断:(1) 这只猫不是野猫,野猫白天不出来,更不会在炮火隆隆的阵地上出没;(2) 猫的栖身处就在坟包附近,那里很可能是一个地下掩蔽部,因为周围没有人居住;(3) 这只猫是相当名贵的波斯品种,在打仗时还有条件养这种猫的绝不会是普通的下级军官。据此,他断定这是一个地下掩蔽部,而且一定是法军的高级指挥所。随后,德军集中 6 个炮兵营的火力,对那里实施了突袭。

事后查明,德军的判断完全正确,这个法军地下高级指挥所的人员全部阵亡。

(2) 间接注意。

用一种间接手段去寻找关键技术或目标,达到另一个真正的目的。也就是说,把东西分类,在分类的过程中产生另一种结果;对被分类的东西进行仔细考察,评估每一种相关的价值,这是使用间接注意的真实意图。

案例 3-16

农夫分苹果

一个农夫叫懒惰的儿子把一堆苹果按照大小分装进两个篓子里。傍晚农夫回到家,看见儿子已经把苹果分开装进篓子。而且,鸟啄虫蛀的烂苹果也被挑出来堆在一边了。农夫谢过儿子,夸他干得漂亮。然后他取出袋子,把两个篓子里的苹果又混装在一起。儿子气坏了,他认为父亲在耍花招,故意让他干活,反正父亲要把苹果混在一起的,为什么要他把苹果分开呢?这是白费劲呀!

农夫告诉儿子,这不是什么花招。原来他是想要儿子检查每一个苹果,把烂苹果扔掉。分装两个篓子只不过是一个间接手段,他的目的是让儿子非常仔细地检查每一个苹果。如果直截了当地叫儿子把烂苹果扔掉,那么儿子就会急急忙忙地把苹果翻检一下,只寻出那些一望而知已经坏透了的烂苹果,而不会去检查那些貌似完好其实已坏的烂苹果了。

(3) 层层剥笋。

我们在思考问题时,最初认识的仅仅是问题的表层,也是很肤浅的认识,然后,层层分析,向问题的核心一步一步逼近,抛弃那些非本质的、繁杂的特征,最终揭示隐蔽在事物表面现象下的深层本质。

(4) 聚焦法。

聚焦法,就是人们常说的"沉思、再思、三思",是指在思考问题时,有意识、有目的地将思维过程停顿下来,并将前后思维领域浓缩和聚拢起来,以便帮助我们更有效地审视和判断某一事件、某一问题、某一片断信息。

由于聚焦法带有强制性指令色彩,因而它会对人的思维产生双重作用。其一,可通过反复训练,培养我们的定向、定点思维的习惯,形成思维的纵向深度和强大穿透力,犹如用放大镜把太阳光持续地聚焦在某一点上,就可以形成高热。其二,由于经常对某一事件、某一问题、某一片断信息进行有意识的聚焦思维,自然会积淀对这些事件、问题、信息的强大透视力、理解力,以便最后顺利解决问题。

隐形飞机的制造是一种多目标聚焦的结果。要制造一种使敌方的雷达探测不到,红外及热辐射仪等追踪不到的飞机,就需要分别达到雷达隐身、红外隐身、可见光隐身、声波隐身等四个目标,每个目标中还有许多具体的小目标,通过具体地解决一个个小目标、分目标,最终制造出隐形飞机。

3. 发散思维与收敛思维的关系

作为两种思维方式,发散思维与收敛思维是有显著区别的。从思维方向上来讲,二者恰好相反,发散思维的方向是由中心向四面八方扩散,收敛思维的方向是由四面八方向中心集中;从作用上讲,发散思维更有利于提高人们思维的广阔性、开放性,使人的思维尽量放宽,更有利于思维在空间上的拓展和时间上的延伸,而收敛思维有利于从各种思路中选取精华,有利于取得突破性进展。从一个相对完整的思维过程的角度来说,发散思维与收敛思维又是创造过程中相辅相成的统一体,缺一不可,如图3-3所示。

二、正向思维和逆向思维

1. 正向思维

所谓正向思维,就是人们在创新思维活动中,沿袭某些常规去分析问题,按事物发展的进程进行思考、推测,是一种从已知到未知,通过已知来揭示事物本质的思维方法。这种方法一般只限于对一种事物的思考。

例如,某地区为振兴和发展地方经济,决定向国外银行长期贷款,其主观要求是利息越低越好,客观条件是有五家银行愿意提供此种款项。最后,决策者做出了向利率较低的两家银行贷款的决定,这就是运用的正向思维。

发现天王星之后的几十年里,人们又发现天王星的实测轨道同理论数据存在偏差,表现出轨道上下摆动的现象。有的天文学家大胆地推测,天王星的外边还有一颗未发现的行星。19世纪40年代,英国的亚当斯花费了近两年时间,终于用万有引力定律和天王星实测数据推算出

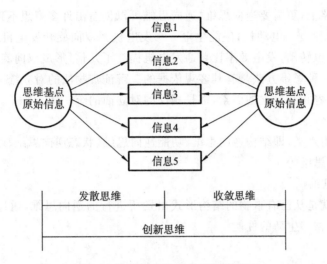

图 3-3　发散思维与收敛思维的关系

这颗尚未被发现的新星的轨道。几乎与亚当斯同时,法国天文学家勒威耶也用艰难的数学方法推算出这颗新星的可能位置。1846 年 9 月 23 日,柏林天文台台长加勒果然按勒威耶推算的位置方向找到了一颗未列入星表的八等小星,即海王星。80 多年之后,天文学家们又通过类似的推理演绎方法在海王星外发现了冥王星(矮行星)。这些太阳系行星的发现均是正向思维的结果。

另外,我国古代的"月晕而风,础润而雨""朝霞不出门,晚霞行千里""空中鱼鳞天,不雨也'风'颠"之类预报天气的谚语,也都体现了正向思维。

2. 逆向思维

1)逆向思维的含义

逆向思维也称为逆反思维或反向思维。它是相对于正向思维而言的一种思维方式。正向思维是人们习以为常、合情合理的思维方式,而逆向思维则与正向思维背道而驰,朝着相反方向去想,常常有违常理。

而创造学中的逆向思维是指为了更好地想出解决问题的办法,有意识地从正向思维的反方向去思考问题的思维。平常所说的"反过来想一想、看一看""唱反调""推不行,拉拉看"等都属于逆向思维。

案例 3-17

逆 向 思 维

我国古代有这样一个故事,一位母亲有两个儿子,大儿子开染布作坊,小儿子做雨伞生意。每天,这位老母亲都愁眉苦脸,下雨了怕大儿子染的布没法晒干,天晴了又怕小儿子做的伞没有人买。

一位邻居开导她,叫她反过来想:雨天,小儿子的生意红火;晴天,大儿子染的布很快就能晒干。逆向思维终于使这位老母亲眉开眼笑,活力再现。

在发明创造的路上，更需要逆向思维，逆向思维可以创造出许多意想不到的事物。例如，发电机的诞生：电能生磁——电动机，磁能生电——发电机。双向旋转发电机：发电机定子不动，转子转动；如果定子也转动，发电效率比普通发电机提高了几倍，形成双向旋转发电机。

逆向思维作为一种思维方法是有其客观依据的。辩证唯物法的对立统一规律揭示了：任何事物或过程，都包含着相互对立的因素，都是相反的对立面的统一体。

2）逆向思维的分类

逆向思维可分为六类，即结构逆向思维、功能逆向思维、状态逆向思维、原理逆向思维、序位逆向思维、方法逆向思维等。

（1）结构逆向思维。

结构逆向思维就是从已有事物的结构形式出发所进行的逆向思维，通过结构位置的颠倒、置换等技巧，使该事物产生新的性能。

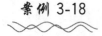

案例 3-18

反向画面电视机

日本索尼公司的总工程师井深大有一天去理发，一边理发，一边通过镜子看电视。但是他看到的电视图像正好相反，眼睛不舒服，心里很别扭。突然，他计上心来：如果设计一种反向画面电视机，那么就能在镜子里看到正向画面。于是，他回到公司，利用既有的设计、生产、经营正向电视机的独家优势，设计、生产、经营反向画面的索尼电视机，生意非常兴隆。

（2）功能逆向思维。

功能逆向思维是指在原有事物功能的基础上进行逆向思维，以解决问题，获得新的创造发明的思维方法。

例如，人们写字都想写得清晰，字保留的时间长，但也有人想把写出来的字擦去。据此，河南省一家圆珠笔厂采用南京理工大学王卫东发明的可擦圆珠笔油墨配方，大量生产可擦圆珠笔，投放市场后一炮打响，现在已经大量出口。

人们常说"以毒攻毒"，其实这也是一种典型的功能逆向思维。

例如，采取一种反常规治疗措施，把风湿病患者放到冰天雪地的恶劣条件中，运用人所独具的高强的适应能力，运用以毒攻毒的原理，增强患者肌体的抵抗力。通过治疗，许多患者疼痛症状完全消失，肌体功能恢复正常，少部分患者虽然没有完全恢复，但症状均明显减轻。从事这项试验的主治医生也因此独创了风湿病的"冷治疗法"。

（3）状态逆向思维。

状态逆向思维是指根据事物某一状态的反面来认识事物，从中找到解决问题的方案的思维方法。

例如，过去木匠用木工锯来加工木料，都是木料不动而工具动，实际上是人在动，因此人的体力消耗大，质量还得不到保证。为了改变这种状态，人们将工作状态反过来，让工具不动而木料动，设计发明了电锯，从而大大提高了效率和工艺水平，减轻了劳动量。木工锯和电锯如图3-4所示。

图 3-4 木工锯和电锯

案例 3-19

电晶体现象的发现

20 世纪 60 年代中期,索尼公司以江崎博士为核心,全力投入新型电子管的研制。为了造出高灵敏度的电子管,人们一直在提高锗的纯度上下功夫,当时锗的纯度已达到 99.99999999%,如果再提高一步,比登天还难。

一天,一位屡屡出错的黑田小姐发牢骚似的对江崎说:"看来,我才疏学浅,难以胜任提纯锗的研究工作,如果让我干往锗里掺杂的事,可能要干得好一些。"黑田的话突然提醒了江崎,他想,如果反过来往锗里加其他物质,不知会有什么结果。

于是,江崎真的安排黑田小姐每天朝着相反的方向做实验。当黑田把杂质的含量增加到一千倍(锗的纯度降到原来的一半)时,测定仪上出现了大弧度的曲线,几乎令人认为测定仪出了故障。江崎重复了多次这种掺杂实验,终于发现了鲜为人知的电晶体现象,并在此基础上发明出震动电子技术领域的电子新元件(晶体管)。

使用这种电晶体技术,电子计算机的体积缩小到原来的十分之一,运算速度却提高了 10 多倍。江崎由此荣获诺贝尔物理学奖。

(4) 原理逆向思维。

原理逆向思维是指从相反的方面或相反的途径对原理及其运用进行思考的思维方法。

1800 年,意大利物理学家伏特发明了伏特电池,第一次将化学能转换成电能。英国化学家戴维想,既然化学能可以转换成电能,那么,电能是否也可以反过来转化为化学能呢? 他做了电解化学的实验而获得成功。通过电解各种物质,1807 年他发现了钾(K)和钠(Na),1808 年又发现了钙(Ca)、锶(Sr)、镁(Mg)、钡(Ba)、硼(B)等 5 种元素。迄今人类发现的 109 种元素中,他一个人竟发现了 7 种。戴维由化学能转换为电能而反向求索,成功试验了电解化学并接连发现了 7 种元素,就是运用原理逆向思维取得了重大的发现。

(5) 序位逆向思维。

序位是指顺序和方位。顺序又指时序或程序,方位又指方向和位置。序位逆向思维是指对事物的顺序和方位逆向变动,以产生新效果的思维。

从时序上进行逆向思维:近年来,一些农民非常重视"时间差"的利用。原本"种菜种瓜要抢先,迟了不值钱"这条谚语提醒人们,种菜种瓜一定要讲究一个"早"字,但是现在偏在"迟"字上大做文章,以迟取胜。结果产生了反季节瓜果,物以稀为贵,这些反季节瓜果给农民带来了良好的经济效益。

从程序上进行逆向思维:在工厂,上一道工序为下一道工序提供零件是常规,后来,日本本田公司经理本田宗一郎却用逆向思维提出"三及时"的思想,即下一道工序在需要时向上一道工序索要所需数量的合格零件,提出要做到三及时,即"及时的时刻""及时的数量""及时的零件"。事实证明,这样做的结果是减少了大量在制品的库存,减少了在制品资金的积压,加速了资金周转,增加了经济效益。

从方向上进行逆向思维:火箭是往天上飞的,能否向地下飞？苏联工程师米海依尔于1968年研制成的钻井火箭,能穿透土壤、冰层、冻土、岩石,每分钟钻进10米,重量只有普通钻机的1/17,耗能减少了2/3,效率提高5至8倍,引起了钻井、打桩手段的革命。

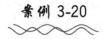

案例 3-20

小八路顺利过关

在战争时期,有一个小八路,运用逆向思维成功地闯过了敌人的种种关卡,把重要情报送到了目的地。事情是这样的:在抗日战争时期,有一次,敌人把一个村庄包围了,不让村里的任何人出去,派了伪军在村子通向外界的唯一通道——一座小桥上把守。正巧村里有一个重要情报要报告给村外的八路军领导人,在敌人看守如此严密的情况下,怎样才能把情报顺利又安全地送出去呢？村里的一个小八路勇敢地担当起这个任务,这个小八路趁着夜色悄悄来到了小桥旁边的芦苇地,躲藏了起来。他认真地观察小桥上发生的一切,他注意到守关卡的敌人打起了瞌睡,凡是村外的来人,他总是头也不抬就说:"回去,回去,村里不让进。"如此几次,小八路心里有了主意,于是他钻出了芦苇地,悄悄接近并上了小桥,就在敌人抬头发话之前他突然转身向村庄的方向走来,并且故意把脚步声弄得挺大,敌人看到后说:"回去,回去,村里不让进。"结果小八路顺利过关把情报安全地送了出去,为部队打胜仗立下了汗马功劳。

(6) 方法逆向思维。

方法逆向思维是指在解决问题时,采用与惯用方法截然相反的方法。

在意大利有一个琴德餐馆别出心裁地想出一个由顾客自定价格的经营方式。店主将餐馆经营的菜肴、点心、饮料等分成套餐,每种套餐分别规定五种价格,由顾客自己认付。据店主介绍,大部分顾客都付二等价格,因为顾客认为自定的价格太低有失体面。只有当顾客对餐馆的菜肴感到不合胃口或质量不好,才赌气付三等价格。店主认为,让顾客自定价格,一方面可招揽顾客,另一方面可以根据顾客付款情况来反馈自己的服务质量,以便改进经营,提高菜肴的制作水平。

3) 逆向思维的方法

(1) 怀疑法。

有一种敢于怀疑的精神,打破习惯,反过来思考一下。这种精神越强烈越好,习惯性做法并不总是对的,对一切事物都抱有怀疑态度是逆向思维所需要的。

(2) 对立互补法。

对立互补法以把握思维对象的对立统一为目标,要求人们在处理问题时既要看到事物之间的差异,也要看到事物之间因差异的存在而带来的互补性。

(3) 悖论法。

悖论法就是对一个概念、一个假设或一种学说,积极主动从正反两方面进行思考,以求找出其中的悖论之处。

(4) 批判法。

批判法是指对言论、行为进行分辨、评断、剖析,以见正理。

(5) 反事实法。

反事实法是在心理上对已经发生的事件进行否定,并表征其原本可能出现而实际未出现的结果,是人类意识的一个重要特征。

三、侧向思维和转向思维

1. 侧向思维

侧向思维又称"旁通思维",是发散思维的一种形式,这种思维的思路、方向不同于正向思维、多向思维或逆向思维,它是沿着正向思维旁侧开拓出新思路的一种创造性思维。通俗地讲,侧向思维就是利用其他领域里的知识,从侧向迂回地解决问题的一种思维形式。

案例 3-21

深山藏古寺

宋徽宗时的一次科举考试,主考官出了一个画题——深山藏古寺。

画师们经过构思,有的在山腰间画座古寺,有的把古寺画在丛林深处。寺呢?有的画得完整,有的画出寺的一角或寺的一段残墙断壁……

主考官连看几幅均不满意,原因是这些画均体现了半藏而不是全藏,与画题无法吻合,正当主考官失望之余,有一幅画深深吸引了他。在崇山之中,一股清泉飞流直下,跳珠溅玉,泉边有一个老态龙钟的和尚,正一瓢一瓢地舀水倒进桶里。仅这么一个挑水的老和尚,就把"深山藏古寺"表现得含蓄深邃、淋漓尽致:和尚挑水,不是浇菜煮饭,就是洗衣浆衫,那么附近一定有寺;和尚年纪老迈,还得自己挑水,可见寺之破败,可见寺一定藏在深山之中。画面尽管看不到寺,观者却深知寺是全藏在深山之中。

这位画师的高明之处就在于他运用了侧向思维,选择了和尚挑水的新颖角度来表现主题。

世界万物是彼此联系的,从别的领域寻求启发,可以突破思维定式,打破专业障碍,从而解决问题,或者对问题做出新颖的解释。

1) 侧向思维的特点

侧向思维的特点是思路活泼多变,善于联想推导,随机应变。

美国著名科学家、电话的发明人贝尔说过,有时需要离开常走的大道,潜入森林,就会发现前所未见的东西。

18世纪,奥地利的医生奥恩布鲁格,想解决怎样检查人的胸腔积水这个问题,他想来想去,想到了自己的父亲,他的父亲是酒商,在经营酒业时,只要用手敲一敲酒桶,凭叩击声,就能知道桶内有多少酒。奥恩布鲁格想:人的胸腔和酒桶相似,如果用手敲一敲胸腔,凭声音,不也能诊断出胸腔中积水的情况吗?"叩诊"的方法就这样被发明出来了。

2) 侧向思维的应用

跳出本专业、本行业的范围,摆脱习惯性思维,侧视其他方向,将注意力引向更广阔的领域;或者将其他领域已成熟的、较好的技术方法、原理等直接移植过来加以利用;或者从其他领域事物的特征、属性、机理中得到启发,形成对原来思考问题的新设想。例如,为了减小摩擦,人们一直在不断地改进轴承。但思路无非是改变滚珠形状、轴承结构或加入润滑剂等,都不能带来大的突破。后来,有人把视野转到其他方向,想到高压空气可以使气垫船漂浮,而磁性材料会相互排斥并保持一定的距离。于是,将这些新设想移入轴承设计中,发明了不用滚珠和润滑剂,只需向轴套中吹入高压空气,使旋转轴呈悬浮状的空气轴承,或用磁性材料制成的磁性轴承。

一人想过河,便大声问:"哪位船老大会游泳?"话音刚落,好几个船老大围了过来,只有一位没有过来,他便问那人:"你水性好吗?"那人回答:"对不起,我不会游泳!"他说:"好,我坐你的船!"人们要问:为什么偏选择不会游泳的船老大呢?原来,他运用了侧向思维:船老大不会游泳,必然会小心划船,更加安全。

2. 转向思维

转向思维是指在一个思维方向受阻时,便转向另一个思维方向,经过多次思维转向而达到解决问题的目的。

善用转向思维的人,可以在各种思路变换中迂回前进,使其越来越接近解决问题的目标,直至最后取得成功。

例如在商务谈判中,买方前后找了五家公司,与第一家谈不成,就转向第二家,直到与最后一家大公司谈,结果也未谈成。在这种情况下,买方又把前面一家情况较好的公司请来谈。最后,双方洽谈达成协议,协议对双方都有利,因此,双方都感到满意。

四、方向性思维实践练习

训练要点:注意使用方向性思维的恰当时机;把握好方向性思维的度;在收敛思维和发散思维之间保持适度的张力;善于积累和运用知识与经验。

(1) 一群小偷商量如何分偷来的布:如果每人分六匹,就剩下五匹;分七匹却又少八匹。请问共有几匹布,几个小偷?

(2) 有一口井深十五米,一只蜗牛从井底往上爬,它每天爬三米,同时又下滑一米,问蜗牛爬出井口需要多少天?

(3) 有一位南方乡镇企业的厂长,在东北买了两车木材,准备运回去制造纺织用的木梭子,但运输紧张,几个月后才能排上,他等了一个月,连回去的路费都不够了,你能帮他想个好办法吗?

(4) 以下每组词,哪一个与众不同?

① 房屋 冰屋 平房 办公室 茅舍

② 沙丁鱼 鲸鱼 鳕鱼 鲨鱼 鳗鱼

(5) 某院校选美大赛经几轮淘汰后只剩下四名佳丽,她们参加最后一轮串故事的智力角逐。主持人给出引句:"今晚的月亮很好……"A小姐接过话筒信口而来:"演出结束后,我独自走在回家的路上,忽然身后传来一声枪响……"话筒传到B小姐手上,她接道:"我慌忙回头,只见一个警察在追逐一个持枪的歹徒……"C小姐接过话筒:"几经搏斗后,警察终于将歹徒制服。"故事到此似乎已无话可说,请同学们为D小姐支招。

3.4 形象思维与实践

形象思维是用直观形象和表象解决问题的思维,是人们在认识世界的过程中,对事物表象进行取舍时形成的用直观形象和表象来解决问题的思维方法。形象思维是在对形象信息传递的客观形象体系进行感受、储存的基础上,结合主观的认识和情感进行识别(包括审美判断和科学判断等),并用一定的形式、手段和工具(包括文学语言、绘画线条色彩、音响节奏旋律及操作工具等)创造和描述形象(包括艺术形象和科学形象)的一种基本的思维形式。人类的一切感性的社会实践都要用到形象思维。如物理学家识别和描述光和电的物理现象;化学家想象设计分子模型;天文学家观测夜空;工程师构思设计建筑或机械模型等。形象思维又可以具体分为联想思维、直觉思维、灵感思维、想象思维等形式。

一、联想思维

1. 联想思维的含义

联想是从一事物、概念、方法、形象想到另一事物、概念、方法和形象,由此及彼、由表及里的思维方式。

案例 3-22

"孪生姐妹"

一家美国玩具公司,从"克隆羊"多利的故事得到启示,推出新业务,取名为"孪生姐妹":顾客只要将一张女儿的彩照和一份反映女儿特征的表格寄给公司,该公司便会制作一个和照片一模一样的玩具娃娃。该业务十分火爆。

这家玩具公司的做法得益于联想思维,许多新创造都来自人们的联想。从红铅笔到蓝铅笔,从写到画,从圆柱到筷子等。联想可以很快从记忆里追寻到需要的信息,构成一条联想链,通过事物的接近、对比、同化等条件,把许多事物联系起来思考,开阔了思路,加深了对事物之间联系的认识,并由此形成创造构想和方案。

案例 3-23

隐 身 衣

苏联卫国战争期间,彼得格勒遭到德军的包围,经常受到敌机的轰炸。一次,苏军伊万诺夫将军视察战地,看见几只蝴蝶飞在花丛中,时隐时现,令人眼花缭乱。这位将军随即产生联想,并请来昆虫学家施万维奇,让他设计出一套蝴蝶式防空迷彩伪装方案。施万维奇参照蝴蝶翅膀花纹的色彩和构图,结合防护、变形和仿照三种伪装方法,将活动的军事目标涂抹成与地形相似的巨大多色斑点,并且在遮障物上印染了与背景相似的彩色图案。就这样,使苏军数百个军事目标披上了神奇的"隐身衣",大大降低了重要目标的损伤率,有效地防止了德军飞机的轰炸。

案例 3-24

飞 机 除 霜

英国北部两地间架设的电话线在冬天容易结霜,使通话困难,需要尽快除霜恢复通话,该怎么办呢?为此,有关部门召开了会议,与会成员提出了许多方案,当"给飞机捆上扫帚飞上天去扫"的方案被提出时,引起了哄堂大笑。但正是这个设想对解决问题起到了至关重要的作用。后来进一步提出了"让直升机飞近电话线,用它转翼的风力把霜除掉"的方案。事实证明这是最佳方案,以最低的成本解决了最困难的问题。

案例 3-25

消肿解毒良药

我国东汉末年医学家华佗,有一次看到蜘蛛被马蜂蜇后,落在一片绿苔上打了几个滚儿,便消肿了。他由此联想到绿苔可以用来为人治病。通过试验,消肿解毒良药便问世了。

案例 3-26

微波炉的发明

美国工程师斯潘塞在做雷达起振实验时,发现口袋里的巧克力融化了,原来是雷达电波造成的。由此,他联想到可以用电波来加热食品,进而发明了微波炉。

由此可见,联想作为探索未知领域的一种创新思维活动,它是关于事物之间存在普遍联系观点的具体体现和实际运用。没有存在于事物之间的客观联系,联想就很难发生,离开了事物之间客观联系的联想只是幻想。所以,要想提高联想能力,获取丰富的联想,就要广泛地参加实践,接触和了解世界,然后,将各种实际经验、知识信息储存在大脑里,一旦需要联想时,大脑就会把各种信息调动起来,建立起各种各样的联系,由此产生丰富的联想,进行创新思维活动。

联想是开启人们思路、升华人们思想的催化剂,没有广泛而丰富的联想,就无法促进科学技术的巨大飞跃。研究和实践证明,联想能力的跨度是很大的,两个风马牛不相及的事物,只要在它们之间加上几个环节,就能联系起来。这种大跨度的联想思维能力,往往具有很强的创造力。

因此，联想对于人们开阔新思路、寻求新对策、谋求新突破是大有帮助的。

联想是打开记忆之门的钥匙。人的头脑中都储存着大量的信息，它原本可以应付各种各样的问题，但是随着时间的推移，这些信息会渐渐被人们淡忘，变得模糊杂乱、支离破碎，甚至回忆不起来，自然就很难利用。联想能帮助我们挖掘出潜意识深处的种种信息，把它们之间的联系在头脑中再现出来。

2. 联想思维的特点

联想就是思维的翅膀，帮助我们驰骋万里。

1）连续性

联想思维是连续不断进行的，往往会形成一条清晰的联想链，将事物串联起来。

案例 3-27

赫鲁晓夫在苏共二十大批判斯大林时，台下有人递纸条上去，纸条上写着："当时你在干什么？"赫鲁晓夫当场宣读了纸条的内容，然后问："这是谁写的，请你站出来！"连问三次，台下一直没有人站出来。于是赫鲁晓夫说："现在让我来回答你吧，当时我就坐在你的位置上。"

2）形象性

联想思维是形象思维的具体化，其基本的思维操作单元是表象，所以联想思维十分生动，具有鲜明的形象。

3）概括性

联想思维可以很快地把联想到的思维结果呈现出来，而不顾及其细节如何，是一种整体把握的思维操作活动，因此可以说有很强的概括性。

培养和训练联想能力一般采用"概念联想法"的方式进行。概念是事物本质属性的反映，是人们经常使用的思维单元，而概念和概念之间的关系反映了客观事物之间的联系，这就为开展概念联想创造了条件。

苏联心理学家哥洛万斯和斯塔林茨，曾用实验证明，任何两个概念词语都可以经过四五个阶段，建立起联想的关系。例如木头和皮球是两个风马牛不相及的概念，但可以通过联想使它们发生联系：木头—树林—田野—足球场—皮球。又如天空和茶：天空—土地—水—喝—茶。因为每个词语可以同将近 10 个词直接发生联想关系，那么第一步就有 10 次联想的机会（即有 10 个词语可供选择），第二步就有 100 次机会，第三步就有 1000 次机会，第四步就有 10 000 次机会……所以联想有广泛的基础，它为我们的思维运行提供了无限广阔的天地。

3. 联想思维的分类

1）接近联想

接近联想是指在时间上和空间上相互接近的事物之间形成的联想。例如，桌子的上面有书本，下面有椅子；闪电—雷鸣—下雨—滴答声。

发明者在时间、空间上联想到比较接近的事物，从而设计新的发明项目，这就是接近联想。例如：小球运动—生产小足球。

案例 3-28

成功的推销

国外有家公司既经营鲜牛奶，又经营面包、蛋糕等食品。这家公司出售的牛奶质优价廉，每天都能在天亮以前将牛奶送到订户门前的小木箱内。牛奶的订户不断增多，公司获利越来越大，可是这家公司经营的面包、蛋糕等食品，虽然也质优价廉，但由于门店所在的位置较偏僻，来往的行人不多，营业额一直不高。

公司很多人建议通过电视台和报纸做广告来扩大影响，可老板却想出这样一个办法：设计、印刷一种精美的小卡片，正面印各种面包、蛋糕的名称和价格，卡片的背面是订单，可填写需要的品种、数量和送货时间以及顾客的签名。每天把它挂在牛奶瓶上送给订户，第二天再由送奶人收走，第三天便能将所订的面包和蛋糕等食品随牛奶一起送到订户家中。结果，该公司的面包、蛋糕等食品销量大增。

2）相似联想

相似联想也叫类似联想，是指在形式上、性质上或意义上相似的事物之间所形成的联想。例如，语文书—数学书，钢笔—铅笔。这种联想也可运用到发明创造的过程中来。

案例 3-29

听诊器的发明

埃拉内克医生想发明一种能够诊断病人胸腔里健康状况的听诊设备。一天，他到公园散步，看见小孩在玩游戏，一个小孩用石块在跷跷板一头摩擦，另一个小孩用耳朵贴在跷跷板的另一头就能听到声音。埃拉内克医生就联想到可以听病人胸腔内心脏跳动、肺呼吸的声音。于是，他用竹笛来当听诊器。后来，经过不断改进，就有了今天的听诊器。

案例 3-30

鲁班发明锯子

我国古代的能工巧匠鲁班，从手指被边缘呈细齿状的茅草划破，联想到可以把片状钢条的边缘打磨成细齿，用来锯木头。于是，他发明了锯子。

案例 3-31

学了就用

某旅游团出发后，导游小姐向大家传授购物知识：走这条旅游路线，买东西不能对方要多少就给多少,一定要砍价,而且至少要砍一半的价。旅游团的成员们按这位导游小姐所说的办,果然屡试不爽,省了不少钱。旅游结束时,导游小姐对大家说:"每人需交导游费200元。"一位团员听了马上大声嚷道:"你说200元,我们只给100元!"

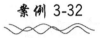

贝尔发明电话

在贝尔发明电话以前,虽然已有人在研究电话了,但声音不清楚无法使用。贝尔决心致力于电话研究,使电话成为可以使用的通信工具。一次实验中,贝尔发现把音叉的端部放在带铁芯的线圈前,如使音叉振动,线圈会产生感应电流,通过电线把电流送至另一个线圈,该线圈前的音叉也会振动,发出跟那边音叉振动一样的声音。他由此联想到能像音叉一样振动的金属簧片,用金属簧片代替音叉,线圈也能产生感应电流,使另一端簧片振动发声,这样金属簧片就能"说话"了。通过反复试制和完善,贝尔发明了世界上第一部电话。

3) 对比联想

对比联想也叫相反联想,是指由某一事物的感知和回忆引起跟它具有相反特点的事物的联想。例如,黑与白;写与擦;大与小;水与火;黑暗与光明;温暖与寒冷。对比联想又可分为下列几种:

(1) 从性质属性的对立角度进行对比联想。

(2) 从优缺点的角度进行对比联想。

发明者在从事发明设计时,既要看到优点,看到长处,又要想到缺点,想到短处。

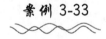

铜的氢脆现象

铜在500度左右处于还原性气体中时,铜中的氧化物被氢脆,使铜器产生缝隙。人们想方设法去克服这个缺点。可是有人却偏偏把它看成优点加以利用,从而发明了铜粉的制造技术。以前用机械粉碎的方法制作铜粉相当困难,在粉碎铜时,铜屑总是变成箔状。如果把铜置于氢气流中,加热到500~600度,时间为1~2小时,使铜充分氢脆,再经研磨机粉碎,合格铜粉就制成了。

(3) 从结构颠倒的角度进行对比联想。

从空间考虑,前后、左右、上下、大小的结构,颠倒着进行联想。例如,中国的数学家史丰收就是运用此种对比联想创造了史丰收速算法。一般人进行数学运算都是从右至左、从小到大进行运算,史丰收运用对比联想,反其道而行,从左至右、从大到小来进行运算,运算速度大大加快。再如,日本索尼公司的工程师,由大彩电进行对比联想,制成薄型袖珍电视机,显像管只有16.5毫米。

(4) 从物态变化的角度进行对比联想。

看到事物从一种状态变为另一种状态时,联想到与之相反的状态变化。

案例 3-34

石墨变金刚石

18世纪,拉瓦把金刚石煅烧成 CO_2 的实验,证明了金刚石的成分是碳。1799年,摩尔沃成功地把金刚石转化为石墨。金刚石既然能够转变为石墨,用对比联想来考虑,那么石墨能不能转变成金刚石呢?后来,科学家终于用石墨制成了金刚石。

4) 因果关系联想

因果关系联想是指由两个事物间的因果关系所形成的联想。比如,铅笔—铅,橡皮—擦除。

案例 3-35

"劳力士"手表广告

"劳力士"手表是瑞士生产的一种高档名表,专供富有的上层人士佩戴。厂家选择了全世界公认的最优秀的登山健将莱因霍尔德·梅斯纳尔来做广告。1978年,梅斯纳尔令人难以置信地不用氧气瓶登上了海拔8848米的世界最高峰——珠穆朗玛峰。莱因霍尔德·梅斯纳尔在广告中向世界宣称:我可以不带氧气筒,但我决不会不戴我的劳力士手表去登山。登山者不戴上一块可以信赖的、走时准确的手表,简直是不可思议的。当时,莱因霍尔德·梅斯纳尔已成功地登上6座海拔8000米以上的山峰,选他佩戴劳力士手表做广告,可以令人信服劳力士手表的优良性能。

4. 联想思维的训练

联想力的高低主要表现在两个方面,一是联想的速度,二是联想的数量。人人都会产生联想,但高联想力并不是人人都具备的。只有经常进行专门的联想训练,才会不断提高联想力,为创新思维打下良好的基础。

(1) 提高联想速度的训练:给定两个词或两个物,通过联想在最短时间内由一个词或物想到另一个词或物。如:天空—地面—湖、海—鱼;钢笔—书桌—窗帘—月亮。

训练题:

①猫、老鼠;

②人、机器;

③茅草、高粱;

④西瓜、篮球;

⑤算盘、计算机;

⑥地球、月亮。

(2) 提高联想数量的训练:给定一个词或物,然后由这个词或物联想到更多的词或物,在规定的时间内,想得越多越好。

(3) 请在1分钟内说出家电产品的名称;请在1分钟内尽可能多地说出形容"美"的词。

(4) "举头望明月,低头思故乡。"是诗人描写异乡客触景生情、思念家乡的思维活动,判断诗人使用了什么联想方式?

(5) 人们见到火车,就会想到火车是开往某个城市去的,车厢里有旅客、司机、列车长、服务员。这属于何种联想方式?

二、直觉思维

1. 直觉思维的含义

直觉思维是指人在现有知识、经验的基础上,凭感觉直观地把握事物的本质和规律,迅速解决问题或对问题做出某种猜想或判断的思维活动。

直觉是一种人们没有意识到的对信息的加工活动,是在潜意识中酝酿问题然后与显意识突然沟通,于是一下子得到了问题的答案。直觉思维是一种心理现象,它在创新思维活动的关键阶段起着极为重要的作用。直觉思维是可以有意识地加以训练和培养的。

直觉思维也称非逻辑思维,它是一种没有完整的分析过程与逻辑程序,依靠灵感或顿悟迅速理解并做出判断和结论的思维。这是一种直接的领悟性的思维,具有直接性、敏捷性、简缩性、跳跃性等特点,可以认为它是逻辑思维的凝聚或简缩。科学家对某些突然出现的现象提出猜想和假说就属于直觉思维。阿基米德在浴缸里洗澡时突然发现浮力定律,魏格纳在看地图时突然闪现出"大陆漂移"观念等,这些都是直觉思维的典型例证。直觉思维的发生与灵感密切相关。

2. 直觉思维的特点

直觉思维具有自由性、灵活性、自发性、偶然性、不可靠性等特点,从培养直觉思维的必要性来看,直觉思维有以下三个主要特点:

1) 简约性

直觉思维是对思维对象从整体上进行考察,调动全部知识经验,通过丰富的想象做出敏锐而迅速的假设、猜想或判断,它省去了一步一步分析推理的中间环节,采取了"跳跃式"的形式。它是一瞬间的思维火花,是长期积累基础上的一种升华,是思维者的灵感和顿悟,是思维过程的高度简化,但是它往往能清晰地触及事物的本质。

2) 创造性

现代社会需要创造性的人才,我国在人才培养方面长期借鉴国外的经验,过多地注重培养逻辑思维,培养的人才大多数习惯于按部就班、墨守成规,缺乏创造能力和开拓精神。直觉思维是对研究对象整体上的把握,不专注于细节的推敲,是思维的大手笔。正是由于思维的无意识性,它的想象才是丰富的、发散的,使人的认知结构向外无限扩展,因而具有反常规的创造性。

3) 自信力

成功可以增强一个人的自信,直觉发现伴随着很强的"自信心"。相比其他物质奖励和情感激励,这种自信力更稳定、更持久。当一个问题不用通过逻辑证明的形式而是通过直觉获得,那么成功带来的震撼是巨大的,创造者的内心将会产生一股强大的学习钻研动力,从而更加相信自己的能力。

3. 直觉思维的作用

直觉出现的时机,是在大脑功能处于最佳状态的时候,形成大脑皮层的优势兴奋中心,使出现的种种自然联想顺利而迅速地接通。因此,直觉在创造活动中有着非常积极的作用。其作用体现在以下两个方面:

(1) 帮助人们迅速优化选择。

直觉往往偏爱知识渊博、经验丰富的人,只有他们才能在难以分辨优劣的情况下快速优化选择。

例如,当普朗克提出量子假说以后,物理学就出现了分歧:究竟是通过修改来维护经典物理理论,还是进行革命创新的量子物理呢?爱因斯坦凭借他非凡的直觉能力,选择了一条革命的道路,创立"光量子假说",对量子论做出了重大的贡献。

(2) 帮助人们产生创造性的预见。

17世纪法国著名哲学家笛卡儿认为,通过直觉可以发现作为推理的起点。亚里士多德干脆说:"直觉就是科学知识的创始性根源。"

英国物理学家卢瑟福在原子物理学和原子核物理学方面做出了一系列重大的开创性贡献。他曾非常诚挚地表示,他感到大惑不解的是,为什么其他物理学家没有发现应当去研究原子核。他凭借直觉发现了原子核的存在,提出了原子结构的行星模型,并沿着这条道路做出了大量重要的发现。

4. 直觉思维的强化

直觉思维的强化可从以下几个方面进行:

(1) 获取广博的知识和丰富的生活经验。

直觉的产生不是无缘无故、毫无根基的,它是凭借人们已有的知识和经验才得以出现的,因此,直觉往往比较偏爱知识渊博、经验丰富的人。从这种意义上说,获取广博的知识和丰富的生活经验是强化直觉思维的基础。

(2) 学会倾听直觉的呼声。

直觉思维凭的是"直接的感觉",但又不是感性认识。人们平常说的"跟着感觉走",其中除去表面的成分以外,剩下的就是直觉的因素。直觉需要细心体会、领悟,去倾听它的信息、呼声。当直觉出现时,不必迟疑,更不能压抑,要顺其自然、顺水推舟,做出判断、得出结论。

(3) 培养敏锐的观察力和洞察力。

直觉思维的突出特点是其观察力和洞察力,因此,直觉与人们的观察力及视角息息相关,观察敏锐的人,其直觉出现的概率更高,直抵事物本质的效果更强。因此,要有意识地培养自己的观察力,特别是提高对那些不太明显的软事实,如印象、感觉、趋势、情绪等无形事物的观察力。

(4) 真诚、客观地对待直觉。

直觉虽然是凭借人们已有的知识及经验,凭"直接的感觉"产生,但是常常会受到客观环境的影响及个人情感的干扰。特别是后者,当一个人处在某种情感,如猜忌、埋怨、愤怒等的困扰中时,对直觉的判断就有可能失去客观性。因此,我们要真诚地对待直觉,要尽量排除各种影响和干扰,出现直觉以后,要冷静分析其客观性。

5. 直觉思维的训练

一个人的数学思维、判断能力的高低主要取决于直觉思维能力的高低。徐利治教授指出,数学直觉是可以后天培养的,实际上每个人的数学直觉也是不断提高的。所以,直觉思维能力是可以通过训练提高的。

(1) 扎实的基础是产生直觉的源泉。

直觉不是靠"机遇",直觉的获得虽然具有偶然性,但绝不是无缘无故地凭空臆想,而是以扎实的知识为基础。若没有深厚的功底,是不会迸发出思维的火花的。一旦你真正感到弄懂一样东西,而且通过大量例子以及通过与其他东西的联系取得了处理那个问题的足够多的经验,对此你就会产生一种关于正在发展的过程是怎么回事以及什么结论应该是正确的直觉。

(2) 渗透数学的哲学观点及审美观念。

直觉的产生基于对研究对象整体的把握,而哲学观点有利于高屋建瓴地把握事物的本质。这些哲学观点包括普遍存在的对立统一、运动变化、相互转化、对称性等。美感和美的意识是直觉思维的本质,提高审美能力有利于培养事物间所有存在着的和谐关系及秩序的直觉意识,审美能力越强,则直觉能力也越强。狄拉克于1931年从数学对称的角度考虑,大胆提出了反物质的假说,他认为真空中的反电子就是正电子。他还对麦克斯韦方程组提出质疑,他曾说,如果一个物理方程在数学上看上去不美,那么这个方程的正确性是可疑的。

(3) 重视实践训练。

选择适当的实践项目进行练习,有利于培养和提升直觉思维能力。实施开放性问题教学,也是培养直觉思维的有效方法。开放性问题的条件或结论不够明确,可以让学生从多个角度由果寻因、由因索果,提出猜想,答案的发散性,有利于直觉思维能力的培养。

案例 3-36

直觉思维

青年数学家阿普顿刚到爱迪生的研究所工作时,爱迪生想考考他的能力,于是给了他一只实验用的灯泡,叫他计算灯泡的容积。一个小时过去了,爱迪生回来检查,发现阿普顿仍然忙着测量和计算。爱迪生说:"要是我,就往灯泡里灌水,将水倒入量杯,就知道灯泡的容积了。"毫无疑问,身为数学家的阿普顿,他的计算才能及逻辑思维能力是令人钦佩的,然而,这个问题表明,他所缺少的恰恰是像爱迪生那样的直觉思维能力。

美籍华裔物理学家丁肇中在谈到"J"粒子的发现时写道:"1972年,我感到很可能存在许多有光的而又比较重的粒子,然而理论上并没有预言这些粒子的存在。我直观上感到没有理由认为这种较重的发光的粒子(简称重光子)一定比质子轻。"这就是直觉,正是在这种直觉的驱使下,丁肇中决定研究重光子,终于发现了"J"粒子,并因此获得了诺贝尔物理学奖。

居里夫人在深入研究铀射线的过程中,凭直觉感到,铀射线是一种原子的特性,除铀外,还会有别的物质也具有这种特性。她马上放下对铀的研究,决定检查所有已知的化学物质,不久就发现另外一种物质——钍也能自发发出射线,与铀射线相似。居里夫人提议把这种特性叫作放射性,铀和钍这些有这种特性的元素就叫作放射性元素。这种放射性使居里夫人着了迷,她检查全部的已知元素,发现只有铀和钍有放射性。她又开始测量矿物的放射性,突然她在一种不含铀和钍的矿物中测量到了新的放射性,而且这种放射性比铀和钍的放射性要强得多。凭直觉,她大胆地假定:这些矿物中一定含有一种放射性元素,它是当时还不知道的一种化学元素。

有一天,她对姐姐布罗妮雅说:"你知道,我不能解释的那种辐射,是由一种未知的化学元素产生的……这种元素一定存在,只要找出来就行了!我确信它存在!我对一些物理学家谈到过,他们都以为是试验的错误,并且劝我们谨慎。但是我深信我没有弄错。"在这种信念的驱使下,居里夫人终于和她丈夫一起发现了新的放射性元素:钋和镭。居里夫人以她出色的工作两次荣获诺贝尔奖。

三、灵感思维

1. 灵感思维的含义

灵感思维是指经过长期的苦思冥想后,突然产生新设想,瞬间解决问题的思维活动。灵感思维是突如其来的、瞬间产生的,是一种顿悟,是思维过程中的一种短暂的最佳状态。灵感思维的出现往往带有神秘感,具有不可知性,但它是可以开发的,是可以通过勤奋思考获得的。

2. 灵感思维的特点

1) 累积性

没有"踏破铁鞋"的苦苦寻觅,就不会有"得来全不费功夫"的兴奋与愉悦,没有"99%的汗水",就不会有"1%的灵感"。

2) 偶然性

灵感什么时候获得,怎样获得是偶然的、不可思议的、不可预知的。

3) 易逝性

灵感是瞬间的一闪念,是思维活动的最高潮,它是短暂的、易逝的。

4) 兴奋性

当灵感突然来临时,人会异常兴奋,这时候,有人会痛哭,有人会歌唱,甚至有人会疯狂。

5) 突破性

当一个人专注于一个问题时,常规思维会发挥到极致而得到升华,从而会在内因或外因刺激作用下开辟新的思路。

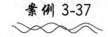

案例 3-37

推销绝招

法国作家鲁古兰写了一部小说,无人问津,他很苦恼,但他是一个爱动脑筋的人,一连想了好几天,终于来了灵感,突破常规思维解决了问题。他在报上登了一则广告,一天之内他的书便被少女们抢购一空,其广告内容如下:本书作者鲁古兰是百万富翁,未婚,他所希望的对象,就是本小说中描写的女主人公!

3. 灵感思维的作用

(1) 灵感是科学研究的突破口。在科学研究中,许多重大难题、课题、难关的攻克往往是从灵感的获得开始的。

(2) 灵感在文学、艺术创作中具有神奇的作用。灵感是文学、艺术作品创作中的点睛之笔、神来之笔。

4. 灵感思维的类型

1) 自发灵感

自发灵感是指经过长时间的思考,灵感在脑中自发闪现。

案例 3-38

"联合国"名称的由来

"联合国"一词,最早是美国总统罗斯福提出的。1942年1月1日,美、苏、中、英等26个国家为了建立统一战线,共同打败法西斯强盗,聚会华盛顿,准备签署发表一个共同宣言。但是,一时没有合适的名称。

美国总统罗斯福和英国首相丘吉尔多次讨论名称问题,但都没有找到一个完美的答案。为此,他们苦思冥想。因为"同盟"这个词,已被"神圣同盟""反法西斯同盟"等用滥了。一天早晨,罗斯福起床更衣,突然叫到:"我想起来了!"他兴奋地对丘吉尔说:"我想出了一个名字,叫'联合国'。你看如何?""太好了!"丘吉尔高兴地说。这样,"联合国"一词诞生了。

到了1944年8月,英、美、苏三国代表在华盛顿的敦巴顿橡树园举行会议,讨论起草关于建立战后国际组织的具体方案。在谈到这个国际组织的名称时,三国代表都同意沿用1942年"共同宣言"所用过的"联合国"一词,把未来的国际组织命名为"联合国"。

2) 诱发灵感

诱发灵感是指受到外部事物或情景的启发获得灵感。

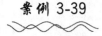

案例 3-39

书法家郑板桥

相传我国著名书法家郑板桥,未成名时,成天琢磨前辈书法大家的字体,总想写得与前辈大家一模一样。一天晚上睡觉,他用手指在自己身上练字,朦胧之中手指写到了妻子身上,妻子被惊醒,生气地说:"我有我体,你有你体,你为何写我体。"他从妻子的话中得到启示:应该写自己的字体,不能一味学他人。在这个思想的作用下,他刻苦用功,朝夕揣摩,终于成了一代书法名家。

3) 触发灵感

触发灵感是指在苦思冥想过程中,接触相似或相关事物时,在头脑中突然闪现出所思考问题的答案。

案例 3-40

耐克鞋的诞生

一天早上,比尔·鲍尔曼正在吃妻子为他做的威化饼。味道很好,吃着,吃着,他被触动了:为什么不按照威化饼的花样做成一种鞋底呢?它对脚有缓冲作用,与地面有较大的摩擦力……他从餐桌旁站起来,拿起妻子做威化饼的特制铁锅躲进办公室开始琢磨起来,终于制成第一双鞋样,这就是耐克鞋的雏形。

4) 激发灵感

激发灵感是指面临紧急情况时,大脑处于高度的积极思维状态,急中生智,所思考问题的答案或启示在头脑中突然闪现。

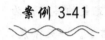

案例 3-41

灵 感 棒

相传,当年渔夫用智慧将被他不慎放出的妖怪重新收回到瓶子里后,许多人都嘲笑他在吹牛,说他不能将看似比容器大的物体放进小的空间中。为了证明自己的清白,渔夫发明了一个玩具,你只有掌握了一定的方法,反复尝试,最终才能把长短不一的小圆棒整齐地放在一个小盒子里。你也许尝试了很多遍,都不能完成这个游戏,但这正是灵感棒令人着迷之处。

5. 对灵感的捕捉

(1) 长期的思想活动准备。

(2) 兴趣和知识的准备。

(3) 智力的准备。

(4) 乐观镇静的情绪。

(5) 注意摆脱习惯思维的束缚。

(6) 珍惜最佳时机和环境。

(7) 及时抓住灵感的精神准备和及时记录灵感的物质准备。

6. 灵感思维的训练

(1) 假如……

①假如外星人真的存在,想象一下它的样子。

②假如世界上只剩下你一个人了,想象一下你的生活会怎样。

③假如将来地球不适合人类居住了,想象一下人类可能的生活环境。

④假如你能够穿越时空回到唐朝,想象一下那里的情景。

⑤假如汽车由你设计,想象一下它的外观、性能。

(2) 试想一下"千手观音"是什么样的。你能进一步想象出类似的事物吗?

(3) 一个轮子置于平面上,轮子边缘有一黑点,使轮子在平面上滚动,想象并画出黑点在轮子滚动时留下的轨迹。

(4) 电话铃突然响起,在接听之前,运用直觉思维,预测一下是谁打来的。

(5) 在大街上遇到一个陌生人,运用直觉思维,猜测一下他(她)的年龄、职业或家庭状况。

(6) 下面是电影里的经典台词,你可以从中得到什么启示?

①《玻璃樽》:星星在哪里都是很亮的,就看你有没有抬头去看它们。

②《饮食男女》:人生不能像做菜,把所有的料都准备好了才下锅。

③《半生缘》:我要你知道,这个世界上有一个人会永远等着你。无论什么时候,无论你在什么地方,反正你知道总会有这样一个人。

④《教父》:别跟我说你是无辜的,这让我愤怒,因为它侮辱了我的智慧。

⑤《简·爱》:你以为我穷,不漂亮,就没有感情吗?如果上帝赐给我美貌和财富,我也会让你难以离开我的!就像我现在难以离开你一样!

四、想象思维

1. 想象思维的含义

想象思维是人脑通过形象化的概括,对已有的记忆表象进行加工、改造或重组的思维活动。想象思维可以说是形象思维的具体化,是人脑借助表象进行加工操作的最主要形式,是人类进行创新活动十分重要的思维形式。

想象思维有再造想象思维和创造想象思维之分。再造想象思维是指主体在经验记忆的基础上,在头脑中再现客观事物的表象;创造想象思维则不仅再现现成事物,而且创造出全新的形象。文学创作中的艺术想象属于创造想象思维,是形象思维的主要形式,存在于整个创作过程之中。即作家根据一定的指导思想,调动自己积累的生活经验,进行创造性的加工,进而形成新的完整的艺术形象。

案例 3-42

相对论的诞生

正是想象力赋予了爱因斯坦相对论以生命。爱因斯坦认为,从牛顿以来对空间、时间、引力三者的相互关系及运动规律永恒不变的理论有失偏颇,他感到似乎有一种新的理论体系可以推翻这个论断。1895年夏天,16岁的爱因斯坦信步而行,登上一座小山,找到一处理想的地方躺下,他半眯着眼睛,仰望天空。他好奇地想象:"如果骑在一束光上去旅行,那将是什么样子呢?如果这时在出发地有一个时钟,从我所处的位置看,它的时间会怎样流逝呢?我能同时看到过去、现在和未来吗?"于是,他的智慧在想象中闪光,为日后相对论的提出奠定了基础。

2. 想象思维的特点

形象性:想象思维的基本操作活动单元是表象,是一些画面,静止的画面像照片,活动的画面像电影。

概括性:想象思维实质上是一种思维的并行操作,即一方面反映已有的记忆表象,同时把已有的表象变换、组合成新的图像,实现对外部事物的整体把握,所以概括性很强。

超越性:想象思维最宝贵的特性是可以超越已有的记忆表象产生许多新的表象,这正是人脑的创造活动最重要的表现。这方面的例子是很多的,特别是一些重大的发明创造,都离不开超越性的想象思维。

3. 想象思维的分类

(1) 实有性的想象思维,指思维的结果是以现实生活中存在的东西为依据的。

(2) 可能性的想象思维,指思维的结果在现实生活中不是确实存在而是可能存在的。

例如:"在马路上吐一口痰,也许会使许多人得病,甚至染上肺结核。"(《蛇与庄稼》)这种想象思维不能脱离生活凭空臆造。

(3) 幻想性的想象思维,指思维的结果在现实生活中既不存在,也不可能存在,将来也不可能产生。

例如:"……以为他们是像仙人那样腾云驾雾赶上来的。"(《挑山工》)腾云驾雾的仙人永远不可能出现在现实生活中。

(4) 比拟性的想象思维,指思维的结果不是思维对象本身所具有的东西,而是与所思维的事物具有相关性的东西。

例如:"老牛……分明像一个老人在那里怀念过去的事。"(《老牛》)这种思维一般有物拟人、物拟物、人拟物和人拟人等形式。

(5) 假定性的想象思维,指思维的结果是作者假定的东西。

例如:"孩子只要一失足,直摔到甲板上就没命了。"(《跳水》)这种思维方式常用"如果、倘若、假如、要是"等词语来表示假定性。

(6) 夸张性的想象思维,指思维的结果是把事物的有关部分加以夸张。

例如:"飞流直下三千尺"(《望庐山瀑布》);"野旷天低树"(《宿建德江》)。诗句中"三千尺"和"天低树"是一种夸张性的说法。

(7) 单一性的想象思维,指思维的结果着重于事物属性的一个方面。

例如:"那溅着的水花,晶莹而多芒,远望去,像一朵朵小小的白梅。"(《梅雨潭》)这里仅指"水花"的颜色和形状与白梅相似,而白梅的"傲霜、忍寒"等属性,水花是不具有的。

(8) 多重性的想象思维,指思维的结果放在了事物属性的两个或两个以上的方面。

例如:"这喷泉,这杏花,给旅客们带来了温暖的春意。"(《小站》)喷泉和杏花一方面使旅客们看到了温暖的春天,另一方面又使旅客们感受到了小站工作人员热情、周到的服务,似有春天般的温暖。

4. 想象思维的作用

(1) 想象思维在创新中的主干作用。

爱因斯坦说:"想象比知识更重要,因为知识是有限的,而想象力概括着世界上的一切,推动着进步,并且是知识进化的源泉,严格地说,想象力是科学研究中的实在因素。"

著名物理学家普朗克说:"每一种假设都是想象力发挥作用的产物。"

列宁说:"有人认为,只有诗人才需要幻想,这是没有理由的……甚至数学也是需要幻想的……没有它就不可能发明微积分。"

巴甫洛夫说:"鸟儿要飞翔,必须借助于空气与翅膀,科学家要有所创造则必须占有事实和开展想象。"

创新思维要产生具有新颖性的结果,但这一结果并不是凭空产生的,要在已有的记忆表象的基础上进行加工、改组或改造。创造性活动中经常出现的灵感或顿悟,也离不开想象思维。

(2) 想象思维在人的精神文化生活中的灵魂作用。

人的精神文化生活丰富多彩,主要靠的是想象思维。作家、艺术家创作出优美的、震人心魄的作品,需要发挥想象力,读者、观众欣赏作品,也需要借助想象力。

(3) 想象思维在发明创造中的主导作用。

大哲学家康德说过:"想象力是一个创造性的认识功能,它能从真实的自然界中创造一个相似的自然界。"

在无数发明创造中,都可以看到想象思维的主导作用。发明一件新的产品,一般都要在头脑中想象出新的功能或外形,而这种新的功能或外形都是人的头脑调动已有的记忆表象,然后加以扩展或改造形成的。

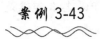

案例 3-43

布帛上的千军万马

韩信是我国历史上有名的将领。有一天,刘邦想试一试韩信的智谋。他拿出一块五寸见方的布帛,对韩信说:"给你一天的时间,你在这上面尽量画士兵。你能画多少,我就让你带多少兵。"站在一旁的萧何想:这一小块布帛,能画几个兵?急得他暗暗叫苦。不想韩信毫不迟疑地接过布帛就走。第二天,韩信按时交上布帛,上面虽然画了些东西,但一个士兵也没有。刘邦看了却大吃一惊,心想韩信的确是一个胸有兵马千万的人才,于是把兵权交给了他。那么,韩信在布帛上究竟画了些什么呢?原来,韩信在布帛上画了一座城楼,城门口战马露出头来,一面"帅"字旗斜出。虽没见一兵一卒,却可想象到千军万马。

那么,如何发挥自己的想象力呢?德国的一位学者曾经说过这样的话:"眺望风景,仰望天空,观察云彩,常常坐着或躺着,什么事也不做。只有静下来思考,让想象力毫无拘束地奔驰,才会有冲动。否则任何工作都会失去目标,变得烦琐空洞。谁若每天不给自己一点儿做梦的机会,那颗引领他工作和生活的明星就会暗淡下来。"

5. 想象思维训练的注意事项

(1) 克服抑制想象思维的障碍。

想象思维的障碍主要包括环境方面的障碍、内部心理障碍和内部智能障碍。环境方面的障碍包括人际关系的不协调、学习思考环境的恶劣等。心理状态如果处在积极、愉快、兴奋的情况,人就容易进行想象思维;如果处于消极、压抑、甚至悲观、沮丧的状况,那就很难进行良好的想象思维。但是,人的心理状态是可以调整的。内部智能障碍主要是指思维方法的僵化,也就是思维模式的固定化,即所谓的思维定式或习惯性思维。

(2) 培养想象思维能力的途径。

①强化创新意识。人的需要系统决定了人的思维积极性和活跃性。

②学习。包括从书本上学习,也包括从实践中学习,还包括向一切有知识、有经验的人学习。

③静思。人有时需要交往,需要热闹,需要和别人产生思维碰撞,但有时也需要孤独,需要

沉静地思考。诸葛亮说:"非淡泊无以明志,非宁静无以致远。"

案例 3-44

解 读 家 书

有个商人在外做生意。他的同乡要回家,于是他就托同乡带100两银子和一封家书给妻子。同乡在路上打开信一看,原来是一幅画,上面画着一棵大树,树上有八只八哥和四只斑鸠。同乡大喜:"信上没写多少银子,我留下50两,她也不知。"

同乡将书信和银子交给商人妻子:"你丈夫捎给你50两银子和一封家书,你收下吧!"商人妻子拆信看过后说:"我丈夫让你捎带100两银子,怎么成了50两?"那同乡见被识破,忙道:"我是想试试弟媳聪明不聪明。"忙把那50两银子送还商人妻子。你知道商人妻子是怎么知道是100两银子的吗?

商人写信不用文字而用图画,商人妻子读信不是认字而是解画,他们两人使用的就是再造想象思维。

3.5 动态性思维与实践

一、动态思维与超前思维

1. 动态思维

动态思维是一种运动的、调整性的、不断优化的思维活动。具体地讲,它会根据不断变化的环境、条件来改变自己的思维程序、思维方向,对事物进行调整、控制,从而达到优化的思维目标。动态思维的逻辑表现是辩证逻辑,并以变动性、协调性作为自己的思维特色。动态思维的模式为:收集新资料—制定新方案—实施—反馈—调整新方案。经过这些动态的步骤之后,思维的目标差就会缩小,使人们对客观事物的控制和改造更为有效。要使思维符合动态性的要求,必须具备以下四个要素:

(1) 信息要素。信息要素就是指信息、情报、资料、情况。信息要素是动态思维的指示器和方向盘,动态思维往哪个方向运动,如何抓住问题的症结,都依靠所获取的信息而定。没有信息,动态思维就是盲目的思维。

(2) 反馈要素。输出的信息,其结果如何必须收集回来,为下一步行动方案的确定提供依据,这就是反馈。反馈要素要求不断总结经验,不断校正自己的思想偏差,从而使思维不断地逼近目标。没有反馈要素,思维就只是单方向的运动,其结果是符合思维目标还是偏离思维目标,便无从得知。如果是偏离目标,则会出现"南辕北辙"的局面。

(3) 控制要素。控制要素是信息要素和反馈要素结合而成的。动态思维通过信息的输入、输出和反馈,不断修正和调整自己的行为、方法和措施,控制周围环境的变化,使自己获得主动权。在整个控制过程中,系统对外达到了自己认识世界、改造客体的目的,对内调整了自己已有的思维和行为程序,提高了自身思维的有序性。

(4) 变动要素。动态思维总是处于不断的变动之中,不断调整自己各方面的关系,使其与环境产生一种适应性,以便在各种不同的情况下做出相应的反应。

总之,动态思维是上述四个要素构成的,它们以一定的方式结合起来就构成了现实的思维动态过程。

动态思维的谈判

在一场设备进口谈判中,原先我方与对方一直在补偿贸易的基础上进行谈判,但随着谈判的深入,各方面的情况逐步展开,对方突然提出因产品销售有困难,希望我方用现汇的方式进行支付,即由补偿贸易改为现汇贸易。这一要求的提出,必然打乱了我方对原有谈判因素关系的分析和谈判目标的设想。面对这种情况,我方就应该迅速调整思维,考虑由补偿贸易改为现汇贸易的可能性(有无外汇支付能力)、对我方的利与弊;如果可能,应考虑我方在新的支付条件下应该考虑哪些因素(货币的币种、外汇的汇率等)、各因素之间的关系和目标等。如果我方仍然抱着补偿贸易条件对各因素和关系的分析不放,不研究新的问题,势必会在谈判过程中吃亏。

2. 超前思维

1) 超前思维的含义

超前思维也称预测性思维。它是根据对事物发展进行预见性的推理,进而对将要发生的情况做出科学预测,并调整对眼前事物认识的一种思维。

2) 超前思维的作用

超前思维是一种以将来可能出现的情况而对现实进行弹性调整的思维。它的作用表现在如下几个方面:

(1) 它可以对创造前景进行预测性的思考。

马克思曾经说过:"蜘蛛的活动与织工的活动相似,但是最蹩脚的建筑师从一开始就比最灵巧的蜜蜂有高明的地方,是他在用蜂蜡建筑蜂房以前,已经在自己头脑中把它建成了。"这就是超前思维的作用,也是人的高明之处。超前思维是人通过大脑对事物发展的趋势进行的推断和估计,是对未来的一种展望。

(2) 它可以帮助我们调整现实事物的发展方向。

以卫星发射为例,对现有的发射技术、发射系统进行调整,加强与国外的联系,争取获得更多的发射机会,既可以扩大我们的影响,又可以通过发射来达到"自我造血"的目的。

(3) 它可以帮助我们制定正确的计划、目标,形成正确的决策。

超前思维如果正确,它就能为我们实施正确的决策提供依据和保证。美国《时代》周刊预测:2010年,受程序控制的机器人宠物能够辨认主人的声音和面孔;2015年,所有疾病的基因根源都已查明;2017年,人类在火星上着陆;2020年,新式飞机能装载1000名乘客,以900千米/时的速度持续飞10个小时;2025年,与大脑相连的计算机能够识别思维,不必再手动输入数据和指令;2030年,在人造肺、肾和肝脏问世后,医生能够创造出人造腿和功能完全的人造眼;

2040年,核聚变用于发电;2044年,在火星上建立固定的居住区。日本学者也对100年后的世界进行了预测,他们认为100年后将出现星际载人飞行;交通工具将成为"游玩的媒介";非矿物能源比重将大大增加;技术的发展使人们可以更加自由地发挥自己的创造力。如果这些预测正确,那么它就具有重要的参考价值,可以为我们制定科技政策提供参考。

3)超前思维的培养和训练

(1)要学会从客观事实中找规律。

列宁说过:"神奇的预言是神话,科学的预言却是事实。"只有掌握大量的事实,才能通过对事实的分析找出事物的内在规律,我们的超前思维才有客观的依据,否则就是闭门造车、胡思乱想。缺乏事实支撑的超前思维是毫无意义的,有的还是有害的。例如一个算命先生,仅仅根据你的生辰八字,就可以推测出你的一生或你的家人的前途和命运,显然是胡编乱造,稍有一点常识的人都不会受骗上当。

(2)要通过想象来促进超前思维。

我们想创造的事物,一般来说,在现实世界中是没有原型的,但是该事物的各个组成部分却是有可能存在的。我们在进行超前思维时,可以通过想象把它们联系在一起,在头脑中建立这样或那样的模型,然后再逐步去创造。幻想是一种指向未来的特殊想象,但它不是想入非非的"空想",它也是在已有的经验和材料的基础上,以科学技术的发展为依据,通过人的大脑所表现出来的一种预见能力。如果没有想象和幻想,我们就不会有今天的基本粒子物理学和空间科学,也不会有当代的遗传工程和作为现代技术三大支柱之一的材料科学。

被人们称为"能想象出半个世纪甚至一个世纪以后才能出现的最惊人的科学成就的预言家"凡尔纳,他是19世纪法国著名的科幻作家,他曾幻想过的电视、直升机、潜水艇、导弹、坦克、霓虹灯等,在20世纪都变成了现实。1949年,英国科幻小说家乔治·奥威尔在他的科幻小说《1984》中,预测了137项发明,三十年后,其中的80项已成为现实。

(3)要善于运用逻辑推理的技巧。

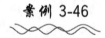

运用逻辑推理

1794年深秋,拿破仑的老师、法军统帅夏尔·皮什格鲁率领大军进攻荷兰的乌得勒支城。荷军打开了各条运河的闸门,利用洪水来阻止法军的进攻。法军没有办法,只得准备撤军。正在此时,皮什格鲁看到树上的蜘蛛正在大量吐丝结网,他马上命令准备进军攻城。果然,后来法军攻下了乌得勒支城。难道这是天助法军吗?既是也不是。原来皮什格鲁从蜘蛛的异常中捕捉到了天气即将转寒的"征兆":气候转寒,河水将结冰,江河封冻,部队就能踏冰攻城。正是这一系列的逻辑推理使得法军大获全胜。

事物的发展变化往往有它的延续性,我们可以利用这些事物发展中的现象,抓住事物的发展趋势进行超前思维,也可以抓住事物的因果关系进行超前思维。在现实生活中,事物的因果关系是普遍存在的,只要我们弄清了原因与结果之间的内在联系就能正确地进行超前思维。比如:服装的流行、股票价格的涨落、全球气候的变化等。

二、分离思维与合并思维

1. 分离思维

分离思维又称分解思维,是指一种将研究对象进行科学分离或分解,使研究对象的本质属性和发展规律从复杂现象中暴露出来,从而使研究者能够理清研究思路,抓住主要矛盾,以获得新思路或新成果的思维方法。分离思维的宗旨是分离表象、辨别差异、剖析现象、透视本质,因而它对人们开展发明创造活动具有特别的指导意义。

分离思维具有使用上的简单易行和功能上的独特性,因此它在科学研究、技术创新等方面有着广泛的应用价值。同时,在管理、教育、经济、规划等工作中,分离思维也有特殊的功能。

2. 合并思维

1) 合并思维的含义

合并思维是指将几个思考对象合并在一起进行思考,从而找到一种新事物或解决问题的新方法的思维。合并思维又称"联结思维"或"合向思维",是指把多项貌似不相关的事物通过想象加以连接,从而使它们变成不可分割的新的整体的一种思考方式。

例:电视+电话=可视电话;多媒体=数据+文字+图像+声音;集成电路=电子管+电阻+电容;台秤+电子计算机=电子秤;飞机+飞机库+军舰=航空母舰;自行车+电机+蓄电池=电动自行车。

2) 合并思维的特征

(1) 创新性是最突出的特征。

许多科学家认为,知识体系的不断重新组合是人类知识不断丰富发展的主要途径之一,从这一角度看,近现代科学的三次大创造是由三次大组合所带来的。

第一次大组合是牛顿组合了开普勒天体运行三定律和伽利略的物体垂直运动与水平运动规律,从而创造了经典力学,引起了以蒸汽机为标志的技术革命。

第二次大组合是麦克斯韦组合了法拉第的电磁感应理论和拉格朗日、哈密顿的数学方法,创造了更加完备的电磁理论,因此引发了以发电机、电动机为标志的技术革命。

第三次大组合是狄拉克组合了爱因斯坦的相对论和薛定鄂方程,创造了相对量子力学,引起了以原子能技术和电子计算机技术为标志的新技术革命。

(2) 广泛性是最普遍的特征。

(3) 时代性和继承性是最鲜明的特征。

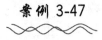

基于合并思维的教学媒体

运用合并思维对教学媒体进行分类,考虑的是教学媒体运用形式这一层面,主要涉及媒体的组合特性。人无完人,教学媒体亦如此,无论哪一种教学媒体都会存在一定的功能与效用上的不足。弥补不足的方法有两个,一是不断完善教学媒体的功能,通过创新设计,不断地提升其性能,包括大小、形状、重量、品质等各个方面,使之具有更强的易用性、实用性。二是把另一种教学媒体拿来与之合并使用,通过另一种教学媒体的介入,填充原先教学媒体功能不足所留下的空白。

3. 分离思维与合并思维的关系

分离思维与合并思维往往是不可分割的,是相辅相成的关系。二者往往是连续运用,既可先分离再合并,又可先合并再分离,最后达到思维的目的。如将录音机、话筒、投币机三者合并产生了卡拉OK机;从电脑上把光驱分离出来产生了影音光碟(VCD)。

3.6 逻辑性思维与实践

一、逻辑思维

1. 逻辑思维的含义

逻辑思维是人们在认识过程中借助概念、判断、推理反映现实的过程。它与形象思维不同,是用科学的抽象概念、范畴揭示事物的本质,表达认识现实的结果。逻辑思维是一种确定的而不是模棱两可的,前后一贯的而不是自相矛盾的,有条理、有根据的思维。

在逻辑思维中,往往使用否定来堵死某些途径。逻辑思维是人脑的一种理性活动,思维主体把感性认识阶段获得的对于事物认识的信息材料抽象成概念,运用概念进行判断,并按一定逻辑关系进行推理,从而产生新的认识。逻辑思维具有规范、严密、确定和可重复的特点。

2. 逻辑思维的作用

(1) 有助于我们正确认识客观事物。

(2) 可以使我们通过揭露逻辑错误来发现和纠正谬误。

(3) 帮助我们更好地学习知识。

(4) 有助于我们准确地表达思想。

3. 逻辑思维的训练

(1) 在8个同样大小的杯中有7杯盛的是凉开水,1杯盛的是白糖水。你能否只尝3次,就找出盛白糖水的杯子来?

(2) 某药店收到10瓶药,每瓶中装有重100毫克的药丸100粒。后被告知其中一瓶药发错了,错药的形状、颜色及包装均与其他9瓶药完全相同,只是每丸药重110毫克,你能用天平一次称出错药吗?

二、立体思维

一位心理学家曾经出过这样一个测验题:在一块土地上种植四棵树,使得每两棵树之间的距离都相等。受试的学生在纸上画了一个又一个几何图形:正方形、菱形、梯形、平行四边形……然而,无论什么四边形都不行。这时,心理学家公布了答案:其中一棵树可以种在山顶上!这样,只要其余三棵树与之构成正四面体的话,就能符合题意要求。这些受试的学生考虑了那么长时间却找不到答案,原因在于他们没有学会使用一种创造性的方法——立体思维。

1. 立体思维的含义

立体思维是指跳出点、线、面的限制,从上下左右、四面八方去思考问题的思维方式。立体思维也称"多元思维""全方位思维""整体思维""空间思维""多维型思维"。

例如从空间上考虑产生的空中菜园、屋顶花园、屋顶泳池。

案例 3-48

1 美元的贷款

一位富豪到一家银行借 1 美元,借款部经理以为他在试探银行的服务质量,便说:"只要有担保,无论借多少,我们都办。"于是这位富豪从容取出一大堆股票、债券,经理清点后说:"一共 50 万美元,做担保足够了,请办手续吧,年息 6%,只要您付出 6% 的利息,一年后归还借款,我们就把这些股票和债券还给您。"富豪办了手续。站在一旁的行长不明白,一个拥有 50 万美元的人,为什么会到银行借 1 美元?他追问这位富豪,富豪做了回答,行长才恍然大悟。想一想,这位富豪究竟是为了什么?

2. 立体思维的训练

(1) 图 3-5 中,交叉放着 10 枚硬币,纵横皆等距。现在请你移动其中的两枚硬币,使 10 枚硬币恰好组成一个正十字型。

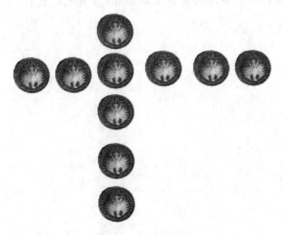

图 3-5　10 枚硬币

(2) 利用软木制成一个瓶塞,要求能适用于三角形、正方形、圆形三种瓶口。

(3) 阅读卖猫的故事,分析工程师、逻辑学家和发明家的思维方式。

案例 3-49

一位工程师和一位逻辑学家是好朋友,两人相约赴埃及参观金字塔。到埃及后,逻辑学家在宾馆写旅行日记,工程师则独自逛街。忽然工程师听到一位老妇人叫喊:"卖猫呀!卖猫呀!"只见老妇人身旁摆着一只黑色的玩具猫,标价 500 美元。老妇人解释说,这是祖传宝物,只因孙子病重,才不得已卖掉换住院治疗费。工程师用手掂量这只猫,感到猫身很重,看起来像是黑铁铸的。不过,那一对猫眼则是一对珍珠。于是工程师以300美元买下了两只猫眼。他回到宾馆,高兴地对他的朋友说:"我只花了300美元竟然买下了两颗硕大的珍珠!"

逻辑学家一看这两颗珍珠至少值上千美元,忙问是怎么回事,待工程师说完缘由,逻辑学家忙问:"那位妇人是否还在原处?"工程师答道:"她还坐在那里,想卖掉那只没有眼睛的黑铁猫。"

听完,逻辑学家忙跑到街上,用300美元买下了铁猫。工程师见后,嘲笑道:"你呀,花300美元买了一只没眼睛的铁猫!"

逻辑学家不动声色地坐下来摆弄、琢磨这只猫。突然,他明白了什么,于是用小刀刮铁猫的脚,当黑漆脱落之后,露出的是黄灿灿的一道金色的印迹。他高兴地大叫起来:"正如我所料,这猫是纯金的。"

就在工程师听完后悔不已的时候,那位老妇人带着一个年轻人走了进来。一进门,年轻人就说:"对不起,我是她的儿子,刚刚从外地赶回来,有钱给我儿子治病了。这只玩具猫是我家的传家宝,不能卖,我分别给你们400美元,要回我的猫。"工程师和逻辑学家一听,虽然有些惋惜,但也只好无奈地把珍珠和铁猫还给老妇人。一出门,老妇人就把组装好的猫交给年轻人。

其实,这位年轻人根本就不是老妇人的儿子,而是刚好路过看到逻辑学家买走铁猫的一位发明家。他一问老妇人缘由,就对老妇人说:"我给你2000美元,我假装是你的儿子把这只猫要回来。"

发明家送老妇人回家,了解了一些这只玩具猫的创造历史,临走时又给老妇人留了一些钱。

第二年,这只玩具猫在一个国际拍卖会上以2000万美元成交。

第 4 章 创造技法与实践

本章要点

明确常用的创造技法;了解各种创造技法的含义;通过学习创造技法,提高迅速越过各种阻碍发挥创造力的能力,进行科学有效的创新、创造。

发明创造虽难以预测,却有一定的规律和方法可循。人们可以借鉴前人从大量的发明创造实践中总结提炼出来的发明技巧、经验和教训,启发创造思维,激发创造灵感,提高创造能力以及创造成果的实现率。

4.1 创造技法概述

创造技法就是人们根据创新思维发展规律总结出来的创造发明的一些技巧和方法。

无论从事什么工作,都需要有一定的方法,从事创造性活动也不例外。创造技法不仅能指导我们进行发明创造,而且为发明创造找到了成功的捷径。只有掌握了创造技法,并能自觉地运用,才会使我们的创造成为自觉的创造,促使我们不断迸发出创造的火花。人们最欣赏和赞叹的总是创造的成果,从某种意义上讲:

创造成果=创造欲望+创造思维+创造技法

创造欲望可以激发人的创造力和上进心;创造思维是创造的基础,它可以使人思想活跃、创意迸发;而创造技法是人达到目的的途径和手段。

到目前为止,世界上已开发出三百多种创造技法。这些创造技法作为指导人们进行发明创造的方法,既不是某些天才凭空想象出来的,也不是创造学家有意杜撰出来的。它们的产生既有社会历史原因,又是科学发展的必然,是随社会的发展、人类的进步而产生的;是为了满足社会的需要而产生的,是从以往的社会实践中总结出来的,是随现代科学的发展而发展的。

现在的创造技法,主要是一些非程式化的方法。从整体上看,每个创造技法都离不开如下几个原则。

1. 自由畅想原则

创造技法没有边界,没有禁区,没有权威,没有止境,创造没有任何条条框框。想象力是创新能力的核心,想象也是没有任何条条框框的。因而,使用创造技法也必须破除一切条条框框,鼓励自由畅想,让思维自由驰骋。

2. 信息刺激原则

脱离社会实践,闭门造车,既不能发现问题,也不能解决问题,是无法进行创造的。信息是打开新思路的钥匙,信息越多,则越有利于想象和联想。大量不同领域的信息,更可以启发我们破除习惯性思维从而开拓新思路。而且,许多潜意识也只有在信息的刺激下才会涌现。因而,创造技法必须为充分调动各种信息创造条件。

3. 集思广益原则

"三个臭皮匠,顶个诸葛亮",集体智慧是创造力的源泉,大力开展集体创造,是创造技法的重要原则。

4. 量中求质原则

习惯性思维的思路往往很狭窄,要进行创造必须拓宽思路。因而,各种创造技法都应该利用发散思维和集中思维的形式,先求数量,然后从中寻求最佳解决方案。

5. 同中求异与异中求同原则

世界上的事物千差万别,隔行如隔山,又都殊途同归、隔行不隔理。对于其中既有联系又有区别的情况,从事创造时必须善于从相同中找差异,从不同中找规律,则可发现处处都是创造的天地。

6. 需要导向原则

环境虽是外因,但适宜的环境对创造必有很大的促进作用。因此,环境的需要或造成一定的环境压力则可以促进创造活动的系统工程取得成功。

7. 尊重科学原则

任何创造都不能违背科学原理,否则将一事无成。故敢于创造绝不是乱造,只有尊重科学规律才能取得丰硕的成果。

8. 综合创造原则

将不同而相关的事物或现象综合起来,可以形成无穷的创新演变,综合是创新的重要渠道之一。

9. 实践第一原则

任何创新思维的产生均离不开实践,任何创造技法的应用及效果均需经受实践检验。

自 20 世纪 30 年代美国的奥斯本创立智力激励法以来,迄今为止各国开发出来的创造技法已多达数百种,比如组合法、类比法、列举法等。有些学者按照不同的标准对这些技法进行了分类。

(1)按照思维的类型可分为:发散型创造技法、综合型创造技法和灵感型创造技法。发散型创造技法如类比法、形态分析法等;综合型创造技法如列举法、组合法等;灵感型创造技法如联想法、智力激励法等。

(2)按照分析事物的途径可分为:列举分析型创造技法、组合思考型创造技法、逻辑推理型创造技法、系统分析型创造技法、检核提示型创造技法、智力激励型创造技法和观察发现型创造技法。

(3)按照思维方向的不同可分为:逆向型创造技法、侧向型创造技法、多向型创造技法以及交叉型创造技法等。

良好的创造技法能够提升创造力,掌握和运用好创造技法会促进发明创造活动顺利进行,达到甚至超过预期的目标。同时,创造活动是极大地发挥创新思维的工程,开放的思维是创造活动的保证。因此,创造技法在运用时不能死搬硬套,应灵活运用,采用多种技法并用或交替使用往往会产生更好的效果。学习创造技法能够激发人们参与创造的积极性,提出更多的设想,提高技术革新和发明创造的效率。

4.2 智力激励法与实践

1. 智力激励法的含义

智力激励法是一种集体型的创造技法。它是根据一定的规则,运用智力激励会的形式,让大家共同无拘无束地讨论某个具体问题;通过集思广益,在短时间内产生大量的创造性设想的活动。智力激励法是为了产生较多较好的新设想、新方案,通过一定的会议形式,创设能够相互启发、引起联想、发生共振的条件和机会,以激励人们发挥智力。它的前提条件是"合作",为了使人们的合作更有效的进行,并迸发出大量的点子来,创造工程创始人奥斯本发明了这个方法。它是通过集体思考、集体设想的方式开发群体创造力的集体操作型创造技法,也称"头脑风暴法"或"脑力激荡法"。智力激励法的核心是:集智、激智。

案例 4-1

清除电线上的积雪

有一年,美国北方格外严寒,大雪纷飞,电线上积满冰雪,大跨度的电线常被积雪压断,严重影响通信。过去,许多人试图解决这一问题,但都未能如愿以偿。后来,电信公司经理应用奥斯本发明的智力激励法,尝试解决这一难题。他召开了座谈会,参加会议的是不同专业的技术人员,会议要求与会者必须遵守以下原则:

第一,自由思考。即要求与会者尽可能解放思想,无拘无束地思考问题并畅所欲言,不必顾虑自己的想法是否"离经叛道"或"荒唐可笑"。

第二,延迟评判。即要求与会者在会上不要对他人的设想评头论足,不要发表"这主意好极了!""这种想法太离谱了!"之类的"捧杀句"或"扼杀句"。对设想的评判,留在会后组织专人进行。

第三,以量求质。即鼓励与会者尽可能多而广地提出设想,以大量的设想来保证质量较高的设想出现。

第四,结合改善。即鼓励与会者积极进行智力互补,在不断提出设想的同时,注意思考如何把两个或更多的设想结合成一个更完善的设想。

于是,有人提出设计一种专用的电线清雪机;有人想到用电热来化解冰雪;也有人建议用振荡技术来清除积雪;还有人提出能否带上几只大扫帚,乘直升机去清扫电线上的积雪。

2. 智力激励法的类型

(1) 群体激励法。

(2) 小组激励法:奥斯本智力激励法,635 默写法。

(3) 个人智力激励法。

3. 奥斯本智力激励法的原则

（1）自由思考原则：要求与会者自由畅谈。

（2）延迟评判原则：对别人提出的任何设想，即使是幼稚的、错误的、荒诞的都不许批评。这一原则也要求与会者不能进行肯定的判断。

（3）以量求质原则：会议强调在有限时间内提出设想的数量越多越好。

（4）借题发挥原则或结合改善原则：会议鼓励与会者用别人的设想开拓自己的思路，提出更新奇的设想，或是补充他人的设想，或是将他人若干设想综合起来提出新的设想。

（5）简短精练原则：不要详细论述和展开发言，否则将拉长会议时间。

4. 奥斯本智力激励法的具体做法

奥斯本智力激励法的具体做法如图 4-1 所示。同时，还需要做到以下几点：

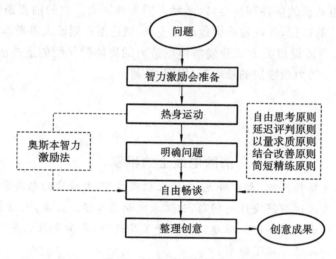

图 4-1 奥斯本智力激励法

（1）选择好会议的主持人。

（2）选择好会议的记录员。

（3）确定好会议的主题。

（4）选择好会议的参加者。

（5）组织好会议。

案例 4-2

智力激励法的应用实例

中国机械冶金建材工会举办的一次合理化建议和技术革新工作研讨会，运用智力激励法思考"未来的电风扇"，36 人在半小时内提出 173 条新设想。其中典型的设想有：带负离子发生器的电扇、全遥控电扇、智能式电扇、理疗电扇、驱蚊虫电扇、激光幻影式电扇、催眠电扇、变形金刚式电扇、熊猫型儿童电扇、老寿星电扇、解忧愁录音电扇、恋爱气氛电扇、去潮湿电扇、衣服烘干电扇、美容电扇、木叶片仿自然风电扇、解酒电扇、吸尘电扇、笔记本式袖珍电扇、太阳能电扇、床头电扇、台灯电扇等。

5. 653 法

653 法也称默写式智力激励法,是德国创造学家霍利格根据德意志民族惯于沉思、不喜高谈阔论的性格特点,对智力激励法提出的改进。

653 法是指每次会议有 6 人参加,坐成一圈,要求每人 5 分钟内在各自的卡片上写出 3 个设想,故名"635"法,然后由左向右传递给相邻的人继续在卡片上写出设想。

案例 4-3

653 法的应用

德国的戴姆勒-奔驰汽车在国内外市场中一直享有良好的声誉,该汽车公司成功地运用 653 法展示自己的产品。为了使汽车的质量、造型、功能及维修服务等方面更满足顾客的要求,公司总经理召开了"默写式智力激励会议",会上提出了大量有价值的设想和方案,制定了一条千方百计使质量首屈一指并以此取胜为首要目标的开发与竞争战略。奔驰汽车公司采用"默写式智力激励法"收集设想和方案,对车型工艺进行了大胆创新。先后设计和研制了"纽尔堡480"式 8 缸 8 座汽车,布尔柴油发动机轿车,直至"梅赛德斯 400""梅赛德斯 600"型高级轿车。奔驰公司生产的车辆从一般小轿车到 255 吨大型载重车共 160 种、3700 种型号。"以创新求发展"是公司上下的流行口号。

6. 卡片整理法(KJ 法)

日本文化人类学家川喜田二郎,长年在尼泊尔对喜马拉雅山脉探险,从中积累总结出一种创造技法——KJ 法。KJ 法是以他姓名的首字母命名的,实施过程如下:

(1) 准备工作:主持人一名,与会者 4～8 人,准备好卡片和黑板。

(2) 获取设想:按奥斯本智力激励法进行,以获取 30～50 条信息或设想为宜。

(3) 制作卡片:将搜集到的信息或设想编成两行左右的短语,写到卡片上;每张卡片上写一条信息或设想,这样制作的卡片叫作"基础卡片",每个与会者抄录一份。

(4) 分成小组:让与会者按自己的思路各自进行卡片分组,把内容类似的卡片归为一类,并加一个适当的标题,称为"小组标题卡"。

(5) 并成中组:把每个人所写的小组标题卡放在一起,经与会者共同讨论,再将内容相似的卡片归在一起,再写一个适当的标题,称为"中组标题卡"。

(6) 归成大组:把中组标题卡放在一起,经与会者共同讨论,再次将内容相似的卡片归成大组,再写一个适当的标题,称为"大组标题卡"。

(7) 综合求解:将整理出来的卡片,根据其隶属关系,固定于黑板或贴在大纸上,用线条将有关项目圈连,即可形成综合方案的图解;然后按图解形成文字,表述为比较完整的新设想。

7. 集思广益法

集思广益法借用成语"集思广益"而命名。我国创造学者袁张度先生在 1984 年出版的《创造与技法》一书中,最先提出集思广益法,是将开调查会的习惯做法,与头脑风暴法、KJ 法加以综合后形成的。

1) 小组构成

小组由 6～8 名有经验的人员组成,其中设一名主持人。主持人需头脑清醒、思维敏捷、善于诱导,并有所准备。

2) 实施步骤

集思广益法以会议形式进行,分为三个阶段,即预写、畅谈、评价阶段。

(1) 预写阶段。

开会前先通知与会者所议的议题,并发给每人两张设想(方案)填写表(见表 4-1),要求与会者先进行思考,并在每张表格上填写三种区别较大的设想(方案),然后持表参加会议。主持人宣布会议开始并说明相关注意事项后,与会者将一张表格传给自己右手边的与会者,6 分钟内每人在他人的设想启发下,在传来的表格中填写三个补充设想或新设想,直到自己的表格传回来时为止,再用 10 分钟进行综合联想。

表 4-1 设想(方案)填写表

	1	2	3	综合设想(方案)
1				
2				
3				
4				
5				
综合设想(方案)				

(2) 畅谈阶段。

与会者以精练的语言概要地宣读原设想、在传阅过程中产生的新设想或修订方案,并一一记录在黑板上,可以补充但严禁评判。

(3) 评价阶段。

与会者对抄录在黑板上的各种设想(方案)进行分析归纳,并以独创性、可行性和实用性为标准进行评价,从优选择,获取创造性方案。方案选择后,可进行专家测评,以吸取专家意见。

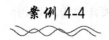

案例 4-4

集思广益法的应用

天津手表厂科协结合手表的外观改造及如何创高附加值的问题举办了一次集思广益讨论会。参加人有主管厂长、四位总工、相关工序及车间代表,厂级教育科、科协主席及成员,市科协领导,局总工、科技处长及担任过创造学课程的教师,共计 20 多人,主持人在介绍问题后,大家先用半小时的时间每人写出 20 多条改进方案。之后,针对两个问题分两组进行畅谈,畅谈大约进行了一个小时,越谈越深入,越谈越具体,会上形成了 100 多条有价值的方案。对有价值的方案,局科技处当场提出要立项,并给予支持,会议进行了两个小时,气氛非常热烈。

8. 智力激励法的训练

(1) 有一则国外著名的获奖影视广告,创意是这样的:某人手拿一只高级照相机照相,突然闪光灯不亮了,取出旧电池……设想一下后面的镜头是怎样的?这到底是什么产品的广告?

(2) 将全体人员分成每组 6 人的若干小组,每组的任务是在 60 秒内尽可能多地想出订书钉的用途(也可以采用其他任何物品或题目);每组指定一人负责记录想法的数量,而不是想法本身;60 秒之后,请各组汇报他们所想到的想法的数量,然后举出其中"疯狂的"或"激进的"想法。

(3) 请写出领带的各种用途。

4.3 列举法与实践

列举法是指人们在创造过程中,先就某一事物的特性或缺点或愿望进行罗列,然后对其进行改革或改造的一种技法。

列举法采用了系统分析的方法,重视需求的分析,使创造过程系统化、程序化。列举法还运用了分解和分析的方法,在详尽分析的基础上进行列举。列举法简单实用,是一种较为直接的创造技法,特别适用于新产品开发、旧产品改造的创造性过程。列举法为创造性解决问题提供了方向和思路,有利于克服惰性,产生新设想,尤其适用于在已有产品的基础上进行新产品开发和革新改造。列举法的类型有特性列举法、缺点列举法、希望点列举法。

一、特性列举法

1. 技法原理

美国内布拉斯加大学克劳福德教授发明提出了特性列举法,对所要发明创造的对象特征进行详细分析,将特征逐一列出,然后探讨能否改革、创新的创造技法。

特性列举法是列举法的典型技法,其要点是首先针对某一事物列举出其重要部分或零件的属性等,然后就所列各项逐一分析是否有改进的必要性或可能性,促使创新的产生。

2. 操作步骤

(1) 对象分解:将对象分解成若干个子系统。
(2) 特性列举:从名词、形容词、动词三个方面列举特性。
(3) 设想开发:仔细推敲每种特性,提出改进设想方案。
(4) 设想处理:对设想方案分别实施、舍弃、再开发。

案例 4-5

新颖水壶的构思

虽然水壶似乎已经不易想到可以改进之处,但运用特性列举法分析它,仍然可以打开思路找到创新点。

1. 名词特性

整体:水壶;
部分:壶嘴、壶把手、壶盖、壶底、蒸汽孔;
材料:铝、铁皮、搪瓷、铜材等;

制作方法:冲压、焊接、烧铸。
根据所列名词特性,可进行如下提问并分析,然后考虑改进:
壶嘴长度是否合适?
壶把手可否改成不烫手的材料?
壶体可否一次成型?
蒸汽孔可否改个位置?制作材料有没有更适用的,等等。

2. 形容词特性
性质:轻或重;
状态:美观、清洁、高或低、大或小等;
颜色:各种颜色、各种图案;
形状:圆形或椭圆形等。

对形容词特性进行列举并分析,也可以找到许多可供改进的地方。如怎样改进更便于清洁,颜色和图案还可以有哪些变化,底部设计成什么形状更利于吸热传热等。

3. 动词特性
功能:烧水、装水、倒水、保温等。

通过对功能的分析,亦可发现可改进之处。如能否在壶体外加保温材料,提高热效率并具有保温性能;在壶嘴上加一汽笛,使水烧沸时就可鸣笛发信号等。

案例 4-6

尼龙绸折叠花伞的改进

1. 确定对象
尼龙绸折叠花伞
2. 列举对象的特性
名词特性:伞把、伞架、伞尖、伞面、伞套、弹簧、开关机构、尼龙绸面、铝杆、铁杆。
动词特性:折叠、手举、打开、闭合、握、提、挂、放、按、晒、遮雨。
形容词特性:圆柱形的(伞把)、直的(伞架)、硬的(伞架)、尖的(伞)、花形的(伞面)、圆的(伞面)等。
3. 特性变换
将直的、硬的、铁的伞架变换为软的充气管式伞架以便于携带。
将同种材料、不透明的伞面变换为应用两种不同材料的、带透明伞边的伞面,以扩大视线。
将用手举的伞变换为用肩固定的伞、用头固定的伞,以方便骑车者、提物者、抱婴儿者。
4. 新产品设想
依变换后的新特性与其他特性组合可得到以下新产品:
(1) 硬塑伞把、铝杆、充气式伞架组成的花面折伞。
(2) 普通型带透明伞边的伞及充气型带透明伞边的伞。
(3) 带在头上的无杆、普通支架、小伞面伞;带在头上的充气型小伞面伞;能固定在肩上的伞。

二、缺点列举法

1. 技法原理

缺点列举法是一种通过发散思维,发现和挖掘事物的缺点,并把它的缺点一一列举出来,然后再通过分析,找出主要缺点,据此提出克服缺点的方案的创造性设想。

2. 操作步骤

缺点列举法的操作步骤如图 4-2 所示。

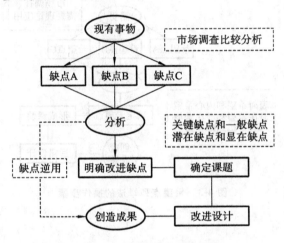

图 4-2　缺点列举法的操作步骤

3. 缺点列举法的训练

确定某一改革、革新对象:长筒雨靴。尽量列举这一对象事物的缺点和不足:

材料方面:鞋面弯折易开裂;鞋后跟易磨损;

美观方面:颜色单调,样式千篇一律;

功能方面:春寒有雨时穿冻脚,夏天有雨时穿闷脚,潮气重、易患脚气,走路不跟脚、袜子容易掉下来等。

将众多的缺点加以归类整理,针对每一种缺点进行分析,改革或采用缺点逆用法,发明出新产品:

夏天穿闷脚,易患脚气:发明前后有透气孔的雨靴。

鞋后跟容易磨损:浇模时就在脚后跟部位埋进一种鞋钉,发明新式靴子。

三、希望点列举法

1. 技法原理

希望点列举法是在不改变原事物基本作用原理的前提下,针对事物不具备而又有希望改进的方面,将希望点一一罗列,从而进行创新的一种创造技法。

许多东西都是根据人们的希望和需求创造出来的。人们希望像鸟一样飞上天,于是就发明了飞机;人们希望冬暖夏凉,就发明了空调设备;人们希望夜如白昼,就发明了电灯;人们希望打电话时能看到对方的形象,就发明了可视电话;人们希望擦高楼上的玻璃窗不会发生危险,于是发明了磁性双面擦窗器;人们希望夜间楼道的灯能自动亮、自动灭,于是就发明了声光控开关。

希望点列举法提出的希望点有些是从缺点直接转化而来的,对事物某方面的不满,转变为对此改进的希望。但与缺点列举法相比,希望点列举法能从正面、积极的因素出发考虑问题,不受现有事物的约束,可以把旧事物整体看成一个缺点,易产生较大的突破,能够在更大程度上开阔思考问题的空间。

2. 操作步骤

希望点列举法的操作步骤如图 4-3 所示。

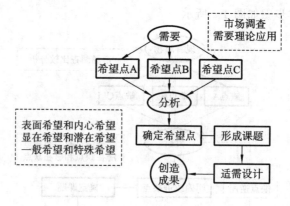

图 4-3 希望点列举法的操作步骤

案例 4-7

派克笔的发明

美国有个叫派克的人,最初只开了一个售卖自来水笔的小铺子,后来,他却以生产"派克笔"而闻名于世。

有一天,他忽然想到:为什么不把作为一个整体的自来水笔分成若干零散的部分来考虑呢?于是,他将自来水笔划分成笔尖、笔帽、笔杆等部分,再对各个部分逐一加以思考。这样一来,果然有许多意想不到的好想法如泉涌出。

例如,制成可划粗线和细线的不同笔尖;用 14K 金、18K 金、白金等不同材料做成不同的笔尖;制作螺纹式笔帽、插入式笔帽;制作流线型笔杆、彩色笔杆,等等。

派克首先选用流线型笔杆和插入式笔帽这两个设想加以深入研究,终于制成了誉满全球的派克钢笔,并由此获得了大量财富。以后派克钢笔又经过许多改进,形成了多种样式,可以称得上是笔中之王了。

3. 希望点列举法的训练

(1) 自来水笔:

①确定革新对象:自来水笔。

②尽量列举这一对象事物的愿望和希望:能出墨水;墨水滴不下来时绝对不刮纸;能够使用

两种以上的颜色;往哪个方向写都流畅圆滑;能随意写粗体字或细体字;

③看愿望能否实现,提出新设想。

(2) 纸质教材有什么缺点?

(3) 笔记本电脑有什么特性?

(4) 你希望课堂教学是怎样的?

(5) 试用缺点列举法比较分析老太太与三个小贩的对话,并提出你最希望得到的答复。

老太太离开家门,拎着篮子去楼下的菜市场买水果。她来到第一个小贩的水果摊前,问道:"这李子怎么样?""我的李子又大又甜,特别好吃。"小贩答道。老太太摇了摇头,向另外一个小贩走去。她又向第二个小贩问道:"你的李子好吃吗?"

"我这里有两种李子,您要什么样的李子?"小贩回答。

"我要买酸一点儿的。"

"我这篮李子又大又酸,咬一口就流口水,您要多少?"

"来一斤吧。"

老太太买完水果,又继续在菜市场逛。这时她又看到一个小贩的摊上也有李子,又大又圆,非常抢眼,便问水果摊的小贩:"你的李子好吃吗?"

"您好,我的李子当然好,您要什么样的李子?"

"我要酸一点儿的。"

"一般人买李子都要又大又甜的,您为什么要酸的呢?"

"我儿媳妇怀孕了,想吃酸的。"

"老太太,您对儿媳妇真体贴,您儿媳妇一定能生个大胖小子。前一个月,这附近还有一个人也怀孕了,总来我这里买李子,果然生个小子。您儿媳妇想吃酸的,证明她一定能给您生个大胖孙子。您要多少?"

"我要一斤吧。"

老太太被小贩说得很高兴,便又买了一斤李子。小贩一边称李子,一边向老太太介绍其他水果:

"孕妇特别需要补充维生素。您知道什么水果含维生素最丰富吗?"

"不清楚。"

"猕猴桃有多种维生素,特别有营养,尤其适合孕妇。您要是给您儿媳妇天天吃猕猴桃,她一高兴,说不定能一下生出一对双胞胎。"

"是吗? 好,那我就再来一斤猕猴桃。"

"您人真好,谁摊上您这样的婆婆,一定有福气。"

小贩开始给老太太称猕猴桃,嘴里也不闲着。"我每天都在这儿摆摊,水果都是当天从批发市场找新鲜的批发来的,您儿媳妇要是吃好了,您再来。"

"行。"老太太被小贩夸得高兴,提了水果,一边付账一边应承着。

(6) 你希望未来的自行车是什么样的?

4.4 设问法与实践

设问法是根据需要选择发明课题,或针对发明创造的对象设计构思,采取系统的设问方式,列出有关问题和试图解决的问题,逐个核对讨论、分析研究的发明技法。设问法主要是围绕现有事物,以书面或口头的形式提出各种问题,通过提问,发现现有事物存在的问题和不足,从而找到要革新的方面,发明出新事物来。设问法中最为典型的技法是奥斯本检核表法,较常用的还有和田十二法、5W2H法、系统提问法等。

大多数人看见美丽的花朵时会发出"多美的花"这样的感叹,只有少数人会继续发问:"花为什么会这样红?""为什么花会开在这里?""这是什么花?"并积极地寻求答案。

"问题"正是创造的源泉和起点,是激发思想火花的导火线。所以从根本上说,要发明首先要学会设问,善于设问。实践证明,能发现问题与提出问题就等于成功了一半。可见,巧妙的设问对于创造是十分必要的。

一、检核表法

1. 技法原理

检核表法又称设想提问法或分项检查法,由美国创造学家奥斯本发明,是创造学界最有名、最受欢迎的创造技法。它是针对需要解决的问题或者进行发明创造的对象列出有关问题,对问题进行逐一分析,从中获得解决问题的方法和发明创造的设想。

由于检核表法是先提出问题,再逐一进行分析、检验,所以它不仅有利于全面思考问题,而且有利于新思想的产生。因此,检核表法是一种能够大量开发创造性设想的创造技法。检核表法几乎适用于任何类型与场合的创造活动,因此被称为"创造技法之母"。

2. 操作步骤

(1) 确定研究对象。

(2) 列表检核:围绕某一问题,把所有可能涉及的方面列成表格,如表4-2所示。

表4-2 奥斯本检核表

序号	检核项目	新设想名称	新设想概述
1	能否他用		
2	能否借用		
3	能否改变		
4	能否扩大		
5	能否缩小		
6	能否代用		
7	能否调整		
8	能否颠倒		
9	能否组合		

(3) 选择重点,研究解决。

3. 优点

由表 4-2 可知,奥斯本检核表法从九个方向启发我们提出与思考问题,使思路向正向、侧向、逆向、合向发散开来。奥斯本检核表法主要有以下优点:

(1) 有助于人们打破各种思维定式,以问题的形式激发人们的想象力。

(2) 提醒人们从各个角度去看问题,避免单一化的思维方式。

(3) 奥斯本检核表内容丰富,可以应用于各个方面,如开发新产品,进行设计、销售、广告宣传等,它为解决发明创造问题提供了很好的思路。

(4) 经常使用奥斯本检核表能提高人们的思维素质,有利于突破不愿提问的心理障碍,使人们善于提问、思考、想象,善于变换思考的角度。

(5) 奥斯本检核表法的适应性强,不论对象和专业如何,都可以相应地列出很多检核问题。

4. 检核表法的训练

(1) 玻璃杯的革新。

玻璃杯革新的检核表如表 4-3 所示。

表 4-3 玻璃杯革新的检核表

检核项目	发散性设想	初选方案
能否他用	做灯罩、装食品、当量杯、做装饰、当火罐、做乐器、当圆规……	装饰品
能否借用	自热杯、磁疗杯、保温杯、电热杯、防爆杯、音乐杯……	自热磁疗杯
能否代用	纸杯、一次性杯、竹木杯、塑料杯、不锈钢杯、可食质杯……	可食质杯
能否扩大	不倒杯、防碎杯、消防杯、报警杯、过滤杯、多层杯……	多层杯
能否缩小	微型杯、超微型杯、可伸缩杯、扁平杯、轻型杯、勺形杯……	可伸缩杯
能否改变	塔形杯、动物杯、防溢杯、自洁杯、香味杯、密码杯、幻影杯……	香味幻影杯
能否调整	系列装饰杯、系列高脚杯、系列牙杯、酒杯、咖啡杯……	系列高脚杯
能否颠倒	透明/不透明、彩色/非彩色、雕花/非雕花、有嘴/无嘴……	彩雕杯
能否组合	与温度计组合、与香料组合、与中草药组合、与加热器组合……	与加热器组合

(2) 1898 年,亨利·丁根将轴承的滚柱改成圆球,发明了滚珠轴承,这一形状的改变,大大提高了轴承的使用寿命,如图 4-4 所示。

(3) 用检核法改进手表。

例如:表盘由圆形变为长方形、椭圆形;表盘底色由白色变为蓝色、灰色或带有星光图案等;表内加入能发出声音的元件,可以像闹钟一样使用等。

二、和田十二法

1. 技法原理

和田十二法是我国上海的创造教育工作者许立言、张福奎提出的,是在世界流行检核表的基础上,结合我国小发明、小改革的特点提炼出来的创造技法,原名叫"十二个聪明的办法",是一种有效的发明检核法,有时也称为动词提示检核表法、思路提示法。

图 4-4　滚柱轴承与滚珠轴承

2. 提示动词

（1）加一加：从添加、增加、附加、组合等角度考虑。如将吊灯和电扇组合，形成灯扇，既增加了功能，又节省了空间，一举两得。

（2）减一减：从删除、减少、减小、拆散、去掉等角度考虑。例如，为使建筑管道安装工人省力、安全和高效率，现在广泛采用了合成树脂制成的水管，这种水管的重量相比原来水管的重量大大减轻。

（3）扩一扩：从加大、扩充、延长、放大等角度考虑。例如，将彩色照片的版面扩大，这样可以更好地凸显人物和风景，产生一种新的版面风格。

（4）缩一缩：从缩短、缩小等角度考虑。例如，将大型电子管变为小的晶体管，制成丰富多彩的电器元件。

（5）变一变：从改变形状、颜色、声音、味道、顺序等角度考虑。例如，最初的电扇都是黑色的，一个职员提出建议，将黑色改为浅色，公司采纳了这个建议，市场上掀起了一股抢购热潮，电扇从此也一改清一色的黑面孔，变得多姿多彩。

（6）改一改：对原有的事物进行修改，消除它的缺点，变得更方便、更合理、更新颖。例如，以前的饮料大多是玻璃瓶装，运输、保管和使用都不方便，改变一下它的材质，使用塑料、纸制软包装极大地方便了人们的生活。

（7）联一联：寻找某个事物的因果关系，从事物的联系中找到解决办法或提出新方案。

（8）学一学：学一学别人的做法，模仿现有事物的形状、结构、原理等。例如，模仿海豚皮肤的特殊结构制成鱼雷的外壳，在航行中将阻力减到最小；模仿蛇的嘴巴能张大到超过自己的头的特征，发明蛇口形晒衣夹。

（9）代一代：用一事物（材料、零件、方法等）代替另一事物。例如，用激光这把纤细的"手术刀"代替原来的金属手术刀，在电子计算机的控制下对人眼的角膜做矫正近视的手术，获得了极大的成功。

（10）搬一搬：把一个事物运用到别的地方、别的领域，寻找新用途。

（11）反一反：把一种东西或事物的正反、上下、左右、前后、横竖、里外等颠倒一下。例如，一般的泡茶方法是，把茶叶从袋子里取出来放到茶碗里，用开水泡开，茶叶在水中四散漂开，喝茶时会不小心喝到茶叶。有人反其道而行:把茶叶留在袋内一块儿泡,发明了茶包。

(12)定一定:为了解决某一问题或改造某件东西,为了提高学习、工作效率和防止可能发生的事故或疏漏等,需要做出一些规定、提出一些标准和规范。

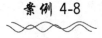

案例 4-8

用和田十二法创新自行车

用和田十二法创新自行车如表 4-4 所示。

表 4-4 和田十二法创新自行车

序号	检核内容	设想名称	简要说明
1	加一加	自行车反光镜	在自行车龙头上安装折叠式反光镜,可以像摩托车一样看到后面的情况,提高安全性
2	减一减	无链条自行车	取消链条,利用杠杆原理把踏脚由旋转运动改为上下运动
3	扩一扩	水陆两用自行车	在自行车两侧装上四个气囊,充足气后可以浮于水面,车后安装小型螺旋桨
4	缩一缩	折叠式自行车	折叠后缩小体积,便于携带和存放
5	变一变	助动式自行车	安装大型发条,接通电源就可上紧发条,骑车时利用发条助力
6	改一改	龙头可转动自行车	使龙头可以转动 90 度,便于停车
7	联一联	多功能自行车	可以用自行车抽水,安上自行车拖斗可以运输物品
8	学一学	电动式自行车	安装蓄电池和小电机
9	代一代	塑料式自行车	用碳纤维塑料做成的车架取代原有的金属车架,强度大,重量轻
10	搬一搬	家用健身自行车	用于在家锻炼身体
11	反一反	发电自行车	用自行车带动小型发电机,停电时,可以提供照明用电
12	定一定	自动限速自行车	加上自动限速器,使自行车不可能超速行驶,增强安全性

三、5W2H 法

1. 技法原理

第二次世界大战期间,美国陆军兵器维修部用英语中的七个疑问词来进行设问,这七个疑问词的首字母是 5 个 W 和 2 个 H,5W2H 法因此得名。有人把它称为七问分析法,其中 5W 是指 Why、What、Who、When、Where,2H 为 How 和 How Much。

5W2H 法是一种思考方法,也可以说是一种创造技法。它是对选定的项目、工序或操作,从原因(何因)、对象(何事)、地点(何地)、时间(何时)、人员(何人)、方法(何法)、价格(何价)等七个方面提出问题进行思考,可使思考进一步深化、科学化。

Why——为什么做这件事?(目的);

What——怎么回事？（对象）；
Where——在什么地方执行？（地点）；
When——什么时间执行？什么时间完成？（时间）；
Who——由谁执行？（人员）；
How——怎样执行？采取哪些有效措施？（方法）；
How Much——成本是多少？（成本，功率等）。

先将这七个问题列出，得到回答后，再列出一些小问题，再次得到回答后，便可进行取消、合并、重排和简化工作，对问题进行综合分析研究，从而产生创造性设想或决策。

2. 操作步骤

首先，从七个角度对一种现行的方法、产品或初步发现的问题进行分析；

然后，找出关键点及目前不能解决的问题；

最后，对可解的问题寻找改进措施，若不可解则进入下一个过程——问题的变换过程。

案例 4-9

某商店因生意清淡需改进

利用5W2H法对商店进行改进，具体操作如表4-5所示。

表4-5 5W2H法改进商店

提问项目	提问内容	现实情况	改进措施
Why	此处开这个店行不行？	有需求	应保留
What	批发还是零售？百货还是专营？维修、服务项目需要吗？	本地点适合零售	零售为主，增加服务项目
Where	此地离长途车站较近，附近有居民区	旅客路经此处	增加旅客上车前后需要的商品和服务
When	何时购物？旅客在行李寄存后及有所需求时才会来此购物	无行李寄存处	开办行李寄存服务
Who	谁是顾客？居民还是旅客	未把旅客当作主要顾客	附近车站的客运量在增长，主要顾客应是旅客
How	怎样才能招揽更多的旅客作为本店的顾客？	此店不醒目，未引起旅客注意	增设此店购物的招示牌，装饰醒目门面以引起旅客的注意
How much	改进措施需要花费多少？能增加多少收益？	目前尚有一定资金投入能力	装修和扩大服务需投入1.5万元；预计改进后营业额将增长20%以上
改进后，商店的生意兴隆起来了			

四、系统提问法

1. 技法原理

系统提问法是由庄寿强创建的,以系统发问为先导的创造技法。这种技法从事物的表象出发,找出它具备的所有特性或属性,将它们归纳后形成几类抽象属性,然后再抛开事物已有的特征,进行发散式的想象,得到多种备选属性,最后通过发问的形式找出其中最合理的属性。

2. 操作步骤

（1）列出观察对象的主要特征；

（2）将这些特征上升为一般的属性；

（3）对一般属性进行发散思考,列出无针对性的一系列具体属性；

（4）对观察到的属性和联想到的属性进行"为什么"的提问；

（5）尽可能地寻找答案来回答提问,由此判断哪些属性可以被否定或肯定,将每一个特征对应最佳属性并标记；

（6）将所有标记的最佳属性进行组合,得出多种方案。

案例 4-10

皮鞋的创新

利用系统提问法对皮鞋进行创新改造,具体操作如表4-6所示。

表4-6 系统提问法创新皮鞋

1.已知具体属性	2.上升的抽象属性	3.抽象属性概念的外延列举(未知)	4.发问	5.组合
白色	颜色	灰、黑、棕	对已知的具体属性问为什么？如为什么是白色？ 对未知的外延属性问为什么？如为什么不是黑色？	灰色宽圆头麻质,鞋跟为扇形； 灰色宽圆头缎面,鞋跟为扇形等
尖头	形状	圆头、宽圆头、方头		
羊皮	材料	牛皮、猪皮、麻布、纸、人造革、缎面		
坡跟	形状	尖跟、平跟、无跟、圆跟、扇形跟		

4.5 组合分解法与实践

一、组合法

1. 技法原理

组合往往能产生创新,人类的许多创造成果都来源于组合。组织得好的石头能成为建筑,组织得好的词汇能成为漂亮文章,组织得好的想象和激情能形成新产品或新设想。据统计,现代技术开发中,组合型成果约占全部发明的60%~70%。对初学者来说,应用组合法进行发明创造,比较容易入门。

组合型创造技法,是将已知的若干事物合并成一个新事物,使其在性质或功能等方面发生变化,以产生新价值的创造技法。

例如,合金是"组合"概念下的伟大产品,合金是由两种或两种以上的金属或非金属所组成的具有金属特性的物质,如钢铁、铅锡合金、铝合金等。

2. 组合法的分类

(1) 主体添加法:以某事物为主体,再添加另一附属事物,以实现组合创造的技法。如:带闪光灯的照相机,带计数器的跳绳,带车筐、打气筒的自行车。

主体添加法的运用要点:

第一,要明确主体附加的目的,根据附加目的确定附加物。

第二,要使主体的性能增加,而不能使附加物影响主体的性能。

(2) 异类组合法:将两种或两种以上不同种类的事物组合,产生新事物的技法。如:狮身人面像,收录机是收音机和录音机的组合,电吹风与熨斗组合成电吹风熨斗。

异类组合法的特点:

第一,组合对象无明显的主次关系;

第二,整体变化显著;

第三,异类求同,因此其创造性较强。

(3) 同物自组法:将若干相同的事物进行组合,以实现创新的一种创造技法。

同物自组法的特点:

第一,组合对象是同一种物品;

第二,组合方式是数量的变化;

第三,组合后能产生新的意义或性能。

(4) 重组组合法:通过有目地改变事物内部各个要素的次序,并按照新的方式进行重新组合,以促使事物的功能或性能发生变化的组合方法。

3. 组合的类型

(1) 材料组合:应用各种化学、物理原理,将不同的材料组合起来获得新材料的方法。

例如:

$$棉花+浓硝酸=硝化棉火药$$

$$硝化棉火药+樟脑(增塑剂)=赛璐珞$$

$$甲醛+苯酚=电木$$

$$磁性粉末+橡胶=磁性橡胶$$

$$硝化甘油+硅藻土=安全炸药$$

(2) 元件组合:指一般的零配件装配,同时也包括物品的组合。元件的组合往往具有一体化功能。

例如:

$$鞋+微型光源=发光鞋$$

(3) 现象组合:将物理、化学、生物等不同的现象组合起来形成新技术原理的方法。

例如:

电力液压效应＋焦点汇集＝清除结石的方法

电力液压效应：水中两个电极进行高压放电时，产生巨大冲击力，能将坚硬的宝石击碎；另一种现象是在椭球面的一个焦点上发出声波，经反射后会在另一个焦点汇集。

（4）机器组合：把完成一项工作同时需要的两种机器或完成前后相接操作的两台设备结合在一起，以减少空间，提高效率。

二、分解法

1. 技法原理

将一个整体事物进行分解，使分解出来的部分经过改进完善，成为一个单独的整体，最终形成一个新产品或新事物的创造技法。分解有两种情况：分解而不分立，既分解又分立。

2. 分解法的分类

（1）原功用分解法：将某个整体分解成若干部分或分出某一部分作为新整体，其功能目的同整体原来的功能目的一样。例如活字印刷。

（2）变功用分解法：将某个整体分解成若干部分或分出某一部分作为新整体，其功能目的不同于整体原来的功能目的。

3. 运用要点

分解法中所运用的分解手段并非指一般的简单分解，例如把带橡皮的铅笔分解成橡皮和铅笔，这种对组合的分解没有创造意义。

分解法的分解是指通过分解手段使人们发现更多的创造对象，在既有事物的基础上，做出发明革新。从分解价值角度来看，对于一个整体，只要能分解出异于原先的原理、结构、功能、用途等，或者分解出新的事物，就具有分解创新的意义和价值。

旧产品的分解能产生新创意。鸡贩鉴于有人只吃鸡腿，也有人只吃鸡胸，于是他将鸡腿与鸡胸分开来卖，便产生了卖点。

案例 4-11

希尔顿饭店的创始

著名的希尔顿酒店创始于20世纪20年代。当初，创始人希尔顿在达拉斯商业街上漫步，发现这里竟然没有一家像样的酒店，萌生了建一家高级酒店的想法。

希尔顿是一个创造力与行动力都很强的人，想到就去做。他很快就看中一块"风水宝地"。酒店属于典型的服务业，对这个产业，影响最大的因素就是地理位置，选择一个好的地理位置，即使初始投资较大，也会很快在后续的经营中收回。所以，希尔顿决心一定要买下这块风水宝地。

这块地出让价格为30万美元，而希尔顿眼下可支付的资金仅有5000美元。况且，解决地皮之后，还要筹集大量的建设资金。所以，表面上看，这个项目显然不可行。但他没有放弃，他把这个难题进行了分解。首先，他把30万的地皮费用分解到每年每月。他对土地拥有人说："我租用你的土地，首期90年，每年给你3万美元，按月支付，90年共支付270万美元，一旦我支付不起，你可以拍卖酒店……"对方感到占了个大便宜。

签了土地租赁协议,希尔顿马不停蹄,将自己开酒店的方案以及诱人的经营远景讲给投资商听,很快与一个大投资商达成了协议,合股建设酒店,酒店如期建成,经营效益超出先前预料,获得了巨大成功。从此,希尔顿走上世界级酒店大王之路,一度跻身全球十大富豪之列。

希尔顿以经济为线索,从时间性切入,将租金问题进行了分解法再思考,用现有的资金作为签协议的资本,将未来的项目利润作为履约资本。接着,他又以经济为线索,以结构性和利益性为切入,将大量的建设资金进行分解,把自己的协议权放大为股份资本,将建设的资本压力变成另一位投资者的投资动力,解决了建设资本。

4.6 类比法与实践

类比法是一种确定两个以上事物间异同关系的思维过程和方法,即根据一定的标准尺度把彼此有联系的几个相关事物加以对照,通过把握事物的内在联系进行创造。

一、类比形式

1. 直接类比

直接类比是指从自然界或者已有的技术成果中直接寻找与创意对象相类似的东西或事物,从中获得启示,进行类比创意,发明设计出新的项目。

直接类比的例子古今中外比比皆是。我国战国时期墨子制造的"竹鹊",三国时期诸葛亮设计的"木牛流马"等,都是仿生学的直接类比。鲁班发明锯子,也是看到带齿的草叶能把人手划破以及有齿的蝗虫能咬断青草,进行直接类比实现的。

英国工程师布鲁内尔为解决水下施工大伤脑筋,有一次他观察到木虫进入木材的方法,通过类比,他想出了用空心钢柱打入河底,以此为"盾构",边挖掘边延伸,在盾构的保护下施工,这就是著名的"盾构施工法"。这可以说是直接类比法的重大成果。

2. 拟人类比

拟人类比就是使创意对象"拟人化",也称亲身类比、自身类比或人格类比。这种类比就是创意者使自己与创意对象的某种要素认同、一致,自我进入"角色",体现问题,产生共鸣,最终获得创意。

拟人类比在我国的典籍中屡见不鲜。《周易》的"天行健,君子以自强不息",就是一种天人合一、万物一理的拟人类比。文学艺术中的拟人类比随处可见,例如把祖国比作母亲,把鲜花比作美丽的姑娘等。

工业设计中也经常应用拟人类比。著名的薄壳建筑罗马体育馆的设计,就是一个优秀例证。设计师将体育馆的屋顶与人脑头盖骨的结构、性能进行了类比:头盖骨由数块骨片组成,形薄、体轻,但十分坚固,那么,体育馆的屋顶是否可做成头盖骨的形状呢?这种创意获得了巨大成功。于是薄壳建筑风行起来。

3. 象征类比

象征类比是一种借助事物形象或象征符号,表示某种抽象概念或情感的类比,有时也称符号类比。这种类比可使抽象问题形象化、立体化，为问题的解决另辟蹊径。在象征类比中利用客体和非人格化的形象来描述问题，根据富有想象的问题来有效利用这种类比。象征类比是靠直觉感知的，在无意的联想中一旦做出这种类比，它就是一个完整的形象。

唐代大画家吴道子的得意之作多半得益于象征类比，他的佛像图线条流畅、气象万千，就是他观察裴将军静如处子、动如脱兔、转似游龙的剑舞而画出的。唐代书法家张旭从公孙大娘健美的舞姿中深受启发，提高了他的草书艺术，使其草书达到了"龙飞凤舞"的境界；王羲之从"白毛浮绿水"的白鹅戏水中，找到了"红掌拨清波"的美姿与自己的运笔姿势有关，经过象征类比，创造出新的书法技巧。

外国美术史上也不乏同样的事例。大画家米开朗琪罗受命于罗马教皇，以圣经故事绘制教堂壁画。他要用奇伟壮观的布局显示上帝创世时的景象，为此他苦思冥想、废寝忘食，实在没有突破时，他只好暂时放下工作，到深山旷野放松一下。一日清晨，暴风雨过后，云开雾散，旭日东升。他看到两朵白云，状如勇士，从两边奔向初升的太阳，顿时大悟，立即跑回去，把所见景观作为创世纪之布局，绘成杰作。

凯库勒用"环形"表示苯分子结构；马克思把"暴力"比作"孕育着新社会的旧社会的助产婆"；毕加索用"鸽子"象征和平。所有这些都是用形象和符号间接地反映事物的本质。

人们建造纪念碑、纪念馆一类的建筑，需要有"宏伟、庄严"之感，于是就在其高度、范围、色彩、造型等创意设计上动脑筋，以实现这种象征意义。又如，设计咖啡馆需要幽雅的格调，茶馆要有民族风格，音乐厅则必须有艺术性，于是就通过具体的造型、色彩、装饰等来表达其中的象征意义。

4. 幻想类比

幻想类比是在创意思维中用超现实的理想、梦幻或完美的事物类比创意对象的创意思维法。当问题在头脑中出现时，有效的做法是，想象最好的可能事物，即一个有帮助的世界，让最能满意的可能见解来引导最漂亮的可能解法。

古代的神话故事，多是不切实际的幻想。在科技迅猛发展的今天，人们利用幻想解决问题已成为现实。众所周知，著名科幻小说之父凡尔纳有非凡的想象力，是一个幻想类比法大师。100多年前还没有收音机，其小说中的人物却看上了电视；在莱特兄弟进行首次飞机试飞前55年，他塑造的人物已乘上直升机翱翔蓝天了。在他的小说中有霓虹灯、可移动的人行道、空调机、摩天大楼、坦克、电子操纵潜艇、导弹，在20世纪，这些东西都逐渐成为现实，凡尔纳在一个多世纪前便从其笔端一一道出，令人难以置信，但是，凡尔纳却充满了自信，他说过，只要前人能做出科学的幻想，后人就能将它们变成现实。

人们普遍认为艺术家利用幻想类比容易，而科技工作者利用它则较难，因为后者常受"已知"的世界秩序和形式逻辑的束缚，易屈服于传统思维习惯，闲置幻想的羽翼。戈登认为科技工作者"应当而且必须给予自己和艺术家同样的自由。他必须恰当地想象关于问题的最好（幻想）解法，而暂时忽视由他的解法的结论所确定的定律，只有以这种方式他才能构造出理想的图像。"

科学中的"理想实验"，都包含着许多幻想类比的因素。甚至，古今中外先进思想家关于人类社会种种"理想模式"，也包含着许多幻想类比的因素。

5. 因果类比

事物之间可能存在同一种因果关系。因此，可根据一个事物的因果关系，推测出另一事物的因果关系。例如,在合成树脂中加入发泡剂,得到质轻、隔热和隔音性能良好的泡沫塑料,于是有人就用因果类比,在水泥中加入发泡剂,发明了质轻、隔热又隔音的气泡混凝土。

6. 对称类比

自然界中有许多事物都有对称的特点,可以通过对称类比进行创意,产生新事物,例如,一个能量解对应着电子,那么另一个能量解对应的是什么呢?物理学家狄拉克利用对称类比,从描述自由电子运动的方程中,得出正负对称的两个能量解,结果被实践证实了。

7. 仿生类比

人在创新活动中,常将生物的某些特性运用到创意、创造上。如仿鸟类展翅飞翔,造出了具有机翼的飞机;同样,又根据鸟类可直接腾空起飞,不需要跑道,又发明了直升机;当发现蜻蜓的翅膀能承受超过其自重好多倍的重量时,采用仿生类比,试制出超轻的高强度材料,用于航空、航海、车辆以及房屋建筑等。

驱 蚊 仪

蚊子叮人吸血,那是不是所有蚊子都是"吸血鬼"? 只有交配后怀卵的雌蚊子才叮人。怀卵后的雌蚊子厌恶雄蚊子靠近,一旦雄蚊子飞来,就立即飞逃而去。可以利用这个原理,研制一种能产生与雄蚊子飞翔时翼声的频率相似的装置,就可以驱蚊。

加拿大率先在蒙特利尔市建立了一座"驱蚊电台",发射特殊的电波,经收音机接收播放,产生驱蚊信号,这便是驱蚊仪!

8. 综合类比

事物之间的属性关系虽然很复杂,但可以综合它们相似的特征进行类比。例如,设计一架飞机,先做一个模型放在风洞中进行模拟飞行试验,就是综合了飞机飞行中的许多特征进行类比。同样,各领域的模拟试验,如船舶模型试验、大型机械设备的模拟试验等都是综合类比。现在盛行的各种考试前的模拟考试也是这样,先出一张试卷,其中综合了正式考试中可能出现的题型、知识面、题量和难度,使考生对正式考试有所了解,并能对自己的准备程度做出评价,然后有针对性地做好进一步应考的准备。

综上所述可知,在八种类比中,直接类比是基础,它是生活中常见的类比,在这一基础上,向仿生、拟人、象征化方向发展,就是仿生类比、拟人类比、象征类比;向对称、因果、综合方向发展,即是对称类比、因果类比、综合类比;最后,向理想、幻想、完善方向发展,就是幻想类比。这八种类比各有特点和侧重点,在创意、创造活动中常常相互依存、补充、渗透和转化。

二、类比法的实践

试判断以下事例运用了哪种类比法?

1. 会说话的垃圾桶

德国人发明了一种新型垃圾桶,当游客把垃圾扔进垃圾桶时,它会说"谢谢",因此引起了游客的兴趣,不自觉地起到保护环境卫生的作用。

2. 苍蝇的"眼睛"

苍蝇长着五只眼睛，头顶上的三只较小，是一种"单眼"，只能感觉光的强弱。两侧的眼睛才是苍蝇的主要视觉器官，是一种半球形的"复眼"。这两只复眼，是由成千上万只小眼排列在曲面上组成的。

根据苍蝇复眼的结构原理，人类发明了蝇眼照相机，一次就能照出几十、几百、几千张相同或不同的照片，对军事和科研有着特殊的用途；还发明了能使导弹系统的命中精度大大提高的"蝇眼制导系统"，以及可以监视整个天空高能宇宙射线的"空气簇射探测器"等。科学家们还在深入探索苍蝇的视觉系统，以寻求研制新型智能计算机的新途径。

3. "千里眼"和"顺风耳"

1879年，俄国科学家波波夫在军舰上进行无线电通信试验，通信突然中断，几分钟后又恢复正常。起初以为是故障，经过检查排除这种可能性，后来经过仔细观察发现每当轮船通过两艘军舰之间，通信就会中断，由此他设想可以利用电波来探测海上目标。

1887年，德国科学家赫兹在证实电磁波的存在时，就已发现电磁波在传播的过程中遇到金属物会被反射回来，就如同用镜子可以反射光一样。这实质上就是雷达的工作原理。

1935年，英国著名的物理学家沃森·瓦特在此基础上发明了一种既能发射无线电波，又能接收反射波的装置，它能在很远的距离就探测到飞机的行动。这就是世界上第一台雷达。

4.7 信息交合法与实践

1. 信息交合法的含义

信息交合法，又可以称为"要素标的发明法"或"信息反应场法"。信息交合法是一种在信息交合中进行创新的思维技巧，即把物体的总体信息分解成若干个要素，然后把这个物体与人类各种实践活动相关的用途进行要素分解，把各种信息要素用坐标法连成多条信息轴并相交，构成"信息反应场"，每条轴上各点的信息可以依次与另一条轴上的信息交合，从而产生新的信息。

2. 信息交合法的原理

信息交合法的原理在于：一切创造活动都是信息的运算、交合、复制和繁殖的活动。

原理1：不同信息的交合可以产生新的信息。

原理2：不同联系的交合可以产生新的联系。

原理1表明：

第一，不同信息、相同联系可以产生新构想。比如轮子与喇叭是两个不同的信息，但交合在一起组成了汽车，轮子可以行走，喇叭则发出声音表示"警告"。

第二，不同信息、不同联系可以产生新构想，比如，独轮自行车本来与盒子、碗、勺没有必然联系，但杂技演员将它们交合在一起，形成了杂技节目。

原理2表明：没有相互作用就不能产生新信息、新联系，所以"相互作用"（即一定条件）是中介。只要具备一定条件，任何信息均可以产生联系。比如，手杖与枪是风马牛不相及的不同信息，但是在战争范畴（条件）内，则可以交合形成手杖式枪支。

3. 信息交合法的实施方式

（1）单信息坐标的情形如图4-5所示。

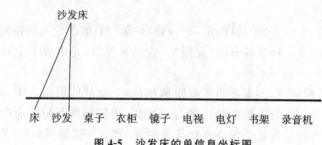

图 4-5　沙发床的单信息坐标图

（2）双信息坐标的情形如图 4-6 所示。

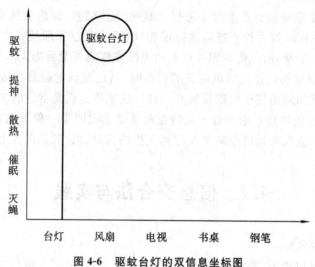

图 4-6　驱蚊台灯的双信息坐标图

（3）多信息坐标的情形如图 4-7 所示。

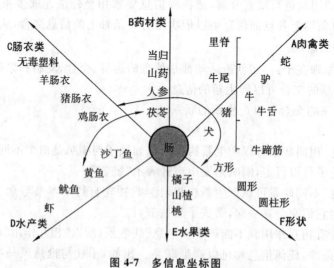

图 4-7　多信息坐标图

4．信息交合法的实施步骤

第一步：定中心。确定所研究的信息及其相关联系的上下维度的时间点和空间点，也就是零坐标。

第二步:画标线。用矢量标串起信息序列,也就是根据研究对象的需要画出坐标轴。

第三步:注标点。在信息轴上注明有关信息点。

第四步:相交合。取不同信息轴上的信息进行交合就可产生新信息。

案例 4-13

笔 的 发 明

第一步:定中心,如图 4-8 所示。
第二步:画标线,如图 4-9 所示。
第三步:注标点,如图 4-10 所示。
第四步:相交合,如图 4-11 所示。

图 4-8 笔的发明实施步骤一

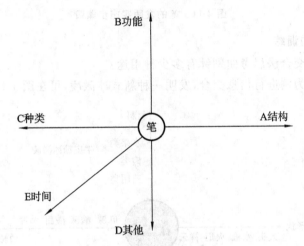

图 4-9 笔的发明实施步骤二

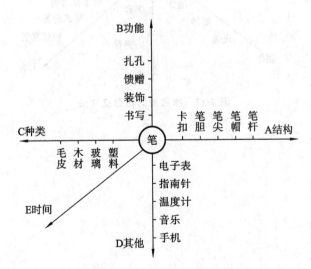

图 4-10 笔的发明实施步骤三

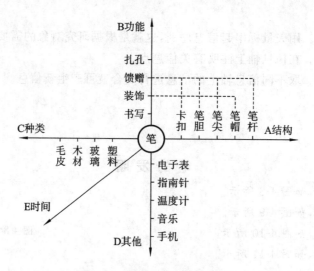

图 4-11　笔的发明实施步骤四

5. 信息交合法的训练

（1）请利用信息交合法思考曲别针有多少种用途？

（2）请以冰激凌为例进行信息交合，发明一种新式冰激凌，可在图 4-12 的基础上展开。

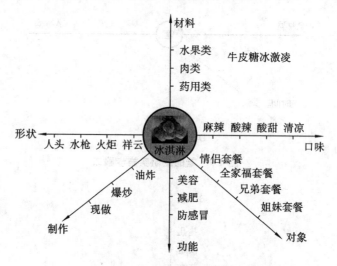

图 4-12　冰激凌的信息交合法

第 5 章 创新理论与实践

本章要点

了解创新理论的产生,明确创新理论包含的内容,掌握各种创新的定义,运用已学习的创新知识开展科学有效的创新活动。

在创造、创新、创业实践中,理论创新、制度创新、技术创新和教育创新是一个统一的整体。理论创新是所有创新的指南,所有的创新必须以理论为指导;制度创新是保证,只有建立与创新相适应的制度,才能保证创新的正常进行;技术创新是先锋,只有技术创新才能带来经济效益,所有的创新都要落实到技术创新上;教育创新是传承,所有创新成果、创新经验、创新技法都必须靠教育来传承,否则一切必须从零开始。

创新理论是由熊彼特首先提出来的。他在 1912 年出版的《经济发展理论》一书中第一次提出了创新理论,并因此闻名于整个经济学界。在他看来,资本主义经济处在不断运动变化和发展之中,其本质特征就是运动和发展,所以,经济发展是经济生活中发生的非连续性变化与运动,是某种破坏均衡而又恢复均衡的力量发生作用的结果,这种推动经济发展的内在力量就是"创新"。熊彼特的整个经济理论体系是以创新为核心来解释资本主义的发生、发展及其变化规律。他还将经济理论的逻辑分析与资本主义发展的历史过程结合起来,对资本主义经济运行进行了实证性的动态考察。

在熊彼特看来,企业家的职能是创新,是将生产要素引入生产过程中,所以创新是指企业家对生产要素的新组合,即把一种从来没有过的生产要素和生产条件的新组合引入生产体系中。因而,创新是一个经济范畴而不是一个技术范畴,它不只是指技术上的发明创造,而且是指将发明创造的科学技术引入企业生产经营过程中,形成企业新的生产优势,从而形成一种新的生产能力。

5.1 理论创新

1. 理论创新的定义

理论创新是指人们在社会实践活动中,对出现的新情况、新问题,进行新的理性分析和理性解答,对认识对象或实践对象的本质、规律和发展变化的趋势进行新的揭示和预见,对人类历史经验和现实经验做新的理性升华。简单地说,就是对原有理论体系或框架的新突破,对原有理论和方法的新修正、新发展,对理论禁区和未知领域的新探索。

2. 理论创新的地位

熊彼特首创的"创新"概念演变至今,其内涵不仅包括技术创新和制度创新,还应包括理论创新。这"三大创新"中,技术创新是基础与前提,制度创新是保证与关键,理论创新则是核心与灵魂。理论创新大体包括两大内容:一是理论表现出独到的创新特色;二是理论发挥出创新的作用。作为最高层次的创新,通过技术创新和制度创新的途径,理论创新在发展中的核心与灵魂作用得以充分体现和发挥。

马克思指出:我们的理论是发展着的理论,而不是必须背得烂熟并机械地加以重复的教条。

习近平总书记关于中国特色社会主义理论体系的几点体会和认识中也指出:马克思主义只有与本国国情相结合、与时代发展同进步、与人民群众共命运,才能焕发出强大的生命力、创造力和感召力。

理论创新是技术创新和制度创新的先导,理论创新不仅要具有勇于创新的思想意识,还必须要有科学的思想方法.只有坚持在继承中求创新,在比较中求创新,在综合中求创新,在实践中求创新,才能使理论创新既有坚实的基础,又能与时俱进。

3. 理论创新的分类

依据理论创新的实现方式,可以把它分为五种,即原发性理论创新、阐释性理论创新、修正性理论创新、发掘性理论创新和方法性理论创新。

(1)原发性理论创新,是指新原理、新理论体系或新学派的架构与形成。

(2)阐释性理论创新,是指依据社会实践的需要,清除旁人附加给原有理论的错误解释,对其思想资料和原理进行梳理归纳,恢复理论本来的面目。

(3)修正性理论创新,是指在肯定和继承原有理论的基础上,根据实践的需要,对原有理论体系和原理做出新的补充和修改,做出新的论证和发挥。

(4)发掘性理论创新,是指前人已经提出的某些理论,由于各种原因,被遗忘了、掩埋了、淡化了,根据时代的需要,把它重新凸现出来,使其重放光芒。

(5)方法性理论创新,是指从社会科学研究方法和学科体系角度,用新的原则、新的模式或新的视野,对社会实践问题做出新的解释,实现社会科学研究方法、思想的更新。比如,信息论、系统论、控制论等。

4. 理论创新的特点

理论创新与创新理论是一个问题的两个方面。前者是行为过程,后者是形态结果,不能分离。因此,从作为形态的创新理论的本质属性来看,作为过程的理论创新具有三个方面的主要特点,即实践性、开放性和有用性。

(1)实践性。即理论创新源于实践又回到实践,由实践检验其真理性和现实性。实践性既是理论的现实性的体现,又是理论发挥作用的桥梁、中介和动力。

(2)开放性。即理论创新要成为时代精神,必须广泛吸取前人和同时代人的思想成果,吸收各门具体科学的理论成就。

(3)有用性。不是"有用即真理",而是指理论创新的科学价值性,它要求在理论创新研究中必须坚持历史尺度和价值尺度的辩证统一。

理论来源于实践、高于实践同时又能反作用于实践、指导实践。理论创新是在原有理论基础上的提高和发展。创新理论更适应于客观规律,对实践的指导作用更强。理论创新能够推动实践活动的层次、质量不断提高和更新,为社会创造出更多、更有价值的成果,创造出更多的财富。同时,理论的创新、与时俱进也能不断丰富人们的精神财富和物质财富,推动社会的发展和进步。

当前,从全球环境看,一个崭新的知识经济社会正在兴起,来势迅猛,它以高科技和统一的信息工程影响着各行各业、世界各地,旧的格局、旧的体制将被新的格局和体制所代替。

创新是一个民族的灵魂,是一个国家兴旺发达的不竭动力,也是一个政党永葆生机的源泉。理论创新首先要紧紧结合社会主义现代化建设的实践。中国的实践是非常丰富的实践,在拥有十四亿人口、原来的经济发展水平比较低的大国进行现代化建设是前无古人的实践。要对实践中提出的重大问题进行战略性、前瞻性研究,要及时回答改革开放和现代化建设中提出的新课题。这是理论创新的根本方向和源泉。

同时,理论创新要准确把握世界发展大势,准确把握社会主义初级阶段基本国情,深入研究我国发展的阶段性特征,及时总结党领导人民创造的新鲜经验,重点抓住经济社会发展重大问题,做出新的理论概括,永葆科学理论的旺盛生命力。

我们正处在一个全方位开放的时期,一个勇于创新的时期。在这种形势下,中国作为较强的发展中国家,所面对的既有冲击,又有机遇。

5.2 制度创新

1. 制度创新的定义

制度创新是指在人们现有的生产和生活条件下,通过创设新的、更能有效激励人们行为的制度、规范体系来实现社会的持续发展和变革的创新。所有创新活动都有赖于制度创新的积淀和持续激励,通过制度创新得以固化,并以制度化的方式持续发挥着自己的作用,这是制度创新的积极意义所在。

2. 制度创新的核心内容

制度创新的核心内容是社会政治、经济和管理等制度的革新,是支配人们行为和相互关系的规则的变更,是组织与其外部环境相互关系的变更,其直接结果是激发人们的创造性和积极性,促使人们不断创造新的知识,实现社会资源的合理配置及社会财富源源不断的涌现,最终推动社会的进步。

同时,良好的制度环境本身也是创新的产物,而其中很重要的就是创新型的管理部门,只有创新型管理,才会形成创新型的制度、创新型的文化。目前技术创新存在和面临体制、机制、政策、法规等诸多问题,很大程度上有赖于中央和地方政府以改革的精神拿出创新型的新思路,同时管理部门从经济活动的主角转为公共服务提供者,努力创造优质、高效、廉洁的环境,进一步完善自主创新的综合服务体系,充分发挥各方面的积极性,制定和完善促进自主创新的政策措施,切实执行好已出台的政策,激发各类企业特别是中小企业的创新活力,提高个人创新欲望。

自主创新是强国之道,而制度创新是自主创新的保证,是促进自主创新和经济发展的一个非常重要的动力。所以,制度创新应该是需要优先解决的问题,也是我国在自主创新上取得突破的关键所在。应当从体制改革、机制完善、政策扶持、人才培养、作风建设等方面形成鼓励和支持自主创新的良好文化和制度环境。

深圳市之所以自主创新达到了一个比较高的水平,是因为其科技体制、政策体系和激励机制在不断创新,调动了企业和广大科技工作者的创新积极性,营造起有利于创新成果生长发育的良好环境。

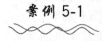
案例 5-1

制 度 创 新

改革不是细枝末节的修剪,而是对原有制度、体制的根本性变革,改革主要是改制度。根本性变革必然要求以制度创新作为最高形式,改革的过程归根结底是制度创新的过程。我们现在所要做的,就是针对影响发展全局的深层次矛盾和问题,以及国家创新体系中存在的结构性和机制性问题,努力建立一个既能够发挥市场配置资源的基础性作用,又能够提升国家在科技领域的有效动员能力,既能够激发创新行为主体自身活力,又能够实现系统各部分有效整合的新型国家创新体系;突出以人为本,建立起激励科技人才创新、优秀人才脱颖而出的创新机制,营造出一个鼓励创新的文化和社会环境,以保持经济长期平稳较快发展,调整经济结构、转变经济增长方式,建设资源节约型、环境友好型社会,提高国际竞争力和抗风险能力为目标,通过国家层面的制度安排与政策设计,充分发挥各创新参与者(政府、大学和科研院所、内资企业)在知识的创造、扩散、使用过程中的协调与协同,寻求资源的最优配置以产生创新性技术,并使之产业化且获得商业利益。

中国创造和中国制造的差别就在这种产权制度之中。中国创造不能在中国制造的基础上产生,因为中国创造最核心的是制度创新,要把简单的资本制度,变成成功的、知识型的制度,才可以让传统产业变得非常强大。中国互联网企业就是制度的魅力。

5.3 技术创新

1. 技术创新的定义

技术创新,指生产技术的创新,包括开发新技术,或者将已有的技术进行应用创新。科学是技术之源,技术是产业之源,技术创新建立在科学原理的发现基础之上,而产业创新主要建立在技术创新的基础之上。

技术创新和产品创新有密切关系,又有所区别。技术的创新可能带来但未必带来产品的创新,产品的创新可能需要但未必需要技术的创新。一般来说,运用同样的技术可以生产不同的产品,生产同样的产品可以采用不同的技术。产品创新侧重于商业和设计行为,具有成果的特征,因而具有更外在的表现;技术创新具有过程的特征,往往表现得更加内在。产品创新可能包含技术创新的成分,还可能包含商业创新和设计创新的成分。技术创新可能并不带来产品的改变,而是带来成本的降低、效率的提高,例如改善生产工艺、优化作业过程,从而减少资源浪费、能源消耗、人工耗费或者提高作业速度。另一方面,新技术的诞生往往可以带来全新的产品,技术研发往往对应产品或者着眼于产品创新;而新的产品构想,往往需要新的技术才能实现。

2．技术创新的相近概念

（1）技术创新和技术进步是两个有区别的概念。

技术进步是指技术所涵盖的各种知识的积累与改进。在开放经济中,技术进步的途径主要有三个方面即技术创新、技术扩散、技术转移与引进。而技术创新是"生产函数的移动",是一个科技、经济一体化的过程,是技术进步与应用创新"双螺旋结构"共同作用催生的产物。目前在科技创新体系更多地注重技术进步,对面向用户的应用创新较少给予关注。科技成果的转化率低,实用性和推广性差等很多科技管理体系的弊病都与此相关,技术发展与用户需求对接出现了问题,造成技术进步与实际应用之间的脱节。

（2）技术创新不同于研究开发。

经济合作与发展组织（OECD）把研究开发定义为:研究和实验开发是在一个系统的基础上的创造性工作,其目的在于丰富有关人类、文化和社会的知识库,并利用这一知识进行新的发明。所以,研究开发是创新的前期阶段,是创新的投入,是创新成功的物质基础和科学基础。

（3）技术创新与模仿、扩散之间有一定的关系。

模仿是指企业仿制生产创新者的产品。模仿是创新传播的一种重要形式,模仿不只是简单的仿制,它包含着渐进的创新、对原设计的不断改进。如录像机是美国公司的创新,但日本公司通过模仿掌握这项技术后,对产品进行了改进,使录像机性能有了很大的提高。扩散是指创新的成果被其他企业通过合法手段采用的过程。技术创新的潜在效应一般通过扩散逐渐得以发挥。正是因为模仿和扩散,技术创新才能引起产业结构的改变。

3．技术创新的决定因素

根据技术创新理论的代表人物莫尔顿·卡曼和南赛·施瓦茨的研究,决定技术创新的因素主要有三个。

1）竞争程度

竞争引起技术创新的必要性。竞争是一种优胜劣汰的机制,技术创新可以给企业带来降低成本、提高产品质量和经济效益的好处,帮助企业在竞争中占据优势。因此,企业只有不断进行技术创新,才能在竞争中击败对手,保存和发展自己,获得更大的超额利润。

2）企业规模

企业规模从两个方面影响技术创新的能力。一方面,因为技术创新需要一定的人力、物力和财力,并承担一定的风险。企业规模越大,这种能力越强。另一方面,企业规模的大小影响技术创新所开辟的市场前景的大小,企业规模越大,它在技术上的创新所开辟的市场也就越大。

3）垄断力量

垄断力量影响技术创新的持久性。垄断程度越高,垄断企业对市场的控制力就越强,别的企业难以进入该行业,也就不会模仿垄断企业的技术创新,垄断企业技术创新得到的超额利润就越能持久。莫尔顿·卡曼和南赛·施瓦茨认为,"中等程度的竞争"即垄断竞争下的市场结构最有利于技术创新。在这种市场结构中,技术创新又可分为两类:一是垄断前景推动的技术创新,是指企业由于预计能获得垄断利润而采取的技术创新;二是竞争前景推动的技术创新,是指企业由于担心自己目前的产品可能被竞争对手模仿或创新导致利润丧失而采取的技术创新。

技术创新主要以企业活动为基础,企业的创新活动需要有一定的动力和机制。在市场经济条件下,作为自主经营、自负盈亏的经济主体,企业之间存在着竞争,要生存和发展,就必须争取市场,否则就会在竞争中被淘汰。要扩大市场,就必须在成本、产品质量、价格上占优势,这就迫使企业必须进行技术创新。企业在市场竞争中求生存和发展,这是促进企业技术创新的必要条件。技术创新也需要有良好的宏观环境。企业进行技术创新的主要动力是获取高额利润,只有当企业对经济前景有乐观的预期时,才愿意进行技术创新,这就要求宏观经济能稳定增长。政府的主要经济职能就是稳定经济,减少经济波动。完善的社会保障制度是企业进行技术创新的后盾,否则,技术创新的风险会使一些企业难以承受。同时,国家还应从财政、信贷、公共投资等方面保证企业进行技术创新的资金供应。

4. 技术创新的极端观点

有人对技术创新的认识具有明显的片面性和局限性。这些混乱的认识基本上可以归结为如下两种极端观点:

(1) 将技术创新看作纯粹的技术行为。

这种观点突出地表现为将技术创新等同于生产过程中的产品创新或工艺创新,而产品创新或工艺创新仅仅是一种技术上的要求,并不需要考虑或较少考虑创新成果的市场应用。实质上,技术创新被等同于技术的开发。

这是强调技术本身重要性的观点,不仅有一定的理论意义,也具有相当的实践意义。从理论上看,这一观点把握并强调了技术创新的一个重要组成部分,即技术的开发。在实践中,这一观点的意义表现在几个方面。从企业的角度看,现实中不少企业,尤其是国有、集体企业,对技术开发已有太久的忽视。因为在计划经济体制下,这些企业无须技术的开发就能生存甚至"发展",改革开放四十多年后的今天,这一现象至今犹存。计划经济体制下大锅饭的"香甜"仍让部分国有、集体企业回味,这些企业的运作、管理等方面仍然表现出某种程度对过去的依恋与固执。对技术开发的强调,使这些企业重视技术的开发,重视技术开发机构,主动或被动建立起自己的技术开发中心。从政府的行为看,政府也会在一定的范围内,给予企业某种程度的发展空间,为企业提供技术开发方面的服务。同时,这一观点也有助于提高对企业本身发展规律的认识,对技术开发的主体——高校和科研机构——有更多的关注。当然,对知识积累和技术开发人才的重视也是该观点中的应有之意。毕竟,技术开发需要知识的积累和技术人才的付出。

这一观点的不足之处也是显然的。对这一方面的思考,同样可以从理论与实践两个层面展开。这一观点理论上的危害是将技术创新的一个环节——技术开发——当作技术创新。这一观点指导下的实践会出现诸多的严重后果。一方面,由于产品创新或工艺创新并不强调市场的导向作用,产品创新或工艺创新并不能保证产品的市场成功,使企业对技术的开发失去兴趣和信任,对技术开发产生怀疑。这对企业的发展是绝对不利的。另一方面,由于技术开发本身能否成功,主要取决于对技术发展规律的认识程度,至于技术开发的成果在市场中会有什么作用并不在考虑之列,这将阻碍高校和科研机构技术开发的进一步深化,使技术转移的难度加大或根本不可能。如今存在于不少高校和科研机构的技术开发成果难以转化的现象,正说明了这一观点的危害性。这种认识的泛滥,无疑会强化只考虑技术开发本身可行性的技术开发模式的继续存在,从而阻碍了技术开发面向市场、面向企业的步伐。

(2) 将技术创新看作纯粹的经济行为。

有人认为技术创新的本质只是一种经济行为,技术创新只能相对于一定的经济效益而存在,如果不能获得预期的经济效益,技术创新就不会发生或很难进行下去。这一观点弥补了上一种观点的不足,强调了技术开发中市场的导向作用,强调了技术开发成果在市场中的成功,这无疑从理论上抓住了技术创新的关键部分——技术的应用。在某种意义上这甚至是一种理论范式的突破,从过去只重视技术开发本身到重视技术开发成果的市场成功。这一突破,对实践产生的影响是深远的,促进了技术开发行为的市场取向,使技术开发的成果具有更多转化的可能性,技术开发成果限于文章、样品的尴尬局面也将被打破,经济的增长具有了更可靠的技术保证。

然而,这一观点的成功之处也带来了明显的不足。只强调技术创新中的经济行为,不仅存在理论上的缺失,而且可能导致实践中的错误取向。从理论角度而言,只强调经济行为,将使技术本身的发展规律、技术开发的可能性被忽略,这将导致企业有可能做出从技术上无法实现的创新选择,由此承担更多更大的风险。从全社会来讲,只强调技术创新中的市场导向,将使技术开发得不到足够的重视,技术的应用也就失去了源泉,成为无本之木。在纯粹的市场导向下,对技术进行利用的结果可能对环境产生不可忽略的负面影响,与社会可持续发展的要求相背离。

这种观点尽管相对于上一种观点而言,有了更多的可取之处,但仍然不是理想的选择。只有充分融合上述两种观点,才可能在实践中达到预期的目标。

5. 技术创新的过程

对技术创新过程的认识和划分,国内外学者从不同的角度形成了不同的看法,既然技术创新是一个新产品或新工艺的首次商业运用,那么技术创新过程也必然是一个从新产品或新工艺到真正商业化的过程。结合我国企业技术创新的实际情况,可以把技术创新的过程划分为以下六个阶段。

1) 创意的形成阶段

创意的形成主要表现在创意的来源和创意形成环境两个方面。创意可能来自科学家或从事某项技术活动的工程师的推测或发现,也可能来自市场营销人员对环境或市场需要与机会的感受,但是这些创意要变成创新还需要很长时间。创意的形成环境主要包括市场环境、宏观政策环境、经济环境、社会人文环境、政治法律环境等。

2) 研究开发阶段

研究开发阶段的基本任务是创造新技术,一般由科学研究(基础研究、应用研究)和技术开发组成。企业从事研究开发活动的目的是很实际的,那就是开发可以或可能实现实际应用的新技术,即根据本企业的技术、经济和市场需要,敏感地捕捉各种技术机会和市场机会,探索技术应用的可能性,并把这种可能变为现实。研制出可供利用的新产品和新工艺是研究开发阶段的基本内容。研究开发阶段是根据技术、商业、组织等方面的可能条件对创意形成阶段的计划进行检查和修正。有些企业也可能根据自身的情况购买技术或专利,从而跳过这个阶段。

3) 中试阶段

中试阶段的主要任务是完成从技术开发到试生产的全部技术问题,以满足生产需要。中试阶段在不同规模上考验技术设计和工艺设计的可行性,解决生产中可能出现的技术和工艺问题,是技术创新过程不可缺少的阶段。

4) 批量生产阶段

按商业化要求把中试阶段的成果变为现实的生产力,生产出新产品或新工艺,并解决大量的生产组织管理和技术工艺问题。

5) 市场营销阶段

技术创新成果的实现程度取决于其市场的接受程度。本阶段的任务是实现新技术的价值,包括试销和正式营销两个阶段。试销具有探索性质,探索市场的可能接受程度,进一步考验技术创新的完善程度,并反馈到前面几个阶段,予以不断改进与完善。市场营销阶段实现了技术创新所追求的经济效益,完成技术创新质的飞跃。

6) 创新技术扩散阶段

创新技术扩散即创新技术被赋予新的用途,进入新的市场。如雷达设备用于机动车测速,微波技术用于微波炉的制造。

在实际的创新过程中,各阶段的划分不一定十分明确,各个阶段的创新活动也不是完全按线性序列递进的,有时存在过程的多重循环与反馈以及多种活动的交叉和并行。下一阶段的问题会反馈到上一阶段以求解决,上一阶段的活动也会从下一阶段所提出的问题及其解决中得到推动、深入和发展。各阶段相互区别又相互联结和促进,形成技术创新的统一过程。

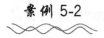

案例 5-2

格 力 电 器

珠海格力电器股份有限公司是集研发、生产、销售、服务于一体的专业化空调企业。公司自 1991 成立以来,紧紧围绕"专业化"的核心发展战略,以"创新"精神促进企业发展壮大,以"诚信务实"的经营理念赢取市场和回报社会,使企业在竞争异常激烈的家电市场中连续多年稳健发展,取得了良好的经济效益和社会效益。

多年来,格力空调奠定了国内空调市场的领跑者地位,格力品牌深入人心,并以"精品空调,格力创造"和"买品质,选格力"著称国内空调市场,在广大消费者中享有很高的声誉,并先后多次获得"中国驰名商标"、"中国名牌产品"、"国家免检产品"、海关总署"进出口企业红名单""杰出成就和商业声誉国际质量最高奖"等知名荣誉。2005 年以来,格力电器连续三年被授予中国"节能贡献奖"称号,是空调品牌云集的广东省内唯一连续三年获得这一称号的空调企业。2006 年 3 月,格力被巴西民意调查局授予"巴西人最满意品牌"称号。2006 年 9 月,格力被国家市场监督管理总局授予"中国世界名牌"称号,成为中国空调行业第一个也是唯一一个世界名牌。2006 年 11 月,格力电器获得了中国质量领域的顶级荣誉"全国质量奖";同年,格力电器获国家市场监督管理总局颁发的"出口免检"证书,从而成为中国空调行业首家获得出口免检的企业。2007 年 1 月,格力品牌被国家商务部授予"最具竞争力品牌"。2007 年 7 月,格力电器被国家人事部、国家市场监督管理总局联合授予"全国质量工作先进集体"称号,是家电业唯一获此殊荣的企业。

为提升格力空调在国际舞台上的综合竞争力和维护"格力"品牌的形象,2004 年 9 月,格力电器成功收购了珠海凌达压缩机有限公司、珠海格力电工有限公司、珠海格力新元电子有限公司和珠海格力小家电有限公司四家企业。2006 年 3 月,格力电器再次成功收购珠海凯邦电机有限公司,开始整合上游资源,完善空调产业链,充实营销网络,为企业进一步做精、做强、做大奠定良好的基础。

在价格竞争日趋激烈的家电行业,格力电器得以长期立于不败之地的"杀手锏"就在于:企业持续地进行技术创新,培育自己的核心竞争能力,拓宽自己的发展空间,已开发出包括家用空调、商用空调在内的 20 大类、400 个系列、7000 多个品种规格的产品,取得多项国内外技术专利,打破了美日制冷巨头的技术垄断,在国际制冷行业取得了广泛的影响力。

格力电器一直致力于通过技术创新来培养自身的核心竞争力,这是其成功的最主要原因。核心竞争力,本质上是企业独特的知识和技能的集合。它对企业的作用在于动态地整合资源的能力,提供和企业环境变化相适应的能力。核心竞争力不仅是企业竞争优势的根本,而且是企业竞争之源。

在这种思想指导中,企业的竞争优势分为三个层次:基层是核心竞争力;中层是核心产品;外层是最终产品和服务。从这方面来看,可以把企业竞争力看作三种层次竞争优势的总和。格力的领导和员工较早就认识到这一点,他们视技术创新和技术进步为企业发展的生命力。在1992年,格力电器公司创建的时候,只有一条落后了十年的空调生产线,年生产能力不足2万台。在此情况下,企业要想在市场上站稳脚跟并闯出一片天地,必须依靠技术进步,使公司在设计、工艺、生产、质量上赶上甚至超过同行业中的知名品牌。以技术创新为起点,从而形成后来者居上的竞争优势。基于这种认识,格力电器制定了"通过技术创新形成自己的核心竞争能力"的战略,即通过技术上的不断创新,使企业抢先一步生产出新颖的产品,抢先占领市场,因为格力人深信:没有疲软的市场,只有疲软的产品;没有不挣钱的行业,只有不挣钱的企业。

首先,格力电器每年拿出3000万~5000万元资金投入新产品的研制开发上,每年都有产品投放市场。公司创建六年,开发出六大系列130多种空调新产品,拥有68项专利。格力率先推出并一度热销的"小霸王"电扇、"空调王"和"冷静王"空调,一年后市场才出现类似的产品。技术创新使格力成为空调领域的引领者。

其次,格力电器有精确的定位,走专业化的技术创新之路。格力公司经过精心考察,确定了走专业化的技术创新之路,即专攻家用空调,不涉足其他领域,集中人力、物力和财力专攻一业,从而大大缩短了新产品开发周期,产品从设计转入生产、从小批量转为大批量的过程加快,安装、维修、服务也周到快捷,使产品受到消费者的青睐。正是这种专业化的技术创新策略,使格力每年都有新产品推向市场。

最后,以客户为导向,满足市场消费者的需求是技术创新的出发点和归宿,格力电器始终将"以客户为导向"贯穿于技术创新的过程中,并据此开发新产品。1992年,在空调市场供不应求的情况下,格力人就开始研制节能的分体机——"空调王"。其产品创新目标就是生产世界上制冷效果最好的空调器,能效比要超过3.3,而国家规定的能效比是2.8。经过艰苦努力,"空调王"研制成功了,投放市场后,立即引起轰动,非常畅销。为了满足消费者需要,生产出能效高、噪音低,更冷、更静、更省电的空调,1996年11月,格力在竞争激烈的空调市场推出了"更冷、更静、更省电"的分体空调——"冷静王"。这种产品能效比高达3.35,而噪声仅34.2分贝,两项关键指标位居世界前列。投放市场后,"冷静王"一直供不应求,还打进国际市场,它在欧洲市场的销售价格与日本产品持平,一改过去中国电器销售价低、难进大商场的局面,为中国民族工业争了一口气。后来,根据中国大城市住房特点,格力又开发出被消费者誉为"家庭中央空调"的家用灯箱柜机。这种空调小巧玲珑,噪声极低,一台就能满足三室一厅的制冷需要。一些商家需要大功率的空调,却没有更多的空间摆设。格力电器又专门开发出三匹壁挂机,进而又推出分体吊顶式空调和四面出风的分体式天井空调,满足了不同消费者的不同需求。

持续的技术创新提高了格力电器的品牌形象,增强了企业的生命力,提高了格力在市场上的竞争能力。格力电器在市场中,面对同样的市场、同样的设备、同样的生产线,产品的市场占有率之所以不断上升,公司效益之所以会逐年增加,主要是认识到技术创新是企业进步和发展的必由之路,它可以让产品的技术升级、产量增加、成本降低。这样企业的产品可以迎合现代社会消费群体对产品越来越高的要求,保持或提高产品的销售量,企业因此得到巨大的利润再投入技术创新之中。如此形成良性循环,企业才可以立足于激烈竞争的市场,保持其活力。

5.4 教育创新

1. 教育创新的定义

教育创新,即为实现一定的教育目标,在教育领域进行的创新活动。具体的教育活动有具体的教育目标,总的来看,教育的总体目标就是不断提高国民素质,培养适应不断发展的社会需要的人才,教育创新活动应围绕这一总体目标展开。

教育创新的内容十分广泛,包括教育体系、教育结构、教育观念、教育方法、教育手段、课程教材以及教育的时间和空间等,几乎涉及教育领域的方方面面。伴随着人类社会的发展,教育自产生以来,就不断地进行着创新活动,如学校的创立、课本的出现等都属于教育创新。

在当代社会,科学技术的迅速发展、知识经济和信息社会的来临,迫切需要高素质的、具有创造能力并全面发展的人才,为此,世界各国都十分重视教育创新。如1989年美国提出的"2061计划"指出,科学技术是今后人类生活变化的中心,没有任何事情比进行科学、数学和技术教育改革更为迫切。

2. 教育创新的主要内容

(1) 要着眼国民素质,实行全面改革。

抛弃学校授课内容越来越多的偏向,把教学的着眼点集中在最基本的科学基础知识和训练上,加强学科之间的相互衔接,软化每门学科之间的界限。突出"技术教育",提高国民的技术创新能力和竞争能力。这为教育改革设计了总框架,并提供了可供选择的课程模式。

日本在1996年提出的咨询报告《21世纪日本基础教育的发展方向》指出,应把在"轻松教育"中培养孩子的生存能力作为根本的出发点,"轻松愉快"既是发展个性、自主学习的条件,也是提高孩子目前生活质量的目的。为实现"轻松教育",精选教学内容、精简课程应成为教育改革的当务之急,以发展个性及科学素质,适应国际化趋势。20世纪以来,中国教育经历了世纪初的建立新学和50年代移植苏联教育模式两次巨变,自80年代末开始,教育界掀起了声势浩大的素质教育热潮,1999年6月,中共中央、国务院出台了《关于深化教育改革全面推进素质教育的决定》标志着中国教育正在经历着以实施"素质教育"为核心的第三次创新。它以提高国民素质为根本宗旨,以培养学生的创新精神和实践能力为重点,目的是造就"有理想、有道德、有文化、有纪律"的全面发展的社会主义事业建设者和接班人。

(2) 培养学生的创新精神和创造能力。

根据当今国际竞争日益激烈、科学技术飞速发展的现实,以及我国传统教育重传授知识、轻提高素质和培养能力的偏颇,目前教育界特别提倡创新教育或创造教育,旨在培养学生的创新精神和创造能力。无论是素质教育,还是创新教育或创造教育,都明确了教育创新的目标,即培养适合当代中国社会发展需要的高素质、有能力、全面发展的人才。这一目标的实现,尚有赖于教育领域展开全方位的创新活动,也有赖于社会各界的重视和努力。

教育体制改革要有利于坚持教育的社会主义方向,培养德智体美劳全面发展的建设者和接班人;有利于调动各级政府、全社会和广大师生的积极性,提高教育质量、科研水平和办学效益;有利于促进教育更好地为社会主义现代化建设服务。

(3) 改革办学体制。

改变政府包揽办学的格局,逐步建立以政府办学为主体、社会各界共同办学的体制。在现阶段,基础教育应以地方政府办学为主;高等教育要逐步形成以中央、省(自治区、直辖市)两级政府办学为主、社会各界参与办学的新格局。职业技术教育和成人教育主要依靠行业、企业、事业单位办学和社会各方面联合办学。国家对社会团体和公民个人依法办学,采取积极鼓励、大力支持、正确引导、加强管理的方针。国家欢迎港、澳、台同胞、海外侨胞和外国友好人士捐资助学。在国家有关法律和法规的范围内进行合作办学,创办可以颁发国家承认的学历文凭资格的各类学校,应按国家有关规定办理审批手续。

(4) 深化高等教育体制改革。

进行高等教育体制改革,主要是解决政府与高等学校、中央与地方、国家教委与中央各业务部门之间的关系,逐步建立政府宏观管理、学校面向社会自主办学的体制。在政府与学校的关系上,要按照政事分开的原则,通过立法,明确高等学校的权利和义务,使高等学校真正成为面向社会自主办学的法人实体。

(5) 改革高等学校的招生和毕业生就业制度。

改变全部按国家统一计划招生的体制,实行国家任务计划和调节性计划相结合。在现阶段,国家仍要提出指导性的宏观调控的招生总量目标,并通过国家任务计划重点保证:国家重点建设项目、国防建设、文化教育、基础学科、边远地区和某些艰苦行业所需要的专门人才。在保证完成国家任务计划的前提下,逐步扩大招收委托培养和自费生的比重,这部分调节性计划由学校及其主管部门根据社会需求和办学条件确定。

3. 教育创新的主要任务

创新性的教育是以培养人们创新精神和创造能力为基本价值取向的教育。教育创新的核心是在普及义务教育的基础上,在全面实施素质教育的过程中,为迎接知识经济时代的挑战,着重研究与解决在基础教育领域如何培养创新精神、创造能力和创新人格的问题。

培养创新精神,主要包括有好奇心、探究兴趣、求知欲,对新异事物的敏感,对真知的执着追求,对发现、发明、革新、开拓、进取的百折不挠的精神,这是创新的灵魂与动力。

培养创造能力,主要包括创造思维能力,创造想象能力,创造性地计划、组织与实施某种活动的能力,这是创新的本质力量所在。

培养创新人格,主要包括创新责任感、使命感、事业心、执着的爱、顽强的意志、毅力,能经受挫折、失败的良好心态,以及坚忍顽强的性格,这是坚持创新、做出成果的根本保障。

4. 教育创新的方法

教育创新要不断探索和贯彻新的、具有启发性特点的教学方法,主要有以下几种:

(1) 形象教学法。这是指教师运用图形、图示、图表、影像等教学手段,把讲授意图、内容、解决问题的过程简化、形象化,激发学生的学习兴趣和主动性,便于学生理解并侧重开发学生右脑形象思维能力的一种教学方法。例如,教师设计出几何图形来讲解逻辑课。

(2) 案例教学法。这是指选择发明创造的典型案例或典型人物来开发学生创造力,收集多位科学家的案例,渗透到教学中,对学生进行树立创造志向的教育。

(3) 问题诱导教学法。创造性教学继承传统教育中的这一方法,加以继承和发展。它要求教师设计问题情景,激发学生的好奇心和兴趣,激励学生在问题引导下认真思考。例如,有的教师在讲授创造学课程时,为了训练学生的扩散思维能力,提出一个问题:能否想出10种以上曲别针的用途? 然后引导学生回答这一问题。

(4) 讲解过程教学法。这是根据认知心理学关于认知理论而设计的一种教学方法,专门加强学生对一般解题过程(发现问题—确定问题难点—提出解决问题的设想—评价和实施)四个阶段特点的认识,从而提高学生创造性解题的能力。

(5) 尝试创造教学法。这是陶行知先生首倡的创造性教学法。他要求破除创造的神秘感,根据不同层次学生的特点,有意识地组织他们参加不同类型的创造活动,在亲身尝试创造的过程中,接受创造性教育。例如,上海和田路小学组织小学生参加"五小"创造活动,有100多项成果获上海市及全国奖。

5. 教育创新的误区

(1) 教育创新就是"小发明,小创造"。

谈到教育创新,一些人自然地与学生的"小发明,小创造"相联系,认为学生的"小发明,小创造"多,学校的、教育创新就有成就,否则就没有成绩。因此,有学校提出"小发明,小创造"的指标,促使教师、学生想方设法地为此努力。一些媒体和行政官员也将"小发明、小创造"多的学校作为教育创新的典范广为宣传。这促使一些学校教育工作者对教育创新产生了误解。

(2) 教育创新就是培养学生的创新思维,而创新思维就是发散思维。

教育创新的任务是培养学生的创新素质。而创新是一种综合素质,它主要由三方面的要素构成:一是创新精神,二是创造能力,三是创新人格。以上三要素最关键、最主要的是创新人格,其次是创新精神,最后才是创造能力。

5.5 知识创新

1. 知识创新的定义

知识创新是指通过科学研究,包括基础研究和应用研究,获得新的基础科学和技术科学知识的过程。知识创新的目的是追求新发现、探索新规律、创立新学说、创造新方法、积累新知识。知识创新是技术创新的基础,是新技术和新发明的源泉,是促进科技进步和经济增长的革命性力量。知识创新为人类认识世界、改造世界提供新理论和新方法,为人类文明进步和社会发展提供不竭动力。

2. 知识创新、技术创新与管理创新

钱学森"开放的复杂巨系统理论"强调知识、技术和信息化的作用,特别强调知识集成、知识管理的作用。知识社会环境下技术创新体系的构建,要以钱学森"开放的复杂巨系统理论"为指导,从科学研究、技术进步与应用创新的协同互动入手,分析充分考虑现代科技引领的管理创新、制度创新。技术创新正是科学研究、技术进步与应用创新协同演进下的一种复杂涌现,是这个三螺旋结构共同演进的产物。技术创新体系由以科学研究为先导的知识创新、以标准化为轴心的技术创新和以信息化为载体的现代科技引领的管理创新三大体系构成,知识社会新环境下三个体系相互渗透,互为支撑,互为动力,推动着科学研究、技术研发、管理与制度创新的新形态(见图5-1)。

3. 知识创新的特征

（1）独创性。知识创新是新观念、新设想、新方案及新工艺等的采用，它甚至会破坏原有的秩序。知识创新实践常常表现为勇于探索、打破常规，知识创新活动是各种相关因素相互整合的结果。

（2）系统性。知识创新可以说是一个复杂的"知识创新系统"，在实际经济活动中，创新在企业价值链中的各个环节都有可能发生。

（3）风险性。知识创新是一种高收益与高风险并存的活动，它没有现成的方法、程序可以套用，投入和收益未必成正比，风险不可避免。

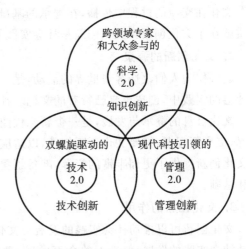

图 5-1 知识创新、技术创新与管理创新的关系

（4）科学性。知识创新是以科学理论为指导，以市场为导向的实践活动。

（5）前瞻性。有些企业只重视能带来当前经济利益的创新，不注重能为将来带来利益的创新，而知识创新则更注重未来的利益。

4. 知识创新的注意事项

（1）知识创新必须具有首创性和新颖性。任何一种创新活动，如果只是重复别人的老一套，那就没有任何意义了。所以，知识创新活动必须产生前所未有的新成果。

（2）知识创新必须具有社会价值。任何创新活动都必须产生对社会文明进步有益的效果和作用，阻碍或破坏社会文明进步的任何首创和新颖的事物都是罪恶的。

（3）知识创新是智慧的升华。智慧是人类生存发展的资本，生存需要智慧，适应环境需要智慧，人际交往的技巧需要智慧……大到征服宇宙，小到与人沟通，都需要智慧，创新也不例外。智慧是人适应和改造环境的各种能力，其高级表现形式便是人类特有的创新能力。

（4）知识创新是人们实现目标的调控行为。创新是人区别于动物的重要特征，所以创新活动是现实的人的行为，自然界变化的结果不属于创新。知识创新是有自我实现需求的人，为实现自己的目标对自身和客体所进行的调控行为。知识创新思维和创新品质及创新技能都是可以通过训练获得的。也就是说，只要接受这种训练，人人都可以成为创新人才。

5.6 文化创新

1. 文化创新的定义

文化是非常重要的人类现象，是人类社会发展进步的一个重要内容和精神动力，文化也是这种发展进步在精神领域的一个重要标志。广义的文化，是指人类改造客观世界和主观世界的活动及其成果的总和，它包括物质文化和精神文化两大类。物质文化是通过物质活动及其成果来体现的人类文化；精神文化是通过人的精神活动及其成果来体现的人类文化，包括思想道德和科学文化。

文化在交流的过程中传播,在继承的基础上发展,都包含着文化创新的意义。文化发展的实质就在于文化创新。文化创新是社会实践发展的必然要求,是文化自身发展的内在动力。

2. 文化创新的源泉

实践作为人们改造客观世界的活动,是一种有目的、有意识的社会性活动,人类在改造自然和社会的实践中,创造出自己特有的文化。社会实践便是文化创新的源泉。

文化自身的继承与发展,是一个新陈代谢、不断创新的过程。一方面,社会实践不断出现新情况,提出新问题,需要文化不断创新,以适应新情况,回答新问题;另一方面,社会实践的发展,为文化创新提供了更加丰富的资源,准备了更加充足的条件。所以,社会实践是文化创新的动力和基础。

3. 文化创新的作用

文化创新可以推动社会实践的发展。文化源于社会实践,又引导、制约着社会实践的发展。推动社会实践的发展,促进人的全面发展,是文化创新的根本目的,也是检验文化创新的标准所在。

文化创新能够促进民族文化的繁荣。只有在实践中不断创新,传统文化才能焕发生机、历久弥新,民族文化才能充满活力、日益丰富。文化创新是一个民族永葆生命力和富有凝聚力的重要保证。

4. 文化创新的途径

社会实践是文化创新的源泉。所以,立足于社会实践,是文化创新的基本要求,也是文化创新的根本途径。

着眼于文化的继承,"取其精华,去其糟粕""推陈出新,革故鼎新"是文化创新必然要经历的过程。一方面,不能离开传统文化空谈文化创新,对于一个民族和国家来说,如果漠视对传统文化的批判性继承,其民族文化的创新就会失去根基;另一方面,体现时代精神是文化创新的重要追求。文化创新表现在为传统文化注入时代精神的努力中。

不同民族文化之间的交流、借鉴与融合,也是文化创新必然要经历的过程。实现文化创新需要博采众长,文化的交流、借鉴和融合是学习和吸收各民族优秀文化成果,以发展本民族文化的过程;是不同民族文化之间相互借鉴,以"取长补短"的过程;是在文化交流和文化借鉴的基础上,推出融汇各种文化特质的新文化的过程,由此可见,文化多样性是世界文化的基本特征,也是文化创新的重要基础。在文化交流、借鉴与融合的过程中,必须以世界优秀文化为营养,充分吸收外国文化的有益成果,同时要以我为主、为我所用。

5. 文化创新的方略

我们应该在理论探求与具体实践中,切实把"着眼于世界文化发展的前沿"与"发扬民族文化的优秀传统"有机地结合起来,高度地统一起来,并以之作为实现文化创新的基本方略。坚持正确方向,对于文化创新,要把握好当代文化与传统文化、民族文化与外来文化的关系。

克服固守本民族的传统文化,拒绝接受新文化和任何外来文化的"守旧主义"和"封闭主义";克服一味推崇外来文化,根本否定传统文化的"民族虚无主义"和"历史虚无主义"。

我们要立足于发展中国特色社会主义的实践,着眼于人民群众不断增长的精神文化需求,在历史与现实、东方与西方的文化交汇点上,发扬中华民族优秀文化传统,汲取世界各民族文化的长处,在内容和形式上积极创新,努力铸造中华文化的新辉煌。

和平梦想

"中华龙壶""和平宴"创意酒瓶创始人、原江苏炜炬节能灯(集团)公司董事长、促进中国和平统一大业发展"和文化艺术"大使季汉生,1953年生于江苏通州,从小喜欢搞发明创造,目前为止已有20多项专利发明。季汉生从一个"面朝黄土背朝天"的农民,到放下锄头去尝试"吃螃蟹"创办乡镇企业,每个人生经历都与他挥之不去的发明情结连接在一起。

20世纪90年代初,他发明的电子稳压节能灯,被世界电光源专家、中国的"爱迪生"、小太阳灯创始人、"中国照明之父"蔡祖泉称为"电光源的二次革命",并被国家列为重大科技成果推广项目,其创造的社会价值难以用金钱来衡量。

2002年初,季汉生对制壶艺术产生了兴趣,为了深入了解明代至今的名家制壶艺术,他在宜兴丁蜀镇住了十四个月,萌生了要制作一款反映时代风范、突破制壶传统艺术作品的特殊奇想。他投入了近十年的精力,终于创作出"中华龙壶"。

"中华龙壶"的问世,丰富了中国茶文化的内涵,使中国紫砂茗壶有了第587种壶品。中国工艺美术大师、制壶大师何道洪称此壶为"壶中一绝"。中国当代著名陶瓷艺术大师、中国工艺美术(国际级)大师作品展评审委员鲍志强评价:"紫砂龙壶,艺术杰作"。

全球华侨华人推动中国和平统一系列活动组委会主任张曼新先生在第一时间赶到南通,与季汉生磋商合作打造"促进和平统一信物"的相关事宜,并专门给南通台办发来公函,决定将"中华龙壶"指定为馈赠国家领导人的专用礼品。

2010年7月,南通丁大卫市长在台湾分别拜会国民党元老吴伯雄和连战,赠以"中华龙壶",连战在以阿里山茶回赠时表示:"两岸关系的迅速突破与发展,为海峡两岸人民所乐见",并题词"弘扬国粹"。2011年11月29日至12月7日,南通市委副书记、市长张国华率领南通经贸代表团在台湾开展经贸活动,推动通台两地经贸合作向更高层次、更宽领域发展,并向国民党副主席江丙坤和王金平馈赠了现代艺术瑰宝"中华龙壶"。2011年,中国泰斗级国画大师陈大章先生挥笔写道:"中华龙壶,艺术瑰宝","中国近代第一城,艺术创新出奇才",并专门创作了字画无偿地供"中华龙壶"上使用。

2012年12月,同时能盛两种酒的"和平宴"创意酒瓶成功问世,标志着世界酒文化艺术有了新的突破,一件新的和平信物诞生了。"和平宴"酒瓶将灌装两种不同地区的代表性名酒,作为全球华侨华人推动中国和平统一系列活动组委会的国礼,用于各种和平统一活动。国民党荣誉主席吴伯雄称之为:传承和发扬中华文化,振兴中华民族之典范。

第6章 TRIZ 理论与实践

本章要点

了解 TRIZ 的产生和发展,明确 TRIZ 的基本原理与方法,掌握矛盾矩阵、技术系统进化法则等主要知识的应用,提高运用 TRIZ 理论解决问题的能力,运用已学习的 TRIZ 创新理论进行科学有效的创新活动。

创新是人类永恒的话题,被誉为"超级发明术""神奇点金术"的 TRIZ 理论近年来迅速得到普及和发展,尤其在大学生创造、创新、创业实践中起到重要的指导作用。

6.1 TRIZ 理论概述

1. TRIZ 的诞生和发展

TRIZ 是俄文的英文音译 Teoriya Resheniya Izobreatatelskikh Zadatch 的缩写,英文全称为 Theory of Inventive Problem Solving,在欧美国家缩写为 TIPS,在中国缩写为 TRIZ,其中文含义为发明问题解决理论,中文简称:萃智。国际著名的 TRIZ 专家 Savransky 博士下的定义为:TRIZ 是基于知识的、面向人的发明问题解决系统化方法学。TRIZ 理论是由苏联伟大的发明家和创造学家根里奇·阿奇舒勒通过对 4 万份(后来扩展到 250 万份)高水平发明专利的研究、分析、归纳和总结,揭示出隐藏在专利中的奥秘,萃取出数以百万计发明家的智慧而创建的卓越成果。

1956 年后,TRIZ 在苏联得到蓬勃的发展,很多高等院校甚至中学都开设 TRIZ 课程,为苏联培养了一大批具有创新能力的工程技术人员,在军事、工业、航空航天等领域均发挥了巨大的作用。TRIZ 也被西方称为创新的"点金术"。

TRIZ 理论原属于苏联的国家机密,对世界其他国家保密。苏联解体后,大批科学家开始移居世界各地,TRIZ 的神秘面纱才被揭开,成为一种公认的具有较强创造性和系统性的创新理论。TRIZ 在韩国三星的成功应用使三星公司从"技术跟随者"成为"行业领跑者",2005 年三星总裁李健熙说正是 TRIZ 救活了三星。

1998 年以后,TRIZ 理论和技术发明方法日益受到一些研究机构、政府基金部门的重视和支持。2007 年 11 月 5 日,科技部以国科发财〔2007〕655 号文正式批复黑龙江省、江苏省、四川省作为技术创新方法试点省。2008 年,国家科学技术部、发展改革委员会、教育部、中国科学技术协会联合发出了《关于印发〈关于加强创新方法工作的若干意见〉的通知》(国科发财〔2008〕

197号），指出："推进技术创新方法的引进与发展。针对建立以企业为主体的技术创新体系的重大需求，推进TRIZ等国际先进技术创新方法与中国本土需求融合；推广技术成熟度预测、技术进化模式与路线、冲突解决原理、效应及标准解等TRIZ中成熟方法在企业的应用；加强技术创新方法知识库建设，研究开发出适应中国企业技术创新发展的理论体系、软件工具和平台。"四部委通知下达后，在中国部分企业、研究机构、大学开始出现研究、培训、应用TRIZ技术发明方法的热潮，黑龙江省科学技术厅出版了《TRIZ理论入门导读》和《TRIZ理论应用与实践》相关培训教材。在TRIZ理论推广的同时，全国范围内举办了"全国TRIZ杯大学生创新方法大赛"，促进了全国高校对TRIZ创新方法的学习和研究。

TRIZ是一种创新方法，它使创新思维从发散走向收敛；它利用创新的规律，使创新走出了盲目的、高成本的试错和灵光一现式的偶然，成为服务于创新活动的"思维引导器"。

2. TRIZ的核心思想和主要内容

1) 核心思想

首先，无论是一个简单产品还是复杂的技术系统，其核心技术都是遵循客观规律发展演变的，即具有客观的进化规律和模式。

其次，各种技术难题、冲突和矛盾的不断解决是推动这种进化过程的动力。

最后，技术系统发展的理想状态是用尽量少的资源实现尽量多的功能。

2) 主要内容

根据TRIZ的核心思想，它的主要研究内容有以下几个方面：

（1）技术系统进化法则。

针对技术系统进化规律，在研究大量专利的基础上，TRIZ理论总结出八个基本的技术系统进化法则，可以使人知道技术是如何进化的，为技术创新指明了方向。

（2）矛盾解决原理。

创新是通过消除矛盾来解决问题的，在产品创新过程中，TRIZ主要研究技术和物理两种矛盾的解决方法。

（3）物质-场分析法。

TRIZ理论提供了科学的问题分析建模方法——物质-场分析法，用符号表达技术系统的建模技术，它可以快速确认核心问题，发现根本矛盾所在。

（4）发明问题标准解法。

在物质-场分析模型的应用过程中，由于所面临的问题复杂而且广泛，存在诸多困难，所以TRIZ理论为物质-场分析模型提供了76个标准解决方法，用来解决概念设计的开发问题。

（5）发明问题解决算法ARIZ。

ARIZ是发明问题解决过程中应遵循的理论方法和步骤，是针对非标准问题而提出的基于技术系统进化法则的一套完整的问题解决程序和算法。

3. TRIZ的优势

（1）TRIZ对研发或解决问题的思路有明确的指导性。这种指导性避免了大量人力、物力、财力的盲目试错，让解决产品问题变得有律可循、有术可依，给技术创新留下了巨大的、易操作的空间，让创新不再是一个概念或一句口号。

（2）TRIZ成功地揭示了发明创造的内在规律和原理，可以快速地确认和解决系统中存在的矛盾，而且它是在技术的发展进化规律及整个产品发展过程的基础上运行的。

(3) 运用 TRIZ 可大大加快发明创造的进程,提高产品的创新速度。

(4) TRIZ 可以帮助我们对问题情境进行系统的分析,快速发现问题的本质,准确定义创新性问题和矛盾。

(5) TRIZ 对创新性问题和矛盾提供了更合理的解决方案和更好的创意。

(6) 打破思维定式,激发创新思维,从更广的视角看待问题。

(7) 基于技术系统进化法则准确确定探索方向,预测未来发展趋势,开发新产品。

(8) 打破知识领域的界限,实现技术突破。

6.2 TRIZ 的基本原理与方法

一、TRIZ 的基本原理

1. TRIZ 系统进化法则

技术系统进化法则是 TRIZ 理论的基础,阿奇舒勒在专利研究中发现了技术系统的进化和演变遵循一些重要规律,这些规律对于技术创新具有重要的指导作用,他总结了八大技术系统进化法则。

(1) S 曲线进化法则:技术系统的演变遵循产生、成长、成熟和衰退的生命周期。如图 6-1 所示。

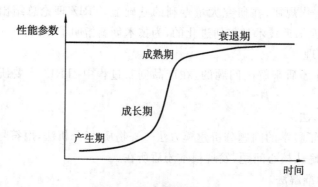

图 6-1 S 曲线进化法则

(2) 提高理想度法则:技术系统演变的趋势是其他进化法则的基础。

$$理想度 = \frac{\sum 有用功能}{\sum 有害功能 + \sum 成本}$$

最理想状态是有用功能最大,有害功能和成本最小。

(3) 子系统不均衡进化法则:矛盾导致技术系统的进化始终存在短板,如图 6-2 所示。

(4) 动态性和可控性进化法则:技术系统朝着增加动态性和可控性的方向发展,如图 6-3 所示。

(5) 增加集成度再进行简化法则:技术系统先向复杂发展,再向简单发展,如图 6-4 所示。

(6) 子系统协调性进化法则:技术系统的元件之间协调和不协调是交替出现的,包括结构

图 6-2　子系统不均衡进化法则

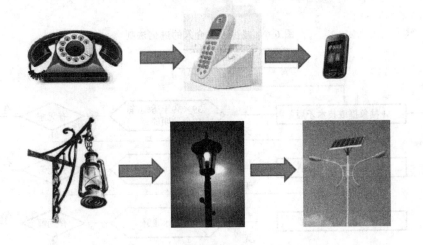

图 6-3　动态性和可控性进化法则

图 6-4　增加集成度再进行简化法则

上的匹配、性能参数的匹配、工作节奏和频率的匹配。

（7）向微观级和场的应用进化法则，如图 6-5 所示。

（8）减少人工介入的进化法则，如图 6-6 所示。

2．TRIZ 流程图

TRIZ 流程图可用于 TRIZ 工具及方法的描述，如图 6-7 所示。该图不仅描述了各种工具之间的关系，也描述了产品创新中的问题。应用 TRIZ 的第一步是对给定问题进行分析，发现

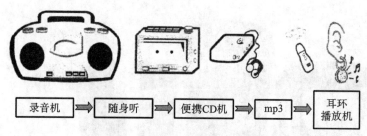

图 6-5 向微观级和场的应用进化法则

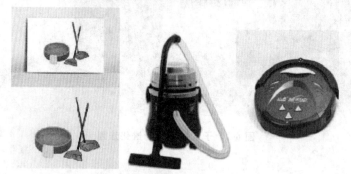

图 6-6 减少人工介入的进化法则

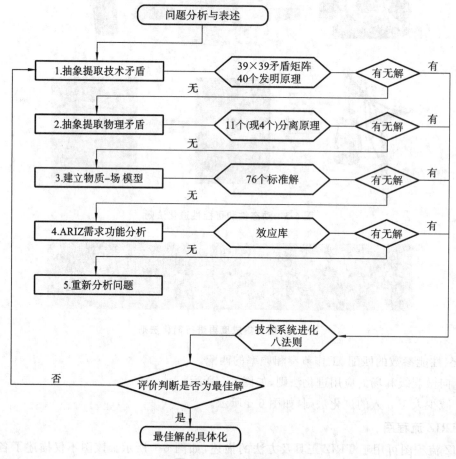

图 6-7 TRIZ 流程图

存在的矛盾,再应用原理去解决;如果问题明确,但不知如何解决,则应用效应去解决。

3. TRIZ 的主要方法和工具

1) 矛盾矩阵和创新原理

为了消除技术矛盾,必须找到形成矛盾的技术参数。TRIZ 采用创造性的方法可以完全消除技术矛盾。阿奇舒勒发现,引起技术矛盾的参数是有限的,于是他总结出 39 个通用工程标准参数(见表 6-1)来描述技术矛盾和 40 个发明原理来消除技术冲突,从而创建了矛盾矩阵。

表 6-1 39 个通用工程标准参数

序 号	标准参数	序 号	标准参数	序 号	标准参数
1	动物重量	14	强度	27	可靠性
2	静物重量	15	动物作用时间	28	测量精度
3	动物长度	16	静物作用时间	29	制造精度
4	静物长度	17	温度	30	外来有害因素
5	动物面积	18	亮度	31	内部有害因素
6	静物面积	19	动物耗能	32	制造力
7	动物体积	20	静物耗能	33	易用性
8	静物体积	21	功率	34	可修复性
9	速度	22	能量损耗	35	适应性
10	力	23	物质损耗	36	装置复杂性
11	张力/压力	24	信息损耗	37	控制复杂性
12	形状	25	时间损耗	38	自动水平
13	组合物的稳定	26	物质的量	39	生产量/生产率

矛盾矩阵为 39×39 矩阵,见附录 B,列是需要改进的技术参数,行是相应引起恶化(不需要获得)的技术参数。在矛盾矩阵表中,除了主对角线外,行与列的交叉点构成一对技术矛盾,并列有解决技术矛盾所推荐的创新序列号。40 个发明原理(见附录 A)可以解决矛盾矩阵中的 1288 个矛盾。当针对具体问题确认了一个技术矛盾后,根据对矛盾的描述选择通用工程标准参数,由标准参数在矛盾矩阵中的位置选择可用发明原理来消除矛盾。

2) 物质-场分析模型和 76 个标准解

物质-场分析法是 TRIZ 理论体系的组成之一,它是一种用符号语言表示技术系统的建模技术。产品和技术都是功能的一种实现,TRIZ 认为所有功能都可以拆分为 3 个基本元件,即两个物质 S_1、S_2 和一个场 F。在能量场 F 的帮助下,物质 S_2 作用于物质 S_1 形成一个功能。一个功能必须同时具有 3 个基本元件才能存在,三个基本元件的组合构成一个功能,这就是阿奇舒勒发现的功能三元件原理。物质-场分析模型如图 6-8 所示。

根据物质-场分析所得出的问题解决方案称为标准解,将标准解变为特定的解,即产生了新的概念。TRIZ 提出了 76 个标

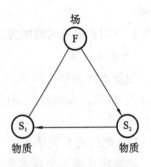

图 6-8 物质-场分析模型

准解,用来解决技术系统的功能缺陷问题,如功能元件的缺失、有害功能、过度功能和不充分功能等情况。标准解分为如下五类,详见表6-2。

表6-2 标准解的分类

序号	标准解的类型	标准解的数量
1	没有或很小地改变系统	13
2	通过改变系统来改善系统	23
3	系统的转换	6
4	探测法和测量法	17
5	简化和改进的策略	17

4. TRIZ的发明原理

TRIZ的研究人员在研究中得到如下重要的发现:

(1) 在以往不同领域的发明中所用到的原理并不多,不同时代的发明、不同领域的发明原理被反复利用;

(2) 每个发明原理并不限定应用于某一特殊领域,而是融合了物理的、化学的和各工程领域的原理,这些原理适用于不同领域的发明创造和创新;

(3) 类似的矛盾和问题的解决原理在不同的行业及科学领域不断重复,交替出现;

(4) 技术系统进化法则在不同的工程及科学领域不断重复,交替出现;

(5) 创新设计用到了其他领域开发出来的科学成果或原理。

在应用TRIZ理论时,上述发现都被用于产生和改进产品、服务和系统,后来研究人员便把这些规则总结成技术冲突解决原理。

"矛盾"普遍存在于各种产品的设计之中。物理矛盾是指一个功能同时导致有用及有害两种结果,也可以指有用作用的引入或有害效应的消除导致一个或几个子系统甚至整个系统变坏。技术矛盾常表现为一个系统中两个子系统之间的矛盾。TRIZ提出用39个通用工程标准参数来描述矛盾,在实际应用中,首先要把组成矛盾的双方内部性能用两个标准参数表示,然后在矛盾矩阵中找出解决矛盾的"发明原理"。TRIZ中的技术矛盾解决原理,也称发明原理,一共归纳出40个发明原理,详见表6-3。这些原理有利于专利发明者找到易获得专利的问题解决方案。

5. TRIZ解决问题的方法和步骤

1) 基本方法

为创造性地解决问题,TRIZ为人们提供了辩证的思考方法。这种思考方法超越了各种专业方法、启发式和回避问题的各样做法,这种方法的主要特点是能够预测技术系统进化的未来状态。

(1) 把问题看成体系。

把问题看成一个技术系统,把问题本身也看成分层次的问题体系,最大限度地利用可以利用的空间和时间资源去解决矛盾,多角度、多层次地看待面临的问题和可行的解决方案。

表 6-3 TRIZ 的 40 个发明原理

序号	名称	序号	名称	序号	名称	序号	名称
1	分割	11	预先防范	21	快速通过	31	多孔材料
2	抽取	12	等势	22	变害为利	32	改变颜色
3	局部质量	13	反向操作	23	反馈	33	同质性
4	不对称	14	曲面化	24	中介物	34	抛弃或再生
5	组合	15	动态	25	自助	35	性能转换
6	多用性	16	部分超越	26	复制	36	相变
7	套叠	17	多维法	27	廉价替代品	37	热膨胀
8	重量补偿	18	机械振动	28	更换机械系统	38	强氧化剂
9	预先反作用	19	周期性动作	29	气压或液压	39	惰性环境
10	预先动作	20	有效动作持续	30	弹性膜或薄膜	40	复合材料

(2) 设定理想的解决方案。

这是以"技术体系的发展逐步趋于理想化"的观点为基础的,在了解技术系统的发展方向后,就要设定理想的解决方案,然后寻找实现的方法。

(3) 解决冲突。

TRIZ 理论已成功地找到具体的指导原则,特别是矛盾矩阵表和 40 个发明原理、物质-场分析模型和 76 个标准解、发明问题解决算法等,只要分析出矛盾,TRIZ 就可以有效而迅速地得出突破性的解决方案。

2) 一般步骤

步骤 1:识别要解决的实际问题。

运用 TRIZ 理论解决发明创造问题时,首先必须确定好要解决的实际问题。阿奇舒勒的学生鲍里斯·兹洛廷和阿拉·祖斯曼开发出一种用来鉴别工程系统研究状况的"创新状况问卷",用于分析系统的运行环境、必备的资源条件、基本功能、负面影响和理想结果。

步骤 2:将问题公式化。

在物理相克(即发生冲突)的条件下对问题进行重申。识别可能发生的其他问题,如在解决一个问题或改进一项技术特性时,是否会引起其他技术特性变得更差,从而产生二级问题;或者是否存在被迫折中的技术冲突等。

步骤 3:搜寻需要事先解决的问题。

按照 TRIZ 提供的分析方法,将需要解决的实际问题转化为 TRIZ 中类似的标准问题,即把实际的矛盾冲突转化为 TRIZ 工程标准参数,从而将实际问题转换成 TRIZ 标准问题;找出相互冲突的工程原理,要先找出需要调整的工程原理,然后找出可能产生二级问题的工程原理。

步骤 4:寻找相似解决方案并加以改进。

TRIZ 提供了 40 个发明原理和技术矛盾矩阵,这些原理和矩阵有利于专利发明者找到易获得专利的问题解决方案。在本步骤中需要利用 TRIZ 提供的解决问题工具,找出针对类似的标准问题在 TRIZ 中已总结、归纳出的标准解,从而找到解决方案的模型。

步骤 5:把 TRIZ 的方案模型转化为实际问题的解决方案,从而实现产品的改进或创新。

二、TRIZ 的 40 个发明原理

1. 分割

（1）将物体分成几个独立的部分。

（2）使物体成为可拆卸的或易于组装的几个部分。

（3）增加物体的分割程度。

组合家具；将塑胶模具的公模拆分成若干镶块，以便于加工及维修。分割原理如图 6-9 所示。

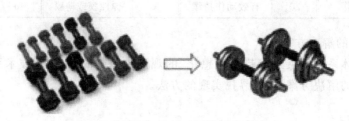

图 6-9　分割原理

2. 抽取

（1）从物体中抽出产生负面影响的部分或属性。

（2）只抽取必要的部分或属性。

避雷针；使用录音机录制可使鸟被吓离机场的声音，此声音是从鹰的叫声中分离出来的。

3. 局部质量

（1）将相同成分或均质结构的物体或外在环境转变成不同成分或非均质结构。

（2）使物体的各部分有不同的功能。

（3）使物体的各部分处于最适合操作的状况。

原理案例 3

带橡皮擦的铅笔，多功能刀具（见图 6-10）。

4. 不对称

（1）将对称物体变为不对称的。

(2) 如果物体不是对称的,则加强它的不对称程度。

原理案例 4

电插头,为了防止将零件装反,将相对两定位柱(孔)设计成大小不一的样式,如图 6-11 所示。

图 6-10　多功能刀具

图 6-11　增加不对称性

5. 组合

(1) 将空间上同类的或相邻的或辅助的操作物体组合在一起。
(2) 将时间上相同的或相近的或辅助的操作物体组合在一起。

原理案例 5

饮料点心杯(见图 6-12);计算机上多个处理器安装到集成电路上。

6. 多用性

使一个物体具有能替代其他物体的多项功能。

原理案例 6

在显示器底座正面做几个小凹槽,以存放便签、名片等。

7. 套叠

(1) 把一个物体嵌入另一个物体,然后将这两个物体再嵌入第三个物体,依此类推。
(2) 让某物体穿过另一物体的空腔。

原理案例 7

俄罗斯套娃;可伸缩电视天线(见图 6-13);汽车安全带。

图 6-12 饮料点心杯

图 6-13 可伸缩电视天线

8. 重量补偿

（1）将某一物体与另一能提供力量的物体组合，以补偿其重量。

（2）通过与环境（利用空气动力、流体动力或其他力）的相互作用实现物体的重量补偿。

原理案例 8

用氢气球悬挂广告（见图 6-14）；直升机的螺旋桨（利用空气动力学）；轮船应用阿基米德定律产生可承重千吨的浮力；赛车安装尾翼用来增加车身与空气的摩擦力。

9. 预先反作用

（1）事先施加机械应力，以抵消工作状态下不期望的过大应力。

（2）如果工作过程中需要某种相互作用，那么事先施加反作用。

原理案例 9

轴心的除氢处理（见图 6-15）；酸碱缓冲溶液；在灌注混凝土之前，对钢筋预加应力。

图 6-14 氢气球悬挂广告

图 6-15 轴心的除氢处理

10. 预先动作

（1）预先对物体（全部或部分）施加必要的改变。

(2) 预先安置物体,使其在最方便的位置及时发挥作用而不浪费时间。

原理案例 10

创可贴(见图 6-16);不干胶粘贴(只需揭开透明纸,即可用来粘贴);手术前将手术器具按所用顺序排列整齐;在停车场安置的预付费系统;建筑中安置的灭火器。

11. 预先防范

采用事先准备好的应急措施,补偿物体相对较低的可靠性。

原理案例 11

显影剂可根据胶卷底片上的磁性条来弥补曝光不足;降落伞的备用伞包;航天飞机的备用输氧装置;汽车的备用轮胎(见图 6-17);为防止铁器生锈,先做防锈处理(涂防锈油)。

图 6-16　创可贴

图 6-17　备用轮胎

12. 等势

改变操作条件,以减少物体提升或下降的需要。

原理案例 12

工厂中与操作台等高的传送带;巴拿马运河的水闸;三峡大坝的五级船闸(见图 6-18)。

13. 反向操作

(1) 用相反的动作代替问题定义中所规定的动作。

(2) 让物体或环境可动部分不动,不动部分可动。

(3) 将物体上下或内外颠倒。

原理案例 13

通过把杯子倒置,从下边喷入水来进行清洗;加工过程中变工具旋转为工件旋转;健身器材中的跑步机(见图 6-19)。

图 6-18 五级船闸

图 6-19 跑步机

14. 曲面化

(1) 将物体的直线、平面部分用曲线或球面代替,变立方体结构为球形结构。
(2) 使用滚筒、球、螺旋结构。
(3) 应用离心力,改直线运动为旋转运动。

原理案例 14

千斤顶中螺旋结构可产生很大的升举力;圆珠笔和钢笔的球形笔尖,使书写更流畅;洗衣机中的离心甩干筒;在家具底部安装轮子,便于移动,如图 6-20 所示。

15. 动态

(1) 调整物体或环境的性能,使其在工作的各阶段达到最优状态。
(2) 分割物体,使其各部分可以改变相对位置。
(3) 如果一个物体整体是静止的,使之移动或部分可动。

原理案例 15

装卸货物的铲车,通过铰链连接两个半圆形铲斗,可以自由开闭,装卸货物时张开,铲车移动时铲斗闭合;折叠椅;可弯曲的吸管(见图 6-21)。

16. 部分超越

如果所期望效果难以百分之百实现,稍微超过或稍微低于期望效果,会使问题大大简化。

图 6-20 家具底部安装轮子

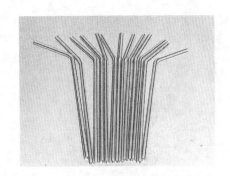
图 6-21 可弯曲的吸管

原理案例 16

印刷时,喷过多的油墨,然后再去掉多余的,使字迹更清晰;在孔中填充过多的石膏,然后打磨平滑;用针管抽取液体时无法吸入准确的计量,是先多吸一些再把多余的液体排出,这样可以降低操作难度,如图 6-22 所示。

17. 多维法

(1) 将物体变为二维平面运动,以克服一维直线运动或定位的困难;过渡到三维空间运动以消除物体在二维平面运动或定位的问题。
(2) 单层排列的物体变为多层排列。
(3) 将物体倾斜或侧向放置。
(4) 利用给定表面的反面。
(5) 利用照射到邻近表面或物体背面的光线。

原理案例 17

螺旋梯可以减少占地面积;立交桥;印刷电路板的双层芯片(见图 6-23);双面地毯;自动垃圾卸载车;双面穿的衣服。

18. 机械振动

(1) 使物体处于振动状态。
(2) 如果已处于振动状态,提高振动频率,直至超声振动。
(3) 利用共振频率。
(4) 用压电振动代替机械振动。
(5) 超声波振动和电磁场耦合。

原理案例 18

电动振动剃须刀;超声波清洗;超声波击碎胆结石;高精度时钟使用石英振动机芯;超声波

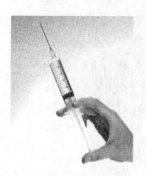

图 6-22 针管抽取液体

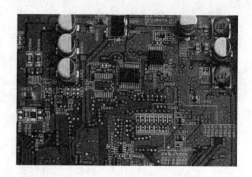

图 6-23 印刷电路板的双层芯片

振动和电磁场共用,在电熔炉中混合金属,使混合更均匀。

19. 周期性动作

(1) 用周期性动作或脉冲动作代替连续动作。
(2) 如果周期性动作正在进行,改变其运动频率。
(3) 在脉冲周期中利用暂停来执行另一种有用动作。

原理案例 19

警车所用警笛改为周期性鸣叫,避免产生刺耳的声音;用频率调音代替摩尔电码;医用的呼吸机系统为:每五次胸廓运动进行一次心肺呼吸。

20. 有效动作持续

(1) 物体的各个部分同时满载持续工作,以提供持续可靠的性能。
(2) 消除空闲和间歇性动作。
(3) 用旋转运动代替往复运动。

原理案例 20

汽车在路口停车时,飞轮储存能量,以便汽车随时启动;后台打印,不耽误前台工作;用绞肉机代替人工切肉(见图 6-24)。

图 6-24 绞肉机

21. 快速通过

将危险或有害的流程或步骤在高速下进行。

原理案例 21

照相用闪光灯。

22. 变害为利

(1) 利用有害的因素(特别是环境中的有害效应)得到有益的结果。
(2) 将两个有害的因素相结合进而消除它们的影响。
(3) 增大有害因素的程度直至有害性消失。

废热发电;回收废物二次利用,如再生纸;潜水中用氮氧混合气体,以避免单用氧气造成昏迷;森林灭火时用逆火灭火(为熄灭或控制野火蔓延,燃起另一堆火把即将到来的野火的通道区域烧光);"以毒攻毒"。

23. 反馈

(1) 在系统中引入反馈。
(2) 如果已引入反馈,改变其大小或作用。

声控喷泉;自动导航系统在5公里航程范围内,可以改变导航系数的敏感区域;自动调温器的反馈装置。

24. 中介物

(1) 使用中介物实现所需动作。
(2) 把一物体与另一容易去除的中介物体暂时结合。

用拨子弹琴弦;饭店里上菜的托盘(见图6-25)。

25. 自助

(1) 物体通过执行辅助或维护功能为自身服务。
(2) 利用废弃的能量与物质。

图6-25 上菜的托盘

自清洗烤箱;自动补水饮水机;冬天用发动机的余热来取暖。

26. 复制
（1）用简单、廉价的复制品代替复杂、昂贵、不方便、易损、不易获得的物体。
（2）用光学复制品（图像）代替实物或实物系统，可以按一定比例放大或缩小图像。

虚拟现实系统，如虚拟训练飞行员系统；看电视直播，而不到现场观看；用卫星相片代替实地考察；根据图片测量实物尺寸；利用紫外线诱杀蚊蝇。

27. 廉价替代品
用若干便宜的物体代替昂贵的物体，同时降低某些质量要求，例如工作寿命。

原理案例 27

一次性的餐具；人造金刚石。

28. 更换机械系统
（1）用视觉系统、听觉系统、味觉系统或嗅觉系统代替机械系统。
（2）使用与物体相互作用的电场、磁场、电磁场。
（3）用运动场代替静止场，时变场代替恒定场，结构化场代替非结构化场。

原理案例 28

用声音栅栏代替实物栅栏（如光电传感器控制小动物进出）；在煤气中掺入难闻的气体，气体泄漏时警告使用者；用电磁场代替机械振动使两种粉末混合均匀；用不同的磁场加热含磁粒子的物质，当达到一定温度时，物质变成顺磁，不再吸收热量，从而达到恒温的目的。

29. 气压或液压
将物体的固体部分用气体或液体代替，如充气结构、充液结构、气垫、液体静力结构和流体动力结构等。

气垫运动鞋（见图6-26），减少运动对足底的冲击；运输易损物品时，使用发泡材料保护。

30. 弹性膜或薄膜
（1）使用柔性壳体代替标准结构。
（2）使用柔性壳体将物体与环境隔离。

原理案例 30

在网球场地上采用充气薄膜结构作为冬季保护措施;农业上使用塑料大棚种植蔬菜(见图 6-27)。

图 6-26　气垫运动鞋

图 6-27　塑料大棚

31. 多孔材料

(1) 使物体变为多孔或加入多孔物体(如多孔嵌入物或覆盖物)。
(2) 如果物体是多孔结构,在小孔中事先引入某种物质。
(3) 为减轻物体重量,在物体上钻孔或使用多孔材料。

原理案例 31

用海绵储存液态氮;沥青路面可降噪,渗水性好。

32. 改变颜色

(1) 改变物体或环境的颜色。
(2) 改变物体或环境的透明度。

原理案例 32

在暗室中使用安全灯,涂警戒色;感光玻璃可以随光线改变其透明度,环卫工人的工作服鲜艳并有荧光条,保证安全。

33. 同质性

用相同材料或特性相近的材料制作存在相互作用的物体。

原理案例 33

用可食用材料制造方便面的料包外包装;用金刚石切割钻石,切割产生的粉末可以回收;焊接用的焊条和所焊材料相同。

34. 抛弃或再生
（1）采用溶解、蒸发等手段抛弃已完成功能的零部件，或在系统运行过程中直接修改它们。
（2）在工作过程中迅速补充系统或物体中消耗的部分。

原理案例 34

药物胶囊（见图 6-28）；火箭助推器在完成其功能后立即分离；自动铅笔。

35. 性能转换
（1）改变聚集态（物态）。
（2）改变浓度或密度。
（3）改变柔度。
（4）改变温度。

原理案例 35

酒心巧克力制作：先将酒心冷冻，然后将其放入热巧克力中；用液态的肥皂水代替固体肥皂；硫化橡胶改变了橡胶的柔性和耐用性；用固体胶（见图 6-29）代替液体胶水。

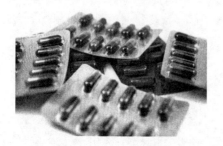

图 6-28　药物胶囊

图 6-29　固体胶

36. 相变
利用物质相变时产生的某种效应，如体积改变、吸热或放热，从而产生新效应或功能。

原理案例 36

水在固态时体积膨胀，可利用这一特性进行定向无声爆破。

37. 热膨胀
（1）使用热膨胀或热收缩材料。

(2) 组合使用不同热膨胀系数的几种材料。

原理案例 37

装配钢双环时,可使内环冷却收缩,外环升温膨胀,再将两环装配,待恢复常温后,内外环就能紧紧装配在一起了;热敏开关(两条粘在一起的金属片,由于两片金属的热膨胀系数不同,对温度的敏感程度也不一样,可实现温度控制)。

38. 强氧化剂

(1) 用富氧空气代替普通空气。
(2) 用纯氧代替空气。
(3) 将空气或氧气进行电离辐射。
(4) 使用离子化氧气。
(5) 用臭氧代替含臭氧氧气或离子化氧气。

**原理案例 38**

为更持久地在水下呼吸,呼吸器中储存浓缩空气;用高压纯氧杀灭伤口细菌;利用臭氧发生器净化空气。

39. 惰性环境

(1) 用惰性环境代替通常环境。
(2) 使用真空环境。

**原理案例 39**

用氩气等惰性气体填充灯泡,做成霓虹灯;真空包装食品,延长储存期。

40. 复合材料

用复合材料代替均质材料。

原理案例 40

用玻璃纤维制成的冲浪板,更加容易控制方向,易于制成各种形状。

6.3 TRIZ 的矛盾及其解决方法

一、矛盾的概念与分类

1. 矛盾

矛盾是对立双方相互排斥、相互制约、相互渗透、相互依存的紧密相关性,是客观社会中普遍存在的现象。矛盾的必然存在性决定了它的含义不一定是负面的,相反,以不同的视角去观察它,可以发现矛盾具有许多积极的含义。因为发现了矛盾,才有了进行创新的动力;因为有了创新,社会才能不断进步。而创新过程中解决的矛盾越大则进步也就越大。

人们希望钢笔的笔尖很细以便画出细线,但细笔尖又容易划破纸;大城市上下班时间容易产生交通堵塞,为了提高通车速度,就需要拓宽道路,但拓宽道路又会增加财政投入,为减少财政支出,所以不能拓宽道路。这就是矛盾,任何一个系统都是通过克服不断产生的矛盾来发展的。在技术系统中,矛盾就是反映相互作用的因素之间在功能特性上具有不相容要求或同一功能特性具有不相容要求的系统的模型。发明问题的核心就是解决矛盾,解决矛盾的过程就是创新过程。

2. 基于 TRIZ 的矛盾分类

阿奇舒勒把矛盾分为三类:管理矛盾、技术矛盾和物理矛盾。

(1) 管理矛盾(administrative contradiction)是指根据现场的情况,需要做一些事情以获得希望的结果或避免某些现象的发生,但不知如何去做,即没有发现可以解决问题的任何方法。一般是系统和系统之间的矛盾。

出现管理矛盾的情况是很不幸的,当人们感觉需要去做某些事的时候,肯定已发现了某种不足,但不知如何去做,其原因可能是没有发现真正的问题所在,也可能是没有发现问题中的矛盾所在。作为一个负责任的创造者是不希望这种情况发生的。

TRIZ 没有提供直接解决管理矛盾的方法,TRIZ 主要考虑的是后两类矛盾,即技术矛盾和物理矛盾。

(2) 技术矛盾(technical contradiction),当人们试图用某种方法去实现所需功能(有利效应)时,却产生了另一方面的不足(不利效应),TRIZ 称之为出现了技术矛盾。技术矛盾也可指有用系统的引入或有害效应的消除导致一个或几个子系统或系统变坏。现实中有许多这样的例子:想吃一份好菜,但太贵;想穿一件时髦的衣服,但太过招摇;想坐车,但步行更健康环保等。

技术矛盾常表现为一个系统中两个子系统之间的矛盾。具体描述如下:在一般情况下,一个系统总是存在多个评价参数,如有两个基本参数 A、B 构成参数对,试图改善 A 时,B 的性能变差了,或反之。此时,问题解决过程中便出现了技术矛盾(冲突)。

(3) 物理矛盾(physical contradiction)指为了实现某种功能,一个子系统或元件应具有一种特性,但同时出现了与该特性相反的特性。物理矛盾涉及系统中的性能指标,其矛盾在于:为了某种功能的实现,对某个性能指标提出完全相反的要求,或对该子系统或部件提出了相反的要求。如制造弹簧时,为了产生弹力,各圈之间必须有空隙;但为了不发生缠绕,又希望各圈之间没有空隙,这就是物理矛盾,问题的解决方法对同一参数提出了完全相反的性能要求。

由此可见，物理矛盾是一种"自相矛盾"的矛盾，所以相对于技术矛盾而言，物理矛盾是更尖锐的矛盾，通常情况下也是更接近问题本质的矛盾。

TRIZ 是为了解决矛盾而产生的，它不承认任何折中的解决方法。TRIZ 认为，创新必须解决某种不调和，必须解决矛盾，否则就不是创新。与传统的折中法相比，TRIZ 提出了完全不同的解决问题的目标，给了创造者更大的压力，但也给了人们更多的遐想和动力，不必关注被发现问题的领域是否普通和平凡，只要能从这些问题中发现冲突，并能用解决冲突且不折中的方式去解决问题，那么所解决的普通问题就是一个创新问题。

二、技术矛盾的解决

如前所述，技术矛盾表现为：在一个子系统中引入一种有用功能后，会导致另一子系统产生一种有害功能，或加强了已存在的一种有害功能；一种有害功能会削弱另一子系统的有用功能；有用功能的加强或有害功能的削弱使另一子系统或系统变得复杂。技术矛盾模型图如图 6-30 所示，A 的升高会使 B 降低。

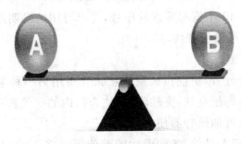

图 6-30　技术矛盾模型图

TRIZ 提出的表 6-1 的 39 个通用工程标准参数来描述技术矛盾和表 6-3 的 40 个发明原理是解决技术矛盾的关键。

1. 矛盾矩阵的构造

矛盾矩阵是由 39 个通用工程标准参数组成的 39×39 正方形矩阵。该矩阵的行是按 39 个通用工程标准参数依次排列，代表工程参数需要改善的一方；该矩阵的列也是按 39 个通用工程标准参数依次排列，代表工程参数可能引起恶化的一方。

矩阵元素用 M_{ij} 表示，下标 i 表示该元素的行数，下标 j 表示该元素的列数。$i=j$ 时为物理矛盾。若 $i\neq j$ 时，矩阵元素 M_{ij} 为空集，指这两个工程参数间不构成矛盾，或是存在矛盾但尚未找到适合的解，用符号"—"表示；若 $i\neq j$ 时，矩阵元素 M_{ij} 为非空集，其数值为解决所在的行与列通用工程标准参数所产生的技术矛盾的相关发明原理的编号，可在矛盾矩阵表中找到。

2. 应用矛盾矩阵的步骤

（1）分析问题，找出可能存在的技术矛盾，最好能用动宾结构的语句来表述矛盾。包括三个方面：

①问题是什么？

②现在有什么解决方法？（要改善的参数）

③上述方法有什么缺点？（恶化的参数）

表述为：为了……，在……时，而不……

（2）针对具体问题确认一对或几对技术矛盾，并将矛盾的双方转换成技术领域的有关术语,进而根据有关术语在39个通用工程标准参数中选定相应的工程参数。

（3）按照相矛盾的工程参数编号 i 和 j,在矛盾矩阵中找到相应的矩阵元素 $M_{i,j}$,该矩阵元素值表示40个发明原理的序号,按照该序号找出相应的原理供下一步使用。

（4）根据已找到的发明原理,结合专业知识,寻找解决问题的方案。一般情况下,解决技术矛盾的发明原理不止一个,应对每一个相应的原理做解决技术矛盾的尝试。

（5）如果第四步的努力没有取得较好的效果,就要考虑初始构思的技术矛盾是否真正表达了问题的本质,是否真正反映了创新改进的方向,应重新设定技术矛盾,并重复上述步骤。

3. 用矛盾矩阵解决技术矛盾示例

示例一：工厂在取杏仁时,使用机械方式压碎壳,但往往也会把杏仁破坏,试设计一种好的方法取杏仁。

（1）分析问题：表述为"为了取杏仁,在用机械方式压碎壳时,而不破坏杏仁。"

（2）找出技术矛盾对。

根据39个通用工程标准参数,得出32(制造力)要改善和12(形状)会恶化,存在技术矛盾。

（3）查矛盾矩阵表确定40个发明原理的序号,得出可用的发明原理为1(分割)、28(更换机械系统)、13(反向操作)和27(廉价替代品)。

（4）分析具体的技术方案。

分割意味着要把壳完全分开,更换机械系统意味着要用另一种系统,反向意味着应从里向外加力。在密闭容器内加入高压空气,突然降压,使杏仁内的空气膨胀,从而打开杏仁壳。为了得到高压,可用高压空气,也可加热容器使气压升高。

示例二：某企业需要生产大量的、各种形状的玻璃板。首先,工人们将玻璃板切成长方形,然后根据客户要求加工成一定的形状。然而,在加工过程中,容易出现玻璃破碎的现象,因为薄板玻璃受力时很容易断裂,而玻璃的厚度又是客户订单上要求的,不能更改。

（1）确定技术参数。

现在存在的问题是：薄板玻璃在加工过程中会受力,薄板玻璃无法承受该力的作用而发生破碎,这是要改善的特性。对应通用工程标准参数,选择32(制造力)作为改善的参数。

为了避免发生玻璃破碎的现象,工人们在加工过程中必须要非常小心。因此,对薄板玻璃的加工操作就要进行严格的控制,保证玻璃受力不超过极限,这就是被恶化的特性。对应通用工程标准参数中选择33(易用性)作为被恶化的参数。

（2）查看矛盾矩阵表。

部分矛盾矩阵表如表6-4所示。

表6-4 部分矛盾矩阵表

恶化的参数		31	32	33	34
改善的参数		内部有害因素	制造力	易用性	可修复性
31	内部有害因素	+	—	—	—
32	制造力	—	+	2,5,13,16	35,1,11,9
33	易用性	—	2,5,12	+	12,26,1,32
34	可修复性	—	1,35,11,10	1,12,26,15	+

从矩阵表中得到推荐的发明原理序号共 4 个,分别是:2、5、13、16。对应的发明原理依次是:抽取、组合、反向操作、部分超越。

(3) 发明原理的分析。

抽取。此原理体现在两个方面:将物体中"负面"的部分或特性抽取出来;只从物体中抽取必要的部分或特性。此原理对问题的彻底解决贡献有限。

组合。此原理体现在两个方面:合并空间上的同类或相邻的物体或操作;合并时间上的同类或相邻的物体或操作。此原理对问题的彻底解决贡献最大。

反向操作。此原理体现在三个方面:颠倒过去解决问题的方法;使物体的活动部分改变为固定的,让固定的部分变为活动的;翻转物体(或过程)。此原理对问题的彻底解决贡献有限。

部分超越。此原理主要体现在现有方法难以完成对象的 100%,可用同样的方法完成"稍少"或"稍多"一点,使问题简化。此原理对问题的彻底解决贡献有限。

(4) 发明原理应用。

综合以上 4 条发明原理的分析,组合是最具有价值的发明原理。

解决方案:将多层薄板玻璃叠放在一起,从而形成一叠玻璃,事先在每层玻璃面上洒一层水或涂一层油,以保证堆叠后的玻璃之间可以形成相当强的黏附力。一叠玻璃的强度会远大于单层玻璃的强度,在加工中就可以承受较大的力,从而改善了薄板玻璃的制造力。当加工完成后,再分开每层玻璃,制作成客户要求的产品。

三、物理矛盾的解决

物理矛盾一般来说有两种表现:一是系统中有害性能降低的同时导致系统中有用性能的降低;二是系统中有用性能增强的同时导致系统中有害性能的增强。例如:手机制造要求整体体积设计得越小越好,便于携带,同时又要求显示屏和键盘设计得越大越好,便于观看和操作,所以对手机的体积设计要求具有大和小两个方面的趋势,这就是手机设计的物理矛盾。

1. 物理矛盾的类型

(1) 矛盾元素是通用工程标准参数,不同的设计条件对它提出了完全相反的要求。

例如,对于建筑领域,墙体的设计应该有足够的厚度使其坚固和隔音。同时,墙体又要尽量薄以加快建筑进程。

(2) 矛盾元素是通用工程标准参数,不同的工况条件对它有着不同的要求。

例如,某个装置要实现温度达到 100 ℃,又要实现温度达到 200 ℃;灯泡的功率既要是 25 W,又要是 100 W。

(3) 矛盾元素是非工程标准参数,不同的工况条件对它有着不同的要求。

例如,冰箱的门既要经常打开,又要经常保持关闭;歌咏比赛的奖项既要设立得多,又要设立得少等。

2. 常见的物理矛盾参数

物理矛盾的常用参数主要有三类:几何类、材料及能量类、功能类。三大类中的具体参数如表 6-5 所示。

表 6-5 常见的物理矛盾参数

类　　别	物理矛盾参数			
几何类	长与短 圆与非圆	对称与非对称 锋利与钝	平行与交叉 窄与宽	厚与薄 水平与垂直
材料及能量类	多与少 时间长与短	密度大与小 黏度高与低	热导率高与低 功率大与小	温度高与低 摩擦系数大与小
功能类	喷射与堵塞 运动与静止	推与拉 强与弱	冷与热 软与硬	快与慢 成本高与低

3. 物理矛盾的解决方法

(1) 矛盾特性的空间分离：用齿形带进行运动传递可降低因齿轮啮合运动产生的噪声。

(2) 矛盾特征的时间分离：折叠式自行车在行走时体积大，在储存时可以折叠变小。

(3) 不同系统或元件与另一系统相连：轧钢时，传送带上的钢板首尾相连，使钢板端部保持一定温度。

(4) 将系统改为反系统，或将系统与反系统相结合：为防止润滑系统渗漏，常采用密封装置。

(5) 系统作为一个整体具有特性＋B，其子系统具有特性－B：链条与链轮组成的传动系统是柔性的，但每个链节却是刚性的。

(6) 系统的核心是微观操作：微波炉可代替电炉加热食物。

(7) 系统中一部分物质的状态交替变化：液化气在运输时氧气处于液态，使用时处于气态。

(8) 由于工作条件变化使系统从一种状态向另一种状态过渡：形状记忆合金管接头在低温下很容易安装，常温下又不会松开。

(9) 利用状态变化所伴随的现象：一种输送冷冻物品装置的支撑部件是由冰制成的，在冷冻物品融化过程中能最大限度地减少摩擦力。

(10) 用两种物质代替单一的物质：抛光液可由一种液体与一种粒子混合组成。

(11) 通过物理作用及化学反应使物质从一种状态过渡到另一种状态：为了增加木材的可塑性，可在木材中注入含盐的氨水。

4. 物理矛盾的分离原理

解决物理矛盾的核心思想是：实现矛盾双方的分离。TRIZ 共有四种分离原理。

1) 空间分离

将矛盾双方分离在不同的空间，以降低解决问题的难度。当系统矛盾双方在某一空间只出现一方时，空间分离是可能的。

案例 6-1

测量海底时，将声呐探测器与船体空间分离，从而防止干扰，提高测量精度。在快车道上方建立人行天桥，车流和人流各行其道，实现空间的分离。

2) 时间分离

将矛盾双方分离在不同的时间,以降低解决问题的难度。当系统矛盾双方在某一时间只出现一方时,时间分离是可能的。

案例 6-2

将飞机机翼设计成可调节的活动机翼,以适应在飞行中各个时间段的不同要求。为了解决用电高峰期电能紧缺的矛盾,进行时间分离,在用电低峰时降低电价,鼓励人们低峰时间用电。

3) 条件分离

将矛盾双方分离在不同的条件下,以降低解决问题的难度。当系统矛盾双方在某一条件下只出现一方时,条件分离是可能的。

4) 整体与部分分离

将矛盾双方分离在不同的层次,以降低解决问题的难度。当系统矛盾双方在某一层次只出现一方时,整体与部分分离是可能的。

5. 应用分离原理解决物理矛盾的步骤

如何在理解物理矛盾的基础上应用分离原理解决问题呢?下面结合具体实例讲解应用分离原理解决物理矛盾的步骤。

(1) 应用空间分离原理解决物理矛盾的步骤。

第一步,定义物理矛盾,首先确定矛盾的参数,在此基础上对矛盾的参数相反的要求进行描述;第二步,对在什么空间上需要满足什么要求进行确定;第三步,对以上两个空间段是否交叉进行判断,如果两个空间段不交叉,可以应用空间分离,否则不可以应用空间分离。

案例 6-3

红蓝铅笔的发明问题

红蓝铅笔是我们日常生活熟悉的用品,使用起来很方便,但方便之中也包含着物理矛盾。我们可以应用分离原理解决红蓝铅笔的发明问题。

第一步,定义物理矛盾。

参数:颜色。要求1:红。要求2:蓝。

第二步,什么空间需要满足什么要求?

空间1:铅笔的一端。

空间2:铅笔的另一端。

第三步,以上两个空间段是否交叉?

否:应用空间分离。

是:尝试其他分离方法。

(2) 应用时间分离原理解决物理矛盾的步骤。

第一步,定义物理矛盾,首先确定矛盾的参数,在此基础上对矛盾的参数相反的要求进行描述;第二步,对在什么时间上需要满足什么要求进行确定;第三步,对以上两个时间段是否交叉进行判断,如果两个时间段不交叉,可以应用时间分离,否则不可以应用时间分离。

案例 6-4

雨伞的发明问题

伞的发明也与解决物理矛盾有关,为了遮阳避雨人们建造了亭子。可是,亭子虽然能遮阳避雨,但是体积太大了,不便于携带。如何让亭子活动起来,用的时候变大,不用的时候变小呢?经过长时间的摸索和尝试,人们把竹子劈成一根根细条,中间用一根竹棍当柄,将细条聚合起来,捆扎在竹棍的一端,再在细条上蒙上牛皮,一个可以随身携带的伞就这样被发明了出来。

应用分离原理解决雨伞发明问题的步骤如下:

第一步,定义物理矛盾。

参数:面积。要求1:大。要求2:小。

第二步,什么时间需要满足什么要求?

时间1:下雨、遮阳。

时间2:携带、存放。

第三步,以上两个时间段是否交叉?

否:应用时间分离。

是:尝试其他分离方法。

案例 6-5

土地爷的哲学

这是古时候的一个神话故事。有一次土地爷外出,临行前嘱咐他的儿子替他在土地庙"当值",并且一定要把前来祈祷者的话记下来。他走后,前前后后来了四个祈祷者:

一位船夫祈祷赶快刮风,以便乘风远航;

一位果农祈祷别刮风,避免把快成熟的果子给刮下来;

一位农民祈祷赶紧下雨,以免耽误播种的季节;

一位商人祈祷千万别下雨,以便趁着好天气带着大量的货物赶路。

这下可难住了土地爷的儿子,他不知该怎么办才能满足这些人的要求,只好把所有祈祷者的话都原封不动地记了下来。

很快,土地爷回来了,看了儿子的记录,哈哈一笑说:"别愁眉苦脸了,照我的办法做就是了,肯定能满足他们各自的要求。"土地爷提笔在上面批了四句话:

刮风莫到果树园,

刮风河边好行船;

白天天晴好走路,
夜晚下雨润良田。
如此一来,四个不同的祈祷都如愿以偿、皆大欢喜。
其实,土地爷前两句话说的是风的"空间分离",后两句话说的是雨的"时间分离"。

交通问题 1

在十字路口,汽车必须很快通过,又必须避让其他方向的车辆而不通过,构成物理矛盾。
时间分离原理:设置红绿灯。
空间分离原理:建设立交桥。

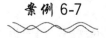

交通问题 2

在快车道上要建公交汽车停车站,但停车站会影响交通。
整体与部分分离原理:在快车道上以部分占用慢车道的方式建弧形公交停车站。

TRIZ 中采用四个分离原理来解决物理矛盾。把实际的矛盾冲突转化为标准参数,并利用 TRIZ 解决问题的方法就能找到发明原理中的标准解,并将其转化成实际解,从而实现产品的改进和创新。研究表明,4 个分离原理与 40 个发明原理之间是存在一定关系的。如果能正确理解和使用这些关系,就可以把 4 个分离原理与 40 个发明原理做一些综合应用,这样可以开阔思路,为解决物理矛盾提供更多的方法与手段。

6.4 TRIZ 的实践

1. 矛盾的综合分析与运用

(1) 清除跑道上的积雪。

分析问题:下大雪后,要及时清除飞机跑道上的积雪。传统上消除道路积雪可采用加助融剂的方法,但此法不适用于飞机跑道,因为雪融化后的水分会对飞机的行驶安全构成威胁。可以如图 6-31 所示,用装在汽车上的强力鼓风机产生的空气流来清除积雪。但积雪量大的时候效果并不明显,必须加大气流的流量和压力,需要更大的动力。

解决方案:
可以不构造矛盾对,而直接从 40 个发明原理中寻找答案。
联想经常见到的铲除物件的办法:用冲击钻开挖马路,用嘴吹气去除理发后残留在颈部的

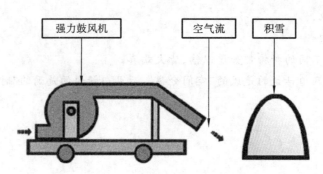

图 6-31　鼓风机强力驱雪

头发,用手拍打地毯去除地毯中的灰尘。由此可采用发明原理中的第 19 条"周期性动作"来实现创新设计。

在鼓风机上加装脉冲装置,使空气按脉冲方式喷出,就能有效地把积雪吹离跑道。还可以优化选用最佳的脉冲频率、空气压力和流量。实践证明,脉冲气流除雪的效率是连续气流除雪的两倍。

(2) 开口扳手改进设计。

如图 6-32 所示是一种开口扳手的操作示意图。图中扳手在外力的作用下拧紧或松开一个六角螺母。由于螺母的受力集中到两条棱上,容易产生变形,而使螺母拧紧或松开困难。

为了解决这一问题,就必须减少扳手开口与螺母侧边之间的间隙,甚至达到零间隙。这就要求提高螺母和扳手开口的尺寸精度,给螺母和扳手的制造带来一定的困难。

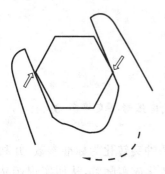

图 6-32　开口扳手操作示意图

解决方案:

首先从 39 个通用工程标准参数中选择并确定技术矛盾的一对特性参数:

质量提高的参数:物体内部有害因素(No.31)变小,即不会压坏棱边。

带来负面影响的参数:制造精度(No.29)要求更高了,即要求扳手开口与螺母侧边无间隙。

由矛盾矩阵表确定可用的发明原理 $M_{31-29} = [4, 17, 34, 26]$,即:不对称,多维法,抛弃或再生,复制。

对 17 及 4 两个发明原理的分析表明,扳手工作面的一些点要与螺母的侧面接触,而不是与其棱角接触,就可解决该矛盾。

2. 练习写出参数:易燃的汽油

在交通事故中,车辆之间的猛烈碰撞往往会导致油箱泄漏。由于汽油具有高可燃性,很容易导致着火、爆炸。经统计,在交通事故中造成死亡的主要原因是燃烧和爆炸。分析其中的矛盾并写出相关参数。

3. 实践分析:割草机

分析问题:草坪上的草长得很快,且参差不齐,传统的解决方案是用割草机,但噪声很大。

试利用 TRIZ 理论设计解决方案。

4. 开口信封的设计

文具店出售信封的样式如图 6-33 所示,人们往往认为撕开信封的粘胶是很快捷方便的,但是,这种方法通常会把信封内的文件撕坏或使信封开口变粗糙。可以借助某种辅助工具既不损坏文件又获得好看的开口。但是,该方法又给用户带来了不便。因此,试设计一种能又快又可靠地拆开的信封。

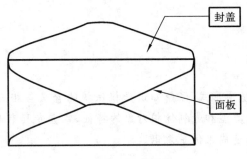

图 6-33 开口信封

参考提示:

(1) 问题描述:怎样用最少的时间安全快捷地取出信封内的文件。

(2) 解决思路和关键步骤:节约拆信时间与降低拆信的可靠性之间的矛盾,该矛盾是时间节约导致拆信可靠性下降,查矛盾矩阵表得 $M_{25-27}=[10,30,4]$,即三个发明原理:

No.10:预先动作;

No.30:弹性膜或薄膜;

No.4:不对称。

(3) 在上述三个原理中,重点考虑前两个原理。

发明原理 10 建议:

①预先施加必要的改变;

②预先安置物体,使其在最方便的位置及时发挥作用而不浪费时间。

发明原理 30 建议:

①使用柔性壳体代替标准结构;

②使用柔性壳体将物体与环境隔离。

根据发明原理 10 和发明原理 30 的建议,信封设计可以通过封装前在封盖下放置拆封线或拆封条来实现。

第 7 章 成果保护与价值实现

本章要点

了解创新创造成果的呈现形式,了解知识产权保护的含义与相关法律的概述,明确学术规范的相关规定,了解专利的类型和专利保护对象的特征,掌握专利申请书的撰写方法,掌握技术成果转化流程,提高创新创造成果保护意识。

7.1 创新创造成果的呈现形式

创新创造成果的主要呈现形式有创新发明、创新作品、创新项目的立项实施等。

一、创新发明

一般而言,创新发明是应用自然规律为解决技术领域中的特有问题而提出创新性方案、措施的过程和成果。产品之所以被发明出来是为了满足人们日常生活的需要。发明成果或是提供前所未有的人工自然物模型,或是提供加工制作的新工艺、新方法。机器设备、仪表装备和各种消费用品以及有关制造工艺、生产流程和检测控制方法的创新和改造,均属于创新发明。

在知识产权领域,创新发明是指《专利法》所保护的发明创造的其中一种专利类型,是指对产品、方法或其改进所提出的新的技术方案。在专利领域中的创造发明有其规定的保护对象或者说保护客体。创新发明按创新程度的不同可以分为两大类。

1. 开创性技术发明

开创性技术发明,其新技术方案所依据的基本原理与已有技术有质的不同,又称基本技术发明。如蒸汽机技术的发明开创了热能向机械能的转化,在基本原理上区别于仅有机械能转化的简单机械;立足于电磁感应原理的电力技术的发明开创了电能与机械能的相互转化;从利用链式核反应原理到利用核聚变反应原理,取得了开创性的核技术发明。近现代的开创性技术发明大都以科学原理的突破为条件,自觉地应用新的科学原理来解决技术问题。科学上的许多重大突破,将会导致技术上的开创性发明。

2. 改进性技术发明

改进性技术发明是在基本原理不变的情况下,对已有技术做不同程度的改变和补充,又称改良性技术发明。如电灯发明中用钨丝代替碳丝、用充氩代替真空,都是依据电热发光的同一原理;高压蒸汽机、汽轮机和多缸蒸汽机的发明,都是对蒸汽机技术的改进。改进性技术发明以开创性技术发明为基础,开创性技术发明靠改进性技术发明得到完善和发展。改进性技术发明也可能以新的科学发现为前提,但在很多情况下是靠长期的经验积累和经验摸索。没有科学原理的根本性突破,也可能做出有重大价值的改进性技术发明。改进性技术发明与开创性技术发明的区分是相对的。开创性技术发明往往导致技术系统的根本性变革,其意义重大。

在创新发明中,数量最多的是改进性技术发明。完善与基本技术有关的材料、结构、工艺和功能都会产生改进性技术发明。把一种基本技术移植、应用于多种对象,通常要求改变基本技术的某些环节,派生出另一些发明,这属于改进性技术发明的应用。把多种已有技术结合起来组成一个前所未有的系统,实现某种新的功能,往往也需要对已有技术做改进而产生一些发明,这属于改进性技术发明的综合。对产品的形状、构造乃至外观设计的创新和改进,有时也具有发明的性质。

二、创新作品

创新作品,是指通过作者的创作活动产生的具有文学、艺术或科学性质的,具有独创性且以一定有形的形式复制表现出来的智力成果。

根据大多数国家的著作权法和主要国际著作权公约的规定,受著作权保护的作品包括小说、诗词、散文、论文、速记记录、数字游戏等文字作品;讲课、演说、布道等口语作品;配词或未配词的音乐作品;戏剧或音乐戏剧作品;哑剧和舞蹈艺术作品;绘画、书法、版画、雕塑、雕刻等美术作品;实用美术作品;建筑艺术作品;摄影艺术作品;电影作品;与地理、地形、建筑、科学技术有关的示意图、地图、设计图、草图和立体作品。

随着社会经济的发展需要,著作权法所保护的创新作品的种类和范围会不断扩张。由于保护计算机软件的需要,一些国家开始用著作权法对软件加以保护,根据世界贸易组织的TRIPS协议,成员国均承诺以著作权方式对软件予以保护,但是著作权方式保护软件有其不足之处,即无法保护其流程和构思,抄袭者稍加修改,就可避免侵权,许多国家开始考虑以专利形式对软件予以保护。

我国在2001年修改著作权法时,根据国际上的发展趋势,扩增了创新作品的外延,又根据我国的国情,增加了一些外延,比如杂技,我国杂技水准在国际上已经领先。但是我国著作权法并不保护杂技中的技巧等技术问题,而仅仅保护杂技中舞蹈性的、体现美感的部分。

相对于实践的需要,立法的进展总存在滞后问题。尽管我国著作权法列举了九项作品大类,最后一项是其他智力成果。但是,第一,各项大类下具体包括哪些形式的作品,常常存在争议,比如,美术的概念是否涵盖实用艺术品?第二,我国著作权法的表述方式是否排除了其他可能的新型作品类型?对此,学界尚有争议。但是,我国最高人民法院的司法解释在处理网络环境下的作品时,给予了一种开放的态度。因此,著作权法保护的作品的具体范围,应当根据立法、司法实践以及学理来界定。

创新作品的类型因作品形成的情况不同而有不同的分类方式,以下主要分为五类。

1. 合作作品

由两个或两个以上的作者共同创作的作品为合作作品。根据著作权法的基本原则和大多数国家的惯例,如无相反协议,合作作品的著作权由合作作者共有,著作权的行使和因他人使用作品所得报酬的分配,由合作作者协商解决。但是,合作作品中可以单独使用的部分,其著作权一般由创作该部分作品的作者保留和单独行使。

2. 编辑作品

根据特定的目的，按特定的方式，将多种作品进行整理、编排而形成的作品，如报纸、期刊、百科全书、文集等。一般国家的著作权法规定，编辑作品作为一个整体，其著作权归编辑者或出版者所有，但编辑者或出版者行使著作权时，不得损害编辑作品中各个作品的著作权人。

3. 委托作品

委托作品是指作者根据委托合同为他人创作的作品。作者按委托人的要求创作某一具体作品，委托人按合同双方同意的标准和条件向作者支付报酬。英美等国的著作权法规定，如果合同双方没有相反的规定，委托作品的著作权归委托人所有。在法国、联邦德国等国，著作权法规定委托作品的著作权亦归创作作品的作者所有，委托人通过合同获得作品的专有使用权。菲律宾等国的著作权法允许委托人与作者共同享有委托作品的著作权。

4. 职务作品

职务作品是指领薪作者作为本职工作或工作任务创作的作品。在资本主义国家，职务作品主要指雇员作者依雇用合同在受雇期间所创作的作品，简称雇用作品。英美等国的著作权法规定，此类作品的著作权归雇主，或根据雇用合同转让雇主，法国、俄国等国著作权法规定，此类作品的著作权归作者，雇主或作者所在的法人组织有权在一定期限和一定范围内使用著作权中的部分财产权利。在中国，根据惯例，职务作品以机关、学校、研究所等单位名义发表的，著作权归单位；以作者个人名义发表的，著作权归作者个人，但作者所在单位为履行本单位的职能有权使用，可不征求同意和支付报酬。

5. 演绎作品

演绎作品是指对一部已有作品进行翻译、改编、整理而产生的作品。演绎作品是与原作品相对而言的，如将一部小说改编成一个剧本，一部中文著作翻译成英文版本，一首用一种乐器演奏的古典乐曲整理成用多种乐器演奏的通俗乐曲，后者便是前者的演绎作品。各国著作权立法和国际著作权公约规定，演绎作品应得到与原作品同等的著作权保护，但作者或其他著作权所有者行使著作权，不得损害原作品著作权所有者的权利。如将一部翻译小说改编成电影，不仅需要译者授权，而且需要小说作者授权，并分别支付报酬。

此外，还有多个作者合作创作，但著作权属于法人或非法人团体的"法人作品"和"集体作品"。

三、创新项目的立项实施

目前，我国以创新作为立项依据的创新项目类别很多，国家自然科学基金项目、各级各类省级、市厅级科研项目等都属于创新项目范围。对于在校大学生来说，可以直接申请参与的就是大学生创新创业训练计划项目。

1. 大学生创新创业训练计划项目的立项实施

大学生创新创业训练计划项目是通过实施国家级大学生创新创业训练计划，促进高等学校转变教育思想观念，改革人才培养模式，强化创新创业能力训练，增强高校学生的创新能力和在创新基础上的创业能力，培养适应创新型国家建设需要的高水平创新人才。

1）大学生创新创业训练计划项目的起源

根据《教育部 财政部关于"十二五"期间实施"高等学校本科教学质量与教学改革工程"的

意见》(教高〔2011〕6号)和《教育部关于批准实施"十二五"期间"高等学校本科教学质量与教学改革工程"2012年建设项目的通知》(教高函〔2012〕2号),教育部决定从"十二五"开始实施国家级大学生创新创业训练计划。

2) 大学生创新创业训练计划项目的内容

国家级大学生创新创业训练计划项目包括创新训练项目、创业训练项目和创业实践项目三类。

创新训练项目:本科生个人或团队,在导师指导下自主完成创新性研究项目设计、研究条件准备和项目实施、研究报告撰写、成果(学术)交流等工作。

创业训练项目:本科生团队,在导师指导下,在项目实施过程中团队中的每个学生扮演一个或多个具体角色,完成编制商业计划书、开展可行性研究、模拟企业运行、参加企业实践、撰写创业报告等工作。

创业实践项目:学生团队在学校导师和企业导师共同指导下,采用前期创新训练项目(或创新性实验)的成果,提出一项具有市场前景的创新性产品或者服务,以此为基础开展创业实践活动。

3) 大学生创新创业训练计划项目的经费支持

国家级大学生创新创业训练计划项目面向中央部委所属高校和地方所属高校。中央部委所属高校直接参加,地方所属高校由地方教育行政部门推荐参加。国家级大学生创新创业训练计划项目由中央财政、地方财政共同支持,参与高校按照不低于1∶1的比例,自筹经费配套。中央部委所属高校参与国家级大学生创新创业训练计划项目,由中央财政按照平均一个项目1万元的资助数额,予以经费支持。地方所属高校参加国家级大学生创新创业训练计划项目,由地方财政参照中央财政经费支持标准予以支持。各高校可根据申报项目的具体情况适当增减单个项目的资助经费。对中央部委所属高校的创业实践项目,每个项目经费不少于10万元,其中,中央财政经费应资助5万元左右。

中央财政支持国家级大学生创新创业训练计划项目的资金,按照财政部、教育部《"十二五"期间"高等学校本科教学质量和教学改革工程"专项资金管理办法》进行管理。各高校参照制定相应的专项资金管理办法,负责创新创业训练计划项目经费使用的管理。项目经费由承担项目的学生使用,教师不得使用学生项目经费,学校不得截留和挪用,不得提取管理费。

中央部委所属高校分为A、B、C三组。2012年,中央财政经费支持A组高校各200项,B组高校各150项,C组高校各70项。为保持实施项目的连续性,各高校可以将2012年的部分项目余额用于支持各校2011年已经立项的学生项目。2013年及以后各年的实际项目数额,将根据上一年的年度评价决定。鼓励各参与高校利用自主科研经费或其他自筹经费,增加立项目。

4) 大学生创新创业训练计划项目的组织实施

中央部委所属高校直接向教育部提交工作方案,非教育部直属的中央部委所属高校同时报送其所属部委教育司(局)。地方教育行政部门将推荐的地方所属高校的工作方案汇总后,一并提交给教育部。教育部组织专家论证,通过论证后即可实施。

各高校制定本校大学生创新创业训练计划项目的管理办法,规范项目申请、项目实施、项目变更、项目结题等事项的管理,建立质量监控机制,对项目申报、实施过程中弄虚作假、工作无明显进展的学生要及时终止其项目运行。

各高校在公平、公开、公正的原则下,自行组织学生项目评审,报教育部备案并对外公布。项目结束后,由学校组织项目验收,并将验收结果报教育部。验收结果中,必需材料为各项目的总结报告,补充材料为论文、设计、专利以及相关支撑材料。教育部将在指定网站公布项目的总结报告。

国家级大学生创新创业训练计划项目面向本科生申报,原则上要求项目负责人在毕业前完成项目。创业实践项目负责人毕业后可根据情况更换负责人,或是在能继续履行项目负责人职责的情况下,以大学生自主创业者的身份继续担任项目负责人。创业实践项目结束时,要按照有关法律法规和政策妥善处理各项事务。

各高校根据本校实际情况,适当安排创新训练项目和创业训练项目的比例,并逐步覆盖本校的各个学科门类。A组和B组高校要设立一定数量的创业实践项目。

教育部对各高校实施国家级大学生创新创业训练计划项目进行整体评价。每年组织一次分组评价,根据评价结果,适度增减下一年度的项目数。

2. 大学生创新创业训练计划项目的有关要求

(1) 高度重视大学生创新创业训练计划项目对推动人才培养模式改革的重要意义。参与高校要成立由主管教学的校领导牵头负责,由教务、科研、设备、财务、产业、学工、团委等职能部门参与的校级组织协调机构,制定切实可行的管理办法和配套政策,将大学生创新创业训练计划项目的日常管理工作纳入本科生教学管理体系。

(2) 大学生创新创业训练计划项目要进入人才培养方案和教学计划。参与计划的高校教学管理部门要从课程建设、学生选课、考试、成果认定、学分认定、灵活学籍管理等方面给予政策支持。要把创新创业训练计划项目作为选修课程开设,同时要组织建设与创新训练有关的创新思维与创新方法等选修课程,以及与创业训练有关的项目管理、企业管理、风险投资等选修课程。

(3) 要重视大学生创新创业训练计划项目的导师队伍建设。对参与大学生创新创业训练计划项目的学生实行导师制。参与计划的高校要制定相关的激励措施,鼓励校内教师担任大学生创新创业训练计划项目的导师,积极聘请企业导师指导学生的创业训练和实践。

(4) 重视大学生创新创业训练计划项目的条件建设。参与计划高校的示范性实验教学中心、各类开放实验室和各级重点实验室要向参与计划的学生免费提供实验场地和实验仪器设备。参与计划高校的大学科技园要积极承担大学生创新创业训练任务,为参与计划的学生提供技术、场地、政策、管理等支持和创业孵化服务。

(5) 参与计划高校要营造创新创业文化氛围。搭建项目交流平台,定期开展交流活动。鼓励表现优秀的学生,支持项目学生参加校内外学术会议,为学生创新创业提供交流经验、展示成果、共享资源的机会。学校还要定期组织项目指导教师之间进行交流。

(6) 参与计划的学生,如发现本校实施该计划时有违反教育部要求的情况,可以向教育部投诉。投诉的问题要确切,教育部将在调查核实之后予以处理。

7.2 知识产权保护概述

一、知识产权

知识是对客观事物的认识,人们应用这些认识来改造世界、创造财富。显然,为了人类的进步,应使知识成为全社会所共有的。但知识又是智力活动的成果,我们把运用知识开发的一项发明、总结出的一种新方法,统称为创新成果。创新成果的取得,需要付出智力,在大多数情况下,还付出了物力、财力等。因此,创新者的付出应该得到报偿,他们的劳动成果应受到尊重。

知识要让社会共享,就必须公开。在商品经济社会中,仿制一种新产品,盗版一本畅销书,能使仿制者、出版商获得巨额利润。若不加任何限制,发明者、著作者将蒙受巨大损失。世界已经走向开放,世界经济的联系也越来越密切。因此,要制定统一的规则,既使创新成果为社会所共有,又使创造者得到报偿,于是形成了知识产权制度。

知识产权是指人们就其智力劳动成果所依法享有的专有权利。它是依照法律赋予符合条件的著作者、发明者或成果拥有者在一定期限内享有的独占权利,一般认为它包括著作权和工业产权。著作权是指创作文学、艺术和科学作品的作者及其他著作权人依法对其作品所享有的人身权利和财产权利的总称;工业产权是指包括发明专利、实用新型专利、外观设计专利、商标、服务标记、厂商名称、货源名称或原产地名称等在内的权利人享有的独占性权利。

1. 知识产权的实质

知识产权的实质是将知识视为发明人、著作者的财产。知识产权制度鼓励一切智力创造向社会公开,而社会对公开的成果予以保护,并承认创造者对创造对象在一定期限内拥有独占权利,可以像有形财产一样继承、转让。各种智力创新成果,比如发明、文学和艺术作品,在商业中使用的标志、名称、图像以及外观设计,都可被认为是某一个人或组织所拥有的知识产权。假如采取子孙相传、独家经营的方式,将阻碍技术的发展;反之若予以公开,让其他人为商业目的无偿利用,则发明人的耗费得不到报偿,不利于鼓励创造发明。若实行知识产权制度,就在发明人与使用人之间架起了一座桥梁。发明人公开技术,可以得到报偿;使用人支付专利使用费后,可以为商业目的利用发明成果。

目前,经有关部门注册登记的商标、著作、计算机软件均可受到法律的保护。但由于我国实施知识产权法规的时间不长,人们还不习惯利用这些法规保护自己的智力创造。一项创新成果未履行一定的手续,不符合相应知识产权法规严格规定的条件是不受法律保护的,也得不到国际知识产权组织的承认,无法以平等的身份参加国际竞争。例如,我国发明的水稻插秧机,尽管是一项优秀成果,但由于当时我国尚未实施专利法,国外却抢先申请了专利,结果,我国的水稻插秧机在国际市场上销售,反成了侵权行为。因此我们必须学习这些法规,并自觉地利用法律来保护我们的发明创造成果。

2. 知识产权的特点

知识产权取得的利益既有经济性质的也有非经济性质的。因此,知识产权既与人格权、亲属权不同,也与财产权不同。

(1) 知识产权是一种无形财产,它的保护对象是人的智力创造,属于"智力成果权"。它是指在科学、技术、文化、艺术领域从事一切智力活动而创造的精神财富依法所享有的权利。客体是人类的创造性智力劳动成果,这种智力劳动成果属于一种无形财产或无体财产,但是它与那种属于物理的产物的无体财产(如电气)、与那种属于权利的无形财产(如抵押权、商标权)不同,它是人的智力活动的直接产物。

(2) 知识产权具备专有性的特点。知识产权的所有人对其智力成果具有排他性的权利。这种智力成果又不仅是思想,而是思想的表现,但它又与思想的载体不同。权利主体独占智力成果,在这一点上,类似于物权中的所有权,所以以往将其归为财产权。

(3) 知识产权具备时间性、地域性的特点。知识产权的地域性是指除签有国际公约或双边、多边协议外,依一国法律取得的权利只能在该国境内有效,受该国法律保护。知识产权的时间性,是指各国法律对知识产权分别规定了一定期限,期满后则权利自动终止。

(4) 知识产权具备法定性的特点。知识产权的产生、种类、内容和取得方式均由法律直接规定,不允许当事人自由创设。

(5) 大部分知识产权的获得需要法定的程序,比如,商标权的获得需要经过登记注册。

3. 知识产权的种类

1) 著作权与工业产权

著作权又称版权,是指自然人、法人或者其他组织对文学、艺术和科学作品依法享有的财产权利和精神权利的总称。主要包括著作权及与著作权有关的邻接权。通常我们说的知识产权主要是指计算机软件著作权和作品登记及音像制品专有权。

工业产权是指工业、商业、农业、林业和其他产业中具有实用经济意义的一种无形财产权,由此看来"产业产权"的名称更为贴切。工业产权主要包括专利权(发明专利、实用新型专利、外观专利)与标记使用权(商标、商号、货源标记、服务标记的使用权)。

2) 人身权利与财产权利

按照知识产权的内容组成,知识产权由人身权利和财产权利两部分构成,也称为精神权利和经济权利。

人身权利,是指权利同取得智力成果的人的人身不可分离,是人身关系在法律上的反映。例如,作者在其作品上署名的权利,或对其作品的发表权、修改权等,即为精神权利。

财产权利是指智力成果被法律承认以后,权利人可利用这些智力成果取得报酬或者得到奖励的权利,这种权利也称为经济权利。它是指智力创造性劳动取得的成果,由智力劳动者对其成果依法享有的一种权利。

二、知识产权保护

知识产权虽然在形态上有其特殊性,但它仍然是客观实在的财产。所以,我们仍然可以对无形的知识产权进行科学管理,提高知识产权的经营、保护与使用效益。

1. 知识产权保护的发展历程

自2008年《国家知识产权战略纲要》颁布之后,我国陆续出台了《商标法》、《专利法》、《技术合同法》、《著作权法》和《反不正当竞争法》等法律法规文件。从宏观层面上讲,国家已经在法律制度层面为企业知识产权权益的保护提供了较强的法律依据,为企业在制定知识产权保护制度及具体实施方法上指明了方向,但是目前还缺乏侵权案件的单独法律法规详细文件。

随着知识领域的拓宽,知识产权保护的范围也在扩大。我国1989年缔结《关于集成电路知识产权条约》,并成为第一批在该条约上签字的国家。在知识产权制度形成的初期,往往是每个国家单独立法。

专利制度建立最早。1474年,威尼斯颁布了第一部专利法,接着英国在1624年、美国在1790年、法国在1791年、俄国在1812年、德国在1877年、日本在1885年先后颁布了各自的专利法,各国制定的法规通常只在本国主权范围内有效。为了统一、协调各国的知识产权法规,使各国在国际交往中能遵守共同的"国际惯例",1970年成立了"世界知识产权组织"(WIPO),它是联合国的专门机构,我国于1980年加入该组织。1985年我国成为《保护工业产权巴黎公约》成员国,1989年加入了《商标国际注册马德里协定》,成为世界知识产权组织的一员。与此相适应,我国在1983年实施了商标法,1985年实施了专利法,1990年颁布了著作权法,1991年又颁布了计算机软件保护条例,2008年6月,国务院颁布了《国家知识产权战略纲要》。

20世纪80年代以来,随着世界经济的发展和新技术革命的到来,世界知识产权制度发生了引人注目的变化,特别是近些年来,科学技术日新月异,经济全球化趋势增强,产业结构调整步伐加快,国际竞争日趋激烈。知识或智力资源的占有、配置、生产和运用已成为经济发展的重要依托,专利的重要性日益凸现。

国家知识产权局于2016年4月9日表示,要着力构建知识产权大保护工作格局,加快形成知识产权保护的强大合力。2018年11月5日,在首届中国国际进口博览会开幕式上,中国宣布,坚决依法惩处侵犯外商合法权益特别是侵犯知识产权行为,提高知识产权审查质量和审查效率,引入惩罚性赔偿制度,显著提高违法成本。

知识产权保护是一个复杂的系统工程,知识产权自身涉及专利、商标、版权、植物新品种、商业秘密等领域,其保护的权利内容、权利边界等有各自的特点;保护手段涉及注册登记、审查授权、行政执法、司法裁判、仲裁调解等多个方面,客观上需要构建知识产权大保护的工作格局。

2. 知识产权保护的特点

知识产权保护已成为国际经济秩序的战略制高点,并成为各国激烈竞争的焦点之一。具体表现为以下几个鲜明特点:

(1)随着科学技术的迅速发展,传统的知识产权制度面临挑战,知识产权的保护范围在不断扩大。如在专利领域中,美国已对含有计算机程序的计算机可读载体、基因工程、网络上的经营模式等发明给予了专利保护。发展中国家的技术创新空间受到了极大的遏制。如何科学合理地确定专利保护的范围,已成为一个紧迫而重大的研究课题。世界银行在1998年年底发布的一份报告中指出,日益强化的国际知识产权保护立法,面临着扩大发达国家与发展中国家知识产权差距的危险。

(2)某些发达国家近年来极力推行专利审查的国际化,提出打破专利审查的地域限制,建立"世界专利",即少数几个国家负责专利审查,并授予专利权,其他国家承认其审查结果。所谓"世界专利",实质上是世界各国的专利审查工作,由少数几个发达国家和地区的专利局来进行。

(3)知识产权已纳入世界贸易组织管辖的范围。知识产权与货物贸易、服务贸易并重,成为世界贸易组织的三大支柱,并且已将货物贸易的规则、争端解决机制引入知识产权领域。按照世贸组织的规定,世贸组织任何成员国将因知识产权保护不力,遭到贸易方面的交叉报复。知识产权已成为国际贸易中的前沿阵地,随着关税的逐步减让直至取消,知识产权保护在国际贸易中的地位和重要性将更加突出。

(4)以美国、日本为代表的发达国家,纷纷调整和制定其面向新世纪的知识产权战略,并将其纳入国家经济、科技发展的总体战略之中。

7.3 专利

一、专利概述

专利是人类共同的知识宝库,是对人类创造发明活动中取得成果的充分肯定和尊重。从威尼斯于1471年颁布世界上第一部专利法开始,至今已经有五百多年历史。1624年,英国制定的《垄断法规》被认为是现代专利法的开端。现在,已经有一百五十多个国家和地区建立了专利制度。专利制度在我国的开端始于1912年的《奖励工艺品暂行条例》。中华人民共和国成立以后,我国先后于1950年颁布实施了《保障发明权与专利权暂行条例》,1978年颁布实施了《发明奖励条例》,1984年颁布实施了《中华人民共和国专利法》(简称《专利法》),1985年颁布实施了《中华人民共和国专利法实施细则》,2000年第二次修改《专利法》,2008年第三次修改《专利法》,逐步肯定并完善了对专利权的保护。

专利权,简称"专利",是发明创造人或其权利受让人对特定的发明创造在一定期限内依法享有的独占实施权,是知识产权的一种。我国于1984年颁布《专利法》,1985年颁布该法的实施细则,对有关事项做出了具体规定。

专利权是指专利权人在法律规定的范围内独占使用、收益、处分其发明创造,并排除他人干涉的权利。专利权具有时间性、地域性及排他性。此外,专利权还具有如下法律特征:

(1) 专利权是两权一体的权利,既有人身权,又有财产权。

(2) 专利权的取得须经专利局授予。

(3) 专利权的发生以公开发明成果为前提。

(4) 专利权具有利用性,专利权人如不实施或不许可他人实施其专利,有关部门将采取强制许可措施,使专利得到充分利用。

从法律的角度来说,专利权就是一种"专属权利",是指发明创造人或其权利受让人对其发明创造成果在一定期限内依法享有的专有权,它属于知识产权的范畴。按照我国《专利法》第十一条的规定,专利所有人在经过法定手续申请得到批准后,国家颁发专利证书,他人在法定期限范围内,未经专利所有人同意不得使用该项发明创造成果。专利制度是知识产权制度的重要组成部分,《专利法》的作用不仅体现在维护专利权人的合法权益、促进科学技术的进步,还应当将其提升到建设创新型国家、促进经济社会发展的战略高度。

二、专利权的客体

专利权的客体,也称为专利法的保护对象,是指依法应授予专利权的发明创造。根据我国专利法第二条的规定,专利权的客体包括发明、实用新型和外观设计三种。

专利权是知识产权的主要组成部分之一,而知识产权是一种关于无形财产的财产权,其保护对象是"人的心智、人的智力创造"。正如任何财产权的内容、范围以及财产所有人的权利、义务要受到某些限制一样,专利权也不是一种绝对的权利。例如当一项在后专利是对他人的在前专利的某种改进时,在后专利的专利权人未经在前专利的专利权人同意,就不能实施自己的发明创造,否则就构成侵犯在前专利的行为。当发明创造涉及国家和公众的重大利益时,国家可以对该专利予以推广应用或者批准强制许可。

1. 发明

我国《专利法》第二条第二款对发明的定义是:发明,是指对产品、方法或者其改进所提出的新的技术方案。

(1) 发明是一项新的技术方案。

一般而言,技术方案是指运用自然规律解决人类生产、生活中某一特定技术问题的具体构思,是利用自然规律、自然力产生一定效果的方案。世界知识产权组织的经典教材指出:发明是人脑的一种思维活动,是利用自然规律解决生产、科研、实验中各种问题的技术解决方案。

技术方案一般由若干技术特征组成。例如,产品技术方案的技术特征可以是零件、部件、材料、器具、设备,装置的形状、结构、成分、尺寸等;方法技术方案的技术特征可以是工艺、步骤、过程,所涉及的时间、温度、压力以及所采用的设备和工具等。各个技术特征之间的相互关系也是技术特征。

科学发现和科学理论只是人们对自然界中客观存在的未知物质、现象或变化过程的认识和对其规律的总结,不是利用自然规律去能动地改造世界,因而不属于专利法所称的发明,不是专利法的保护对象。例如,发现闭合导体在磁场中进行切割磁力线运动会产生电流并不能申请专利,但根据该原理出发制造电机就显然是一种可以获得专利保护的发明。此外,经济活动和行政管理工作等方面的计划、规则和方法等,由于只涉及人类社会活动的规则,没有利用自然力或自然规律,因而也不属于专利法的保护对象。其他智力活动的规则和方法,例如下棋规则、游戏规则、汉语拼音方案、提高记忆力的方法等,由于只是指导人们判断、记忆、推理、分析的规则和方法,不具有技术内容,也不能成为专利法的保护对象。

(2) 发明分为产品发明和方法发明两大类型。

产品发明包括所有由人创造出来的物品,例如对机器、设备、部件、仪器、装置、用具、材料、组合物、化合物等做出的发明。方法发明包括所有利用自然规律的方法,又可以分为制造方法和操作使用方法两种类型,例如对加工方法、制造工艺、测试方法或产品使用方法等做出的发明。

专利法保护的发明也可以是对现有产品或方法的改进。绝大多数发明都是对现有技术的改进,例如对某些技术特征进行新的组合,对某些技术特征进行新的选择等,只要这种组合或选择产生了新的技术效果,就是可以获得专利保护的发明。

2. 实用新型

《专利法》第二条第三款规定:"实用新型,是指对产品的形状、构造或者结合所提出的适于实用的新的技术方案。"

实用新型与发明的相同之处在于实用新型也必须是一种技术方案,而不能是抽象的概念或者理论表述。实用新型与发明的不同之处在于:第一,实用新型只限于具有一定形状的产品,不能是一种方法,例如生产方法、试验方法、处理方法和应用方法等,也不能是没有固定形状的产品,如药品、化学物质、水泥等;第二,实用新型的创造性要求不太高,但实用性要较强。针对后一特点,人们一般将实用新型称为小发明。

产品的形状是指产品具有可以从外部观察到的确定的空间形状;产品的构造是指产品的内部构造,即产品的组成部分及其结构,它们具有确定的空间位置关系,以某种方式相互联系而构成一个整体。物质的微观结构,例如分子结构、原子结构等,不属于产品的"构造"。

为了更好地贯彻执行专利法及其实施条例,1989年12月21日,中国专利局依据原专利法实施条例第九十五条发布了第二十七号公告,规定下列各项不属于实用新型专利的保护对象:

(1) 各种方法,产品的用途;

(2) 无确定形状的产品,如气态、液态、粉末状、颗粒状的物质或材料;

(3) 单纯材料替换的产品,以及用不同工艺生产的同样形状、构造的产品;

(4) 不可移动的建筑物;

(5) 仅以平面图案设计为特征的产品,如棋、牌等;

(6) 由两台或两台以上的仪器或设备组成的系统,如电话网络系统、上下水系统、采暖系统、楼房通风空调系统、数据处理系统、轧钢机、连铸机等;

(7) 单纯的线路,如纯电路、电路方框图、气动线路图、液压线路图、逻辑方框图、工作流程图、平面配置图以及实质上仅具有电功能的基本电子电路产品(如放大器、触发器等);

(8) 直接作用于人体的电、磁、光、声、放射或其结合的医疗器具。

上述各项不授予实用新型的内容中,有的是从实用新型应当具有确定三维形状、适于实用的定义出发的,例如无确定形状的产品、单纯材料替换的产品;有的是出于政策上的考虑,例如不可移动的建筑物、系统;有的是考虑到这些以电、磁、光、声、放射或其结合方式直接作用于人体的医疗器具关系到人身的健康和安全,由于我国对实用新型专利申请不进行实质审查,经过初步审查即授予专利权,为了维护公众和消费者的利益,防止一些未经严格科学试验或测试、会对人民身体健康造成不良影响的医疗器具借专利的名义对公众产生误导作用,因此将它们排除在实用新型专利的保护对象之外。

实用新型和发明的不同点如表7-1所示。

表7-1 实用新型与发明的比较

项 目	实用新型	发 明
保护对象	具有一定形状和构造的物品	一切技术领域内的发明
保护范围	较窄	宽
要求条件	相对新颖,创造性要求较低	绝对新颖,创造性要求高
审批条件	进行符合专利法的初步审查	需进行实质性审查
申请费用	申请费用500元,维持费亦较低	申请费用900元,维持费较高
有效期限	自申请之日起10年	自申请之日起20年

3. 外观设计

我国《专利法》所称的外观设计,"是指对产品的整体或局部的形状、图案或者其结合以及色彩与形状、图案的结合所作出的富有美感并适于工业应用的新设计。"

外观设计与实用新型都涉及产品的形状,不同的是,实用新型是一种技术方案,它所涉及的形状是从产品的技术效果和功能角度出发的;而外观设计是一种设计方案,它所涉及的形状是从产品美感的角度出发的。

从上述定义出发,外观设计是关于产品外表的装饰性或艺术性的设计。这种设计可以是平面图案,也可以是立体造型,或者是二者的结合。一般而言,它具有下述特点:

(1) 只有与产品相结合的外观设计才是我国专利法意义上的外观设计。

(2) 必须能够在产业上应用，也就是能够服务于生产经营目的，如果产品的形状或图案不能用工业的方法复制出来，或者不能达到批量生产的要求，就不是我国专利法意义上的外观设计。

(3) 能给人以美的享受，即"富有美感"。

对外观设计授予的专利叫外观设计专利。授予外观设计专利的目的主要是促进商品外观的改进，既增强竞争能力，又美化人民生活。随着国际市场的扩大、国内外市场竞争的日趋激烈和人类生活水平的不断提高，对产品的外观设计给予有效保护的必要性已变得更为突出。这是因为改善外观设计与扩大商品销售有着密不可分的关系，当产品的质量和性能相同时，外观设计的好坏能直接影响消费者的选择，影响产品的销售量。事实证明，一个企业可能因为快速、大量生产在外观上适合公众爱好的产品而获得显著的经济效益。反之，产品将难于销售。正因为如此，工业界和各国政府都在努力加强对产品外观设计的保护。

三、专利权授予与不授予的条件

1. 授予专利权的条件

1) 新颖性

新颖性指在申请之日以前没有同样的发明或者实用新型在国内外出版物上公开发表过，或在国内公开使用过，或者以其他方式为公众所知，也没有同样的发明或者实用新型由他人向国务院专利行政部门提出过申请并记载在申请日之后公布的专利申请文件中。

在判断新颖性的时候，要与现有技术进行参照。现有技术就是指已公开的技术，也叫已有技术、先行技术、背景技术。一般其公开的方式有三种。一是书面公开，也叫出版物公开。这种出版物必须是公开发行的，而内部的、保密的，或者只是局限性发行的刊物都不算公开发行。二是使用公开，这包括新产品的制造、使用、销售、交换、赠送、租赁、借贷、公开展览、实物表演等。这种使用必须是面向公众的，而且公众由此能够了解到该技术的全部细节。一个单位使用一项发明，如只有本单位职工能看到，就不是公开的。产品是技术方案的载体，公众可以通过产品了解技术方案，所以产品向公众销售、租赁等行为是一种使用公开。三是口头公开，是指通过报告、讲座、广播、电视等形式公开。

2) 创造性

创造性，是指与现有技术相比，该发明具有突出的实质性特点和显著的进步，该实用新型具有实质性特点和进步。

创造性是指同申请日之前已有的技术相比，该发明具有突出的实质性特点和显著的进步。判断创造性，也要与现有技术对比。但判断创造性可以使用两篇或者三篇现有技术文献进行对比，而不是一篇。也就是说，可以将两篇或者三篇现有技术文献的内容融合在一起，同发明或者实用新型进行对比。

实质性特点是指发明或者实用新型有一个或者几个技术特征，这些特征不能只凭借现有技术或知识按照逻辑推理得出。在判断是否具有实质性特点时，一方面要考虑技术方案本身的特性，另一方面也要考虑发明的目的和效果。显著的进步是针对发明的技术效果而言的。技术效果可以是多样的，比如产生新的功能，节约原料，减少污染，增强效率比，改善劳动条件，精简结构程序。

提高创造性的判断是一个很复杂的问题,尽管在一些国家专利制度已有几百年的历史,但至今仍未形成一个行之有效的客观标准。一般来说,能够解决长期悬而未决难题的发明,或者突破常规思维、克服技术偏见的发明,都可以认定为具有创造性。

发明和实用新型在关于创造性的要求上是有所区别的。法律规定,发明要求有"突出的实质性特点和显著的进步",实用新型则没有"突出的""显著的"界定。由此可见,对发明的创造性要求较高。

3)实用性

实用性,是指该发明或者实用新型能够制造或者使用,并且能够产生积极效果。

申请专利的发明或者实用新型必须能在产业中应用。换句话说,发明或者实用新型不能是抽象的、纯理论的东西,只能在理论上、思维上予以应用,而必须是能在实践中实现的东西。能够产生积极效果,是指发明或者实用新型制造使用后,与现有技术相比所具有的有益的效果。这种效果可以是技术效果,也可以是经济效果或者社会效果,例如提供新的产品、提高产品的产量、改善产品的质量、增加产品的功能、节省能源或原材料、改善劳动条件、防治环境污染、有助于改善社会风尚等。明显无益、严重污染环境或者严重浪费能源的发明或者实用新型,则因缺乏积极效果而不能授予专利。

要求申请专利的发明或者实用新型具有实用性,并不是要求这种发明或者实用新型在申请时已经实际予以制造或者使用,由此来证明产生了积极效果。这里所要求的只是根据申请人在说明书中所写的清楚、完整的说明,所属领域的技术人员根据其技术知识或者经过惯常的试验和设计后,就能够得出申请专利的发明或者实用新型能够予以制造或者使用,并能够产生积极效果的结论。

要求申请专利的发明或者实用新型具有实用性,也不是要求发明或者实用新型已经高度完善,毫无缺陷。事实上,任何技术方案都不可能是完美无缺的。只要存在的缺点或者不足之处没有严重到使有关技术方案根本无法实施,或者根本无法实现其发明目的的程度,就不能因为存在这样或者那样的缺点或者不足之处,否认该技术方案具有实用性。

2. 不授予专利权的发明专利申请

(1)科学发现;

(2)智力活动的规则和方法;

(3)疾病的诊断和治疗方法;

(4)动物和植物品种;

(5)用原子核变换方法获得的物质;

(6)对违反法律、行政法规的规定获取或者利用遗传资源,并依赖该遗传资源完成的发明创造,不授予专利权。

四、专利权的主体

专利权的主体即专利权人,是指依法享有专利权并承担相应义务的人。

1. 发明人或设计人

发明人或设计人,是指对发明创造的实质性特点做出创造性贡献的人。在完成发明创造过程中,只负责组织工作的人、为物质技术条件的利用提供方便的人或者从事其他辅助性工作的人,例如试验员、描图员、机械加工人员等,均不是发明人或设计人。其中,发明人是指发明的完成人；设计人是指实用新型或外观设计的完成人。发明人或设计人，只能是自然人，不能是单位、集体或课题组。

发明创造是智力劳动的结果。发明创造活动是一种事实行为，不受民事行为能力的限制，因此，无论从事发明创造的人是否具备完全民事行为能力，只要他完成了发明创造，就应认定为发明人或设计人。

发明人或设计人包括非职务发明创造的发明人或设计人和职务发明创造的发明人或设计人两类。非职务发明创造，是指既不是执行本单位的任务，也没有主要利用单位提供的物质技术条件所完成的发明创造。对于非职务发明创造，申请专利的权利属于发明人或设计人。发明人或设计人对非职务发明创造申请专利，任何单位或者个人不得压制。申请被批准后，该发明人或设计人为专利权人。

如果一项非职务发明创造是由两个或两个以上的发明人或设计人共同完成的，则完成发明创造的人被称为共同发明人或共同设计人。共同发明创造的专利申请权和取得的专利权归全体共有人共同所有。

2. 单位

对于职务发明创造来说，专利权的主体是该发明创造的发明人或设计人的所在单位。职务发明创造，是指执行本单位的任务或者主要是利用本单位的物质技术条件所完成的发明创造。

这里所称的"单位"，包括各种所有制类型和性质的内资企业和在中国境内的中外合资经营企业、中外合作企业和外商独资企业；从劳动关系上讲，既包括固定工作单位，也包括临时工作单位。

职务发明创造分为两类：

（1）执行本单位任务所完成的发明创造，包括三种情况：

①在本职工作中做出的发明创造；

②履行本单位交付的本职工作之外的任务所做出的发明创造；

③退职、退休或者调动工作后一年内做出的，与其在原单位承担的本职工作或者原单位分配的任务有关的发明创造。

在第③种情况中，只有同时具备两个条件，才构成职务发明创造：第一，该发明创造必须是发明人或设计人从原单位退职、退休或者调动工作后一年内做出的；第二，该发明创造与发明人或设计人在原单位承担的本职工作或者原单位分配的任务有联系。

（2）主要利用本单位的物质技术条件所完成的发明创造。

"本单位的物质技术条件"是指本单位的资金、设备、零部件、原材料或者不对外公开的技术资料等。一般认为，如果在发明创造过程中，全部或者大部分利用了单位的资金、设备、零部件、原料以及不对外公开的技术资料，这种利用对发明创造的完成起着必不可少的决定性作用，就可以认定为主要利用本单位物质技术条件。如果仅仅是少量利用了本单位的物质技术条件，且这种物质条件的利用，对发明创造的完成无关紧要，则不能因此认定是职务发明创造。对于利用本单位的物质技术条件所完成的发明创造，如果单位与发明人或设计人订有合同，对申请专利的权利和专利权的归属做出约定的，从其约定。

职务发明创造的专利申请权和取得的专利权归发明人或设计人所在的单位。发明人或设计人享有署名权和获得奖金、报酬的权利，即发明人或设计人有权在专利申请文件及有关专利文献中写明自己是发明人或设计人；被授予专利权的单位应当按规定向对职务发明创造的发明人或设计人发放奖金;在发明创造专利实施后,单位应根据其推广应用的范围和取得的经济效益,对发明人或设计人给予合理的报酬。发明人或设计人的署名权可以通过书面声明放弃。

3. 受让人

受让人是指通过合同或继承而依法取得该专利权的单位或个人。专利申请权和专利权可以转让。专利申请权转让之后,如果获得了专利,那么受让人就是该专利权的主体;专利权转让后,受让人成为该专利权的新主体。

两个以上单位或者个人合作完成的发明创造、一个单位或者个人接受其他单位或者个人委托所完成的发明创造,如果双方约定发明创造的申请专利权归委托方,从其约定,申请被批准后,申请的单位或者个人为专利权人。如果单位或者个人之间没有协议,构成委托开发的,申请专利权以及取得的专利权归受托人,但委托人可以免费实施该专利技术。

继受了专利申请权或专利权之后,受让人并不因此而成为发明人或设计人,该发明创造的发明人或设计人也不因发明创造的专利申请权或专利权转让而丧失其特定的人身权利。

从专利实施权的角度讲,受让人还包括专利实施权的受让人,也就是指通过合同约定,获得专利实施权的法人或个人,包括独占实施许可人、排他实施许可人和一般实施许可人。

专利权中的外国人包括具有外国国籍的自然人和法人。在中国有经常居所或者营业所的外国人,享有与中国公民或单位同等的专利申请权和专利权。在中国没有经常居所或者营业所的外国人、外国企业或者外国其他组织在中国申请专利的,依照其所属国同中国签订的协议或者共同参加的国际条约,或者依照互惠原则,可以申请专利,但应当委托依法设立的专利代理机构办理。

五、专利权的性质

根据各国现在使用的专利法归纳总结,专利权具有以下几个性质。

1. 独占性

独占性又称专有性或垄断性。专利权的独占性指的主要是专利的排他性质,即未经专利权人的许可,任何单位或者个人都不得以生产经营为目的制造、使用、销售、进口已获得专利权的专利产品,否则就是对专利权的侵犯。侵权者不但要赔偿专利权人的经济损失,情节严重的还要依法对其进行制裁和惩戒。独占性是专利权最基本的特性。

2. 地域性

地域性是指一项发明创造专利权的有效范围仅限于授予国的领土范围内。也就是说,经某国法律认可的专利,仅在该国法律管辖范围内受到保护,而在未授予专利权保护的国家里,该专利权就不存在。

3. 时间性

各国对专利权的有效保护期限都有一定的规定。我国《专利法》规定,发明专利权的期限为20年,实用新型专利权的期限为10年,外观设计专利权的期限为15年。保护期限届满后,专利权自行终止。

目前,我国已经建立起一套比较完善的专利制度对专利权进行保护。专利制度包含以下几个内容:

第一,国家鼓励公民进行创造发明活动,鼓励公民在取得创造发明成果的基础上申请有关创造发明成果的专利；

第二，国家对公民依法定程序申请并获得批准的专利实行保护；

第三，国家对专利实行保护的原则是保护首创的成果，在时间上是对申请在先的成果进行保护；

第四，国家对专利实行的保护是有期限的，超过专利保护期限后，发明创造的成果即向社会公开，任何人都可以无偿使用；

第五，国家在建立专利制度后，作为实施专利制度的一个重要组成部分，就必定要涉及专利文献的出版，而专利文献本身作为创造发明的一个源泉，必然给我们的创造活动提供取之不尽的信息。

7.4 专利的申请

我国专利法对专利的申请有明确的规定，在专利申请时应注意以下问题。

1. 专利申请的类型

专利申请分发明、实用新型和外观设计三种类型。针对产品、方法或者改进所提出的新的技术方案，可以申请发明专利；针对产品的形状、构造或者其结合所提出的适于实用的新的技术方案，可以申请实用新型专利；针对产品的形状、图案或者其结合以及色彩与形状、图案的结合所做出的富有美感并适于工业应用的新设计，可以申请外观设计专利。

2. 办理发明或实用新型专利申请应当提交的文件

申请发明专利的，申请文件应当包括：发明专利请求书、说明书（说明书有附图的，应当提交说明书附图）、权利要求书、摘要（必要时应当有摘要附图），各一式两份。

申请实用新型专利的，申请文件应当包括：实用新型专利请求书、说明书、说明书附图、权利要求书、摘要及其附图，各一式两份。

3. 受理专利申请的部门

申请人申请专利时，应当将申请文件直接提交或寄交到国家知识产权局专利局受理处（以下简称专利局受理处），也可以提交或寄交到所在地方的国家知识产权局专利局代办处（以下简称专利局代办处），目前在北京、沈阳、济南、长沙、成都、南京、上海、广州、西安、武汉、郑州、天津、石家庄、哈尔滨、长春、昆明、贵阳、杭州、重庆、深圳、福州等设立了专利局代办处。国防专利分局专门受理国防专利申请。

4. 办理专利申请

办理专利申请应当提交必要的申请文件，并按规定缴纳费用。专利申请必须采用纸质形式或者电子申请的形式办理。不能用口头说明或者提供样品或模型的方法来代替纸质或电子申请文件。

各种手续文件都应当按规定签章，签章应当与请求书中填写的姓名或者名称完全一致。签章不得复印。涉及权利转移的手续，应当有全体申请人签章，其他手续可以由申请人的代表人签章办理，委托专利代理机构的，应当由专利代理机构签章办理。

办理手续要附具证明文件或者附件的，证明文件与附件应当使用原件或者副本，不得使用复印件。如原件只有一份的,可以使用复印件,但同时需要附有公证机关出具的复印件与原件一致的证明。

5. 申请文件的排列

发明或者实用新型专利申请文件应按下列顺序排列:请求书、说明书摘要、摘要附图、权利要求书、说明书、说明书附图。外观设计专利申请文件应按照请求书、图片或照片、简要说明顺序排列。申请文件各部分都应当分别按阿拉伯数字顺序编号。

6. 申请文件的纸张要求

申请文件的纸张质量应相当于复印机用纸的质量。纸面不得有无用的文字、记号、框、线等。各种文件一律采用A4尺寸(210毫米×297毫米)的纸张。

申请文件的纸张应当纵向使用。文字应当自左向右排列,纸张左边和上边应各留25毫米空白,右边和下边应当各留15毫米空白,以便于出版和审查时使用。申请文件各部分的第一页必须使用国家知识产权局统一制定的表格。这些表格可以在专利局受理大厅的咨询处索要,也可以向各地的专利局代办处索取或直接从国家知识产权局网站下载。

7. 申请文件的文字和书写要求

申请文件各部分一律使用汉字。外国人名、地名和科技术语如没有统一中文译文,应当在中文译文后的括号内注明原文。申请人提供的附件或证明是外文的,应当附有中文译文,申请文件(包括请求书在内)都应当用宋体、仿宋体或楷体打字或印刷,字迹呈黑色,字高应当在3.5～4.5毫米之间,行距应当在2.5～3.5毫米之间。要求提交一式两份文件的,其中一份为原件,另一份应采用复印件,并保证两份文件内容一致。申请文件中有图的,应当用墨水和绘图工具绘制,或者用绘图软件绘制,线条应当均匀清晰,不得涂改。不得使用工程蓝图。

8. 专利申请内容的单一性要求

一件发明或者实用型新专利申请应当限于一项发明或者实用新型。属于一个总的发明构思的两项以上的发明或者实用新型,可以作为一件申请提出。一件外观设计专利申请应当限于一项外观设计。同一产品两项以上的相似外观设计,或者用于同一类别并且成套出售或者使用的产品的两项以上的外观设计,可以作为一件申请提出。

9. 申请文件的填写和撰写

申请文件的填写和撰写有特定的要求,申请人可以自行填写或撰写,也可以委托专利代理机构代为办理。

10. 专利申请的受理

专利局受理处或各专利局代办处收到专利申请后,对符合受理条件的申请,将确定申请日,给予申请号,发出受理通知书。对申请人面交专利局受理处或各专利局代办处的申请文件,如果数量在10件以下的,当时进行申请是否符合受理条件的审查,符合受理条件的当场发出受理通知书。

11. 受理通知书

向专利局受理处寄交申请文件的,一般在一个月左右可以收到国家知识产权局专利局(以下简称专利局)的受理通知书,不符合受理条件的,将收到不受理通知书以及退还的申请文件复印件。超过一个月尚未收到专利局通知的,申请人应当及时向专利局受理处查询,以及时发现申请文件或通知书在邮寄中可能的丢失。

12. 提交申请文件的注意事项

向专利局申请专利或办理其他手续的,可以将申请文件或其他文件面交到或寄交到专利局受理处,也可以将申请文件面交到或寄交到任何一个专利局代办处。在提交文件时应注意下列事项:

(1) 向专利局提交申请文件或办理各种手续的文件,应当使用国家知识产权局统一制定的表格。表格可以从官网下载,也可以到专利局受理大厅索取或以信函方式索取(信函寄至:专利局初审及流程管理部发文处)。

(2) 一张表格只能用于一件专利申请。

(3) 向专利局提交的各种文件,申请人都应当留存底稿,以保证申请审批过程中文件填写的一致性,并可以此作为答复审查意见时的参照。

(4) 申请文件是邮寄的,应当用挂号信函。无法用挂号信邮寄的,可以用特快专递邮寄,不得用包裹邮寄申请文件。挂号信函上除写明专利局或者专利局代办处的详细地址(包括邮政编码)外,还应当标有"申请文件"及"国家知识产权局专利局受理处收"或"国家知识产权局专利局XX代办处收"的字样。申请文件通过快递公司递交的,以专利局受理处以及各专利局代办处实际收到日为申请日。一封挂号信涵内应当只装同一件申请的文件。邮寄后,申请人应当妥善保管好挂号收据存根。

(5) 专利局在受理专利申请时不接收样品、样本或模型。在审查程序中,申请人应审查员要求提交样品或模型时,若在专利局受理窗口当面提交的,应当出示审查意见通知书;邮寄的应当在邮件上写明"应审查员XX(姓名)要求提交模型"的字样。

(6) 申请人或专利权人的地址有变动,应及时向专利局提出著录项目变更;申请人与专利事务所解除代理关系,应向专利局办理变更手续。

(7) 同一申请人同日对同样的发明创造既申请实用新型专利又申请发明专利的,应当在申请时分别说明。未说明的,不适用专利法第九条第一款关于同一申请人同日对同样的发明创造既申请实用新型专利又申请发明专利的规定,即会造成其发明专利不能授权。

(8) 任何单位或者个人在中国完成的发明或者实用新型,准备直接向外国申请专利的,应当事先向专利局提出保密审查请求,并详细说明其技术方案;如果首先向专利局申请专利,而准备随后向外国申请专利或者向有关国外机构提交专利国际申请的,应当在向外国申请专利或者向有关国外机构提交专利国际申请前提出保密审查请求,也可以在专利局申请专利的同时提出保密审查请求。向专利局提交专利国际申请的,视为同时提出了保密审查请求。

7.5 专利申请的案例分析

专利申请过程中可以请专利代理机构协助申请,也可以个人直接向国家知识产权局申请。如果请专利代理机构协助申报需要填写技术交底书。

一、技术交底书模板

发明(实用新型)名称:＿＿＿＿＿＿＿＿＿＿＿＿＿＿＿＿＿＿＿＿＿＿＿＿＿＿＿

技术问题联系人:＿＿＿＿＿＿＿＿＿＿＿＿＿＿＿＿＿＿＿＿＿＿＿＿＿＿＿＿＿

交底人 Tel:＿＿＿＿＿＿＿＿＿＿ Fax:＿＿＿＿＿＿＿＿＿＿ E-mail:＿＿＿＿＿＿＿＿＿＿

术语解释:＿＿＿＿＿＿＿＿＿＿＿＿＿＿＿＿＿＿＿＿＿＿＿＿＿＿＿＿＿＿＿＿＿＿＿＿＿＿

一、发明名称:＿＿＿＿＿＿＿＿＿＿＿＿＿＿＿＿＿＿＿＿＿＿＿＿＿＿＿＿＿＿＿＿＿＿

能够清楚反映发明创造的主题和类型(产品或者方法),不能含有人名、地名、商标、型号或者商品名称,也不能使用商业性宣传用语。

二、技术领域:＿＿＿＿＿＿＿＿＿＿＿＿＿＿＿＿＿＿＿＿＿＿＿＿＿＿＿＿＿＿＿＿＿

写明发明创造直接所属或者直接应用的技术领域,譬如,一项关于挖掘机悬臂的发明,则技术领域应该写为:本发明涉及一种挖掘机,特别是一种挖掘机悬臂。

三、背景技术:＿＿＿＿＿＿＿＿＿＿＿＿＿＿＿＿＿＿＿＿＿＿＿＿＿＿＿＿＿＿＿＿＿

应当写明与本发明密切相关的现有技术,该部分内容重点是阐述现有技术的水平以及存在的问题(缺陷),并且这些问题(缺陷)应当是本发明所能够解决的问题(克服的缺陷)。

现有技术如果是文献(专利文献、期刊、杂志、手册和书籍),需要引证。专利文献应当写明国别、公开号和公开日期,其余非专利文献需要写明文献的详细出处,尤其是公开时间。

四、本发明解决的技术问题:＿＿＿＿＿＿＿＿＿＿＿＿＿＿＿＿＿＿＿＿＿＿＿＿＿＿

对应背景技术中列举的缺点,用正面语言描述本发明要解决的技术问题;解决的技术问题可以是一个,也可以是多个。

五、发明内容:＿＿＿＿＿＿＿＿＿＿＿＿＿＿＿＿＿＿＿＿＿＿＿＿＿＿＿＿＿＿＿＿＿

若保护有形产品(工具,机械设备等),则需要结合附图说明它的组成、连接关系、传动关系、工作原理(结合结构图上的标号进行描述),并明确写出发明点。

若是无固定形状的产品或方法,则:

(1) 产品:请指出它的组成成分、配比,配比可以给出一个范围。

(2) 方法:请指出制造产品的工艺过程、工艺条件。

六、发明效果:＿＿＿＿＿＿＿＿＿＿＿＿＿＿＿＿＿＿＿＿＿＿＿＿＿＿＿＿＿＿＿＿＿

请写出本发明创造的优点、特点、主要性能指标,所述优点最好是与背景技术中提及的现有技术存在的问题(或缺陷)相对应。能定量的要尽可能定量,不能定量也要定性。

优点:性能、质量、精度和效率的提高;能耗、原材料、工序的节省;加工、操作、控制、使用简便等方面。

七、附图及附图说明:＿＿＿＿＿＿＿＿＿＿＿＿＿＿＿＿＿＿＿＿＿＿＿＿＿＿＿＿＿

附图应清楚表明有形产品的结构构造,要突出发明点,附图的数量不限,平面图和立体图均可,要求是线条图,最好用 CAD 软件绘制。保护机械构造的,要求绘制机械图;保护线路构造的要求绘制电路原理或气路原理图。

所有附图都应该有详细的文字描述,保护机械构造的要说明零部件的相对位置关系、连接关系和必要的机械配合关系等(图中部件要给出标号,不同图上的同一件,都应是同一标号)。

线路构造要说明元器件之间的确定的连接关系,其中电子产品可以先给出逻辑框图,再给出有创造性框内的具体电路图。

此外,针对提供的每幅图,需要给出相应的说明。

八、具体实施方式:＿＿＿＿＿＿＿＿＿＿＿＿＿＿＿＿＿＿＿＿＿＿＿＿＿＿＿＿＿＿

提供至少一个具体实施方式。实施方式是对发明内容的细化和解释,或是最优化的技术方案,即给出一个或几个具体的实施方案。可以是在某种场合应用了此发明,效果如何,也可以是此发明的某些关键部位可以有几种替换结构的描述。

根据法律规定,专利必须是一个技术方案,应该阐述发明(实用新型)目的是通过什么技术方案来实现的,不能只有原理,也不能只做功能介绍。交底书不能按功能写,应按步骤/层次写,即从步骤/层次角度扩展(以阶梯方式描述),使之逻辑清楚。若从功能角度写,则具有较多的介绍成分,使本发明(实用新型)的方法/系统分散,不易提炼本发明(实用新型)的核心。专利必须充分公开,以本领域技术人员不需付出创造性劳动即可实现为准。

二、案例分析

下面以"多功能家具一体机"为例,说明申请实用新型专利的技术交底书的书写格式:

案例 7-1

多功能家具一体机

实用新型名称:多功能家具一体机

摘要:

本实用新型公开了一种多功能家具一体机,属于组合式家具技术领域,多功能家具一体机的整体为一个垂直竖立的书架,书架的底端设有四个地轮,书架的一侧通过铰链连接大桌面和小桌面,大桌面的下方铰接支架一,小桌面下端铰接支架二;书架的另一侧设有平台,平台铰接床体,床体中间设有转轮一、转轮二,床体的下端设有支架三、支架四;书架的下部设有电机,电机通过皮带连接皮带轮,皮带轮通过皮带连接地轮,连接转轮一,转轮一通过链条连接转轮二。利用现有的机械技术手段使家具组合在一起,有效利用小居室的空间,将家具组合使用时铺开,缓解居室小所带来的不便。

权利要求书:

一种多功能家具一体机,其整体为一个垂直竖立的书架(1),书架(1)的底端设有四个地轮(7),书架(1)的一侧通过铰链(2)连接大桌面(4)和小桌面(3),大桌面(4)的下方铰接支架一(5),小桌面(3)下端铰接支架二(6),书架(1)的另一侧设有平台(10),平台(10)铰接床体(13),床体(13)中间设有转轮一(11)、转轮二(15),床体(13)的下端设有支架三(12)、支架四(14),书架(1)的下部设有电机(9),电机(9)通过皮带连接皮带轮(8),皮带轮(8)通过皮带连接地轮(7),连接转轮一(11),转轮一(11)通过链条连接转轮二(15)。

技术领域:

[0001]本实用新型涉及一种多功能家具一体机,属于组合式家具技术领域。

背景技术:

[0002]当前,随着人们生活水平的提高,住房问题越来越多地成为人民关注的焦点。对于当代家庭来说,小居室受到了众多人的青睐,但是家具的设置和摆放是一个难题,同一个家具,在大居室摆放时就能相当协调,而放在小居室就会稍显拥挤,拥挤的空间会减少居室采光,影响人们的视觉感官,室内不摆放家具则又生活不方便。

发明内容:

[0003]为了克服上述的不足,本实用新型提供一种多功能家具一体机,该多功能家具一体

机能在不使用时将家具整合在一起,使用时打开,节省室内面积。

[0004] 本实用新型解决其技术问题所采用的技术方案是:多功能家具一体机的整体为一个垂直竖立的书架,书架的底端设有四个地轮,书架的一侧通过铰链连接大桌面和小桌面,大桌面的下方铰接支架一,小桌面下端铰接支架二;书架的另一侧设有平台,平台铰接床体,床体中间设有转轮一、转轮二,床体的下端设有支架三、支架四;书架的下部设有电机,电机通过皮带连接皮带轮,皮带轮通过皮带连接地轮,连接转轮一,转轮一通过链条连接转轮二。

[0005] 本实用新型的有益效果是:利用现有的机械技术手段使家具组合在一起,有效利用小居室的空间,将家具组合使用时铺开,缓解居室小所带来的不便。

附图说明:

[0006] 图7-1是本实用新型多功能家具一体机侧视结构图。

[0007] 图7-2是本实用新型多功能家具一体机俯视结构图。

[0008] 图中1.书架,2.铰链,3.小桌面,4.大桌面,5.支架一,6.支架二,7.地轮,8.皮带轮,9.电机,10.平台,11.转轮一,12.支架三,13.床体,14.支架四,15.转轮二。

具体实施方式:

[0009] 如图7-1和图7-2所示,多功能家具一体机的整体为一个垂直竖立的书架1,书架1的底端设有四个地轮7,书架1的一侧通过铰链2连接大桌面4和小桌面3,大桌面4的下方铰接支架一5,小桌面3下端铰接支架二6;书架1的另一侧设有平台10,平台10铰接床体13,床体13中间设有转轮一11、转轮二15,床体13的下端设有支架三12、支架四14;书架1的下部设有电机9,电机9通过皮带连接皮带轮8,皮带轮8通过皮带连接地轮7,连接转轮一11,转轮一11通过链条连接转轮二15。

[0010] 平时多功能家具一体机可放在室内一侧靠墙而立,其书架1、大桌面4和小桌面3作为书桌或饭桌使用,到晚上或需要睡觉时,将一体机移至宽阔处电机9带动转轮一11、转轮二15将床体13放下,由支架三12、支架四14将床体13支撑。待不使用时可将床体13复位与书架1并立,将书架1靠墙放置。

说明附图:

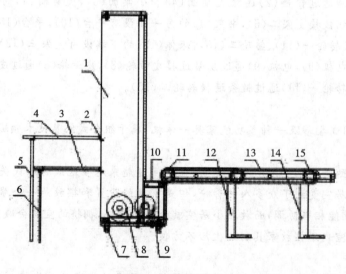

图7-1 侧视结构图

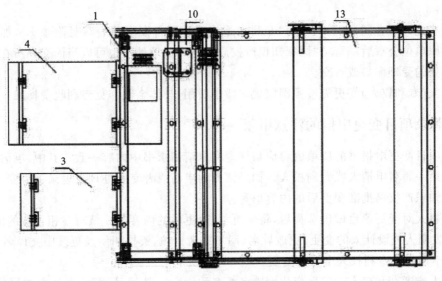

图 7-2　俯视结构图

7.6　创新创造成果的价值转化

一、专利权人的权利

1. 实施许可权

实施许可权是指专利权人可以许可他人实施其专利技术并收取专利使用费。许可他人实施专利的,当事人应当订立书面合同。

2. 转让权

专利权可以转让。转让专利权的,当事人应当订立书面合同,并向国务院专利行政部门登记,由国务院专利行政部门予以公告,专利权的转让自登记之日起生效。中国单位或者个人向外国人转让专利权的,必须经国务院有关主管部门批准。

3. 标示权

标示权是指专利权人享有在其专利产品或者该产品的包装上标明专利标记和专利号的权利。

二、成果的价值转化流程

创新创造成果的价值获得可以通过专利转化与专利实施许可来实现。具体的工作流程如下:

(1) 专利发明人与企业协商专利转化(实施许可)相关事项,并拟订"专利转化(实施许可)合同"(见附录 C,附录 D)。

(2) 合同签订后,按照转化方式不同,分两种情况处理。

专利转化合同:发明人填写"著录项目变更申报书"(见附录 E),进行申请人(专利权人)

变更。

专利实施许可合同：发明人填写"专利实施许可合同备案申请表"（见附录F），加盖申请人（专利权）原单位公章后邮寄至"国家知识产权局专利局受理处"，也可以当面交到所在省份的专利局代办处的受理窗口或寄交。

申请人（专利权人）变更需按照国家规定缴纳费用，具体金额详见专利收费标准。

三、著录项目变更申报的注意事项

著录项目变更申报书的所填内容应与该专利申请请求书中内容一致。其中，申请人或专利权人应为第一署名申请人或专利权人。如果该专利申请或者专利办理过著录项目变更手续，应按照国家知识产权局批准变更后的内容填写。

由当事人对变更项目做出选择后，将变更前、变更后的内容逐一填写在相对应的位置。

（1）发明人或设计人的变更：更改姓名、漏填或者错填、资格纠纷及更改中文译名。

（2）申请人或专利权人事项的变更。

申请人或者专利权人未发生变化而姓名或名称、地址、邮编、国籍或者注册的国家（地区）、居民身份证件号码或统一社会信用代码/组织机构代码发生改变；因权利的转让、继承、赠与以及经法院判决、调解所引起的权利转移等相应事项的变化。办理申请人或专利权人事项的变更时，变更类型为必选项。其中"更名"指权利人的主体未发生变化，仅名称发生改变的。"转移"指权利主体发生改变，包括因权属纠纷发生权利转移请求变更的；因权利的转让或赠与发生权利转移请求变更的；因合并、分立、注销或改变组织形式发生权利转移请求变更的；因拍卖发生权利转移请求变更的。"继承"指因权利人死亡造成权利主体发生改变的。"其他"指除了更名、转移和继承外，其他情形的变更，例如申请人姓名书写错误的变更。

（3）联系人事项的变更：增加、取消、重新指定以及地址发生变化。

（4）专利代理事项的变更：申请人或专利权人解除委托、更换专利代理机构，专利代理机构辞去委托。

专利费用可以通过网上缴费、邮局或银行汇款缴纳，也可以到国家知识产权局面缴。汇款时应当准确写明申请号、费用名称（或简称）及分项金额。未写明申请号和费用名称（或简称）的视为未办理缴费手续。

四、专利实施许可合同备案手续及填报说明

（1）办理专利实施许可合同备案需提交的文件：专利实施许可合同备案申请表；专利实施许可合同；许可方、被许可方的身份证明（个人需提交身份证复印件，企业需提交加盖公章的营业执照复印件、组织机构代码证复印件，事业单位需提交加盖公章的事业单位法人证书复印件、组织机构代码证复印件）；许可方、被许可方共同委托代理人办理相关手续的委托书；代理人身份证复印件。

（2）申请表一般由许可方签章；许可方或被许可方为外国人的，可由其委托的代理机构签章。

（3）许可方为多人以及许可专利为多项的，当事人可自行制作申请表附页，将完整信息填入。

第 8 章　创业理论与实践

本章要点

了解创业的基本概念,明确创业应具有的基本素质和创业精神,理解创业的资源和创业的机会,掌握创业计划书的书写方法,积极参与大学生创业实践活动,为创业做充分的准备。

我们已经学习了创意、创造、创新的相关理论和技法,创造、创新的价值在于创业,创业的核心是创造和创新,创业需有创造力和创新的能力,创造、创新是创业的基石,我们要充分利用已有资源开展创业,从而推动并深化创造、创新。

8.1　创 业 概 述

一、创业的概念

创业就是创业者对自己拥有的资源或通过努力能够拥有的资源进行优化整合,从而创造出更大经济或社会价值的过程。通常指创立基业,即创造、开拓、推进一种事业或产业,实现从无到有、从小到大、从弱到强的巨大变化。

创业有广义和狭义之分。广义的创业是指创业者的各项创业实践活动,其功能指向是成就国家、集体和群体的大业。狭义的创业是指创业者的生产经营活动,主要是开创个体和家庭的小业。

我们从创业的字形构成分析"创",篆文从刀,仓声,是形声字。"业",篆文像古代乐器架子横木上的大板,上面刻有锯齿,以便悬挂钟、鼓等乐器,后引申为学业、事业、职业、行业、就业、产业、创业、工作等。创业是创字当头,业为基础,意味着任何一项事业都是一个从无到有、从小到大、从简到繁、从旧到新的创造过程。

创业的内涵,是新颖的、创新的、灵活的、有活力的、有创造性的,以及能承担风险的,许多学者认为,发现并把握机遇是创业的一个重要部分。

创业是包括创造价值、创建并经营一家新的营利型企业的过程;通过个人或群体投资组建公司,提供新产品或服务,以及有意识地创造价值的过程。创业是创造不同的价值的过程,这种价值的创造需要投入必要的时间和付出一定的努力,承担相应的金融、心理和社会风险,并能在金钱和个人成就感方面得到回报。创业是创业者通过发现和识别商业机会,组织各种资源,提供产品和服务,以创造价值的过程。创业有以下几个特点:

(1) 创业是创造具有"更多价值的"新事物的过程。
(2) 创业需要贡献必要的时间,付出极大的努力。
(3) 创业要承担必然存在的风险。财务、精神、社会领域及家庭等风险。
(4) 创业可以收获金钱、报酬、独立自主、个人满足。

对于一个真正的创业者,创业过程不但充满了激情、艰辛、挫折、忧虑、痛苦和徘徊,而且还需要付出坚持不懈的努力,当然,渐进的成功也将带来无穷的欢乐与幸福。创业是一种劳动方式,是一种无中生有的财富现象,是一种需要创业者组织、运用服务、技术、器物作业的思考、推理、判断的行为。

二、创业的类型

(1) 依创业主体的性质可分为:
①个人独立创业。
②公司附属创业。
③公司内部创业。
(2) 依创业起点的不同可分为:
①创建新企业。
②公司再创业。
(3) 依创新层次的不同可分为:
①基于产品创新而创建企业。
②基于市场营销模式的创新而创建企业。
③基于企业组织管理体系创新而创建企业。
④基本新创企业建立渠道而创建企业。

创业是创造。创业活动的本质可以归纳为七种创造活动,即财富的创造、企业的创造、创新的创造、变革的创造、雇用的创造、价值的创造、增长的创造。创业是富有创业精神的创业者与创业机会结合并创造价值的活动。

三、创业的要素

创业要素包括创业者、商业机会、技术、资源、资金、人力资本、产品服务等几个方面。创业就是具有创业精神的创业者、商业机会、资源与技术、资金、人力资本等相互作用、相互配置,以创造产品和服务的动态过程。

创业者:创业过程中处于核心地位的个人或团队,是创业的主体。创业者在创业过程中起着关键的推动和领导作用,包括识别商业机会、创建企业组织、融资、开发新产品、获取和有效配置资源、开拓新市场等。因而创业者的素质和能力是创业成功的第一要素。

商业机会:创业过程的核心,创业者从发现和识别商业机会开始创业。商业机会指没有被满足的市场需求,它是市场中现有企业留下的市场空缺。商业机会就是创业机会,它意味着顾客能得到比当前更好的产品和服务的潜力。

技术:一定产品或服务的重要基础。产品与服务当中的技术含量及其所占比例,是企业满足社会和市场需求的支持保障,是企业的核心竞争力。

资源:组织中的各种投入,包括各种人、财、物。资源不仅指有形资产,如厂房、机器设备,也包括无形资产,如专利、品牌;不仅包括个人资源,如个人技能、经营才能,也包括社会网络资源,如信息、权力影响、情感支持、金融资本。

资金:资金对于处在不同发展阶段的企业来说都是非常重要的。在企业快速发展的时期,资金的缺口将直接限制企业的发展壮大,而在创业之初,主要是靠自筹资金,对于符合一定条件的创业者,将有可能获得一定的政府扶持资金。

人力资本:创业的重要资源投入。成功的关键在于创业者的识人、留人、用人,形成创业的核心团队,制定有利的政策制度和有效的组织结构,建立良好的企业文化是建立人力资本的关键。

产品服务:创业者为社会创造的价值,它既是创业者成功的必要条件,也是创业者对社会的贡献。正是通过为社会提供更多更好的产品服务,人类社会的财富才会日益增多,人们的生活才变得丰富多彩,一代代创业者成为世人追捧的优秀企业家。

四、创业的阶段

1. 生存阶段

以产品、技术、渠道为优势,获得生存空间;只要有想法、肯努力、会销售,就可以获得相应的机会;在这一阶段,与其说是在"创业",更不如说是"做生意"。

2. 稳定阶段

通过规范运营建立稳定的系统来增加机构效益;关键是建立一套持续稳定的运作系统,让企业不再依赖创业者的个人能力和背景获得发展;这就需要创业者的思维从想法提升到思考的高度,把原先的做生意转变为成就事业、创办企业;创业团队也初步形成。

3. 发展阶段

这时依靠的是产业化的核心竞争力,整个商业机构形成了系统平台,依靠的是一个个团队通过系统平台来完成管理,销售变成了营销,区域性渠道转变成一个个地区性的网络,从而形成系统。

4. 成熟扩张阶段

这是创业的最高境界,是一种无国界的经营,也就是建立跨国公司。集团总部的系统平台和各子集团的运营系统形成一个更大的体系。

五、创业的准备

1. 观念准备

大学生在自主创业时应具备几种观念:创新观念、赚钱观念和服务观念。

创新观念就是要求创业者对创业有一种新的认识。创业对大学生来说是一种全新的活动,需要以新的方式、新的思想、新的工作思路去对待一种新的事物。这种观念的思路要开阔,计划要周密,市场意识要强,还要有经营头脑,对自己有充分的认识。

在市场经济条件下,每个人都有发财的愿望。通过创业赚钱是创业者的一种实际追求,但我们应该有一个正确的赚钱观念,不要将赚钱作为创业的唯一目标,赚钱多少没有统一的标准,而且赚钱后应努力回报社会。

树立服务观念是创业的宗旨。作为创业者要想获得创业成功,必须通过自己的创业活动,依靠自己的智慧、技能、经验和辛勤的劳动,为他人和社会创造或提供符合需要的产品与服务,从而既获得丰厚的报酬,又为社会做出了贡献,最后成为成功的创业者。

2. 知识准备

(1) 专业知识。

专业知识是指与创业目标直接相关和发挥作用的知识体系。专业知识是人们长期的社会实践及社会分工的产物,在形式上表现为某种性质和类别的学科知识。

(2) 财务管理知识。

财务管理简单说是如何理财,即如何合理、有效地运用和调配资金来源来获得更多的利润。

(3) 经济管理知识。

在市场经济条件下,公司成败的关键在于经营。创业者不能仅凭经验和直觉去经营企业,必须运用有效的经营管理知识来武装自己,指导经营活动。

(4) 金融知识。

金融即资金的融通,它涉及如何获得发展所需资金等各个方面的问题。获得资金主要有以下几种途径:利用自己的储蓄或向亲友借款;与他人合伙,由合伙人出资,获取资金;向银行贷款;租赁融资;在资本市场通过股票、债券来融资。

(5) 商业知识。

商业知识主要指商品交换与商业、商品需求、商品流通等相关信息。

(6) 税收知识。

税收是国家凭借政治权力参与社会分配、取得物质财富的一种手段。创业者应了解税收知识,依法纳税。

(7) 法律知识。

创业者一般应了解我国《公司法》《合同法》《劳动法》《反不正当竞争法》《产品质量法》《商标法》《消费者权益保护法》等相关法律知识。

六、创业机会的选择

"机不可失,失不再来"。机会不会送上门来,只能人去寻找机会。机会,指具有时间性的有利情况。商业机会包括创业机会和事业机会。一个创业者如果能够把握住一个看似十分偶然的创业机会,就很有可能彻底改变一个人的一生。从哲学的角度看,创业机会的出现,看似十分偶然,其实也一定有它的必然性。

1. 创业机会的类型

创业机会包括潜在的创业机会和衍生的市场机会。

(1) 潜在的创业机会。

潜在的创业机会来自新科技的应用和人们需求的多样化。新科技的应用可能会改变人们的工作和生活方式,从而出现新的市场机会。需求的多样化源自人的本性,人类的欲望很难得到完全的满足。

(2) 衍生的市场机会。

衍生的市场机会来自经济活动的多样化和产业结构的调整。经济活动的多样化为创业带来了可能性。产业结构的调整以及国企改革为创业提供了新契机。

2. 创业机会的把握

既然机会的偶然出现也存在着必然性，那么，绝不能靠守株待兔等待机会。每个创业者都应该主动去寻找、捕捉和把握创业机会，机会的把握可极大地促成创业的成功。

（1）要真正了解客户的需求，什么是他们消费的痛点、甜蜜点和盲点。

（2）要善于理解政府的新政策和行业的新标准，这同样也是大学生选择正确的创业方向的重要参考内容之一。拥有敏锐社会嗅觉的创业者，往往可以取得好的回报。

（3）要懂得技术转型。不要让专业出身限制住自己的发展，领域的转变可能会产生意想不到的效果。此外，不断迸发的新点子、新创意也有助于创业计划的完善和缜密。

3. 准确评估创业机会

创业机会的存在并不意味着它就必然有创业的价值。创业机会的准确评估同样值得创业者深思熟虑。一般而言，较好的创业机会有以下五个特征：

（1）在前景市场预测中，能够比较准确客观地预计今后五年的市场需求会稳步快速增长。

（2）创业者能够获得利用特定机会所需的关键资源，其中包括自有资源、外在资源、自然资源以及社会资源等。

（3）创业者不应被锁定在"刚性的创业路径"上，而是可以中途调整创业的"技术路径"。

（4）创业者可以通过创造市场需求来创造新的利润空间，牟取额外的企业利润。

（5）特定机会的商业风险是明朗的，且创业者能够承受该机会的风险。

对于特定创业者而言，面对特定的创业机会，必须能够回答以下五个问题：

①是否拥有利用该机会所需的关键资源？

②能否"架桥"跨越"资源缺口"？

③遇到竞争力量时，是否有能力与之抗衡？

④是否存在可以创造的新增市场以及可以占有的远景市场？

⑤是否有能力承受利用特定机会的商业风险？

七、创业的途径

在风起云涌的高校大学生创业潮中，有激流勇进，劈波斩浪，终于到达彼岸者；有掉头返航，创业失败者；有中途搁浅，蓄势待发，以图东山再起者。知识经济的时代造就和孕育出一批知识英雄。在创业中，会有多方面的影响因素，但创业途径的选择，是创业能否成功的一个重要因素。

创业途径从不同的角度可以划分为不同的类型，主要有以下几种：

（1）根据创业时间可分为五种：毕业即创业、先就业再创业、先深造再就业、边读书边创业、休学业搞创业；

（2）根据创业主体可分为四种：独立创业、家族创业、合作创业、集团创业；

（3）根据创业的客体可分为三种：经商创业、资金短缺时的创业、高科技创业。

创业大学生要根据自身的特点、优势以及综合素质来慎重选择，要选择适合自己发展的途径，从而扬长避短，实现创业成功。结合大学生实际，主要介绍根据创业时间分类的五种途径：

1. 毕业即创业

高等学校大学生就业始终是学校、社会、家庭和大学生个人所关注的问题，毕业生就业制度的改革，从统包统分到双向选择、自主择业。随着人事制度的改革，大学生毕业就业的观念也发生了转变，并且正被社会和家长及学生所接受。近年来，随着国民经济持续稳定的发展，改革开放特别是西部大开发战略的实施，以及现代企业制度的逐步实施，为大学毕业生提供了更多的机会。但是形势不容乐观，社会所提供的就业岗位随着经济、科技的发展将出现高低不平衡的现象。另一方面，随着高校的连续扩招，本科毕业生的就业率有所下降。因此，高校毕业生就业形势依然严峻。尽管党和政府对高校毕业生就业工作十分重视并创造条件努力安排大学生就业，但大学生毕业找不到工作的人数仍有所增加。在这种严峻的形势面前，高校中一部分毕业生的就业观念发生了积极的变化，他们敢于向传统观念挑战，敢于向自己挑战，自主创业的意识逐步树立起来，勇敢迈出了科技创业的第一步。大学毕业生以自己广博的知识走向创业之路，以一种全新的就业观念冲击着传统的就业观，在就业形势日益严峻、大学生就业方式走向多元化的今天，无疑有特殊意义。这是当今大学生择业观的一种新趋向，在社会历史发展的进程中，具有鲜明的代表性。

2. 先就业再创业

创业资金是每一个创业者都会面临的一道门槛，大学生创业，更多的是以智力、知识、科技为核心的创业活动，其资金投入是一笔不小的数目。由于经济条件不允许或自感能力欠缺、经验不足，一些大学生选择了先就业、时机成熟再创业的稳妥之路。这对于大学生来说也不失为一种慎重的选择。

3. 先深造再就业

以科学技术为代表的知识风暴已经来临。知识经济的时代应当是知识英雄的时代，应是"知本家"的时代，知识越来越成为社会发展的主导因素。

然而，"知识"并不是传统意义上的学历，而是融学历、能力、素质为一体的综合知识构成。随着高等教育改革的不断深化，不同层次的人才培养数量不断扩大，人才需求以高学历为重代之以学历与能力并重。高素质的综合性人才越来越成为社会的需要。因此，相当一部分大学生不满足四年的大学本科教育，为了提高自己的综合素质和在未来的职业生涯中有所成就，许多人选择继续深造。

实践证明，在创业者的大军中，硕士生、博士生特别是出国留学回国创业的学生起点高、素质高、能力强，创造了巨大的社会价值。

4. 边读书边创业

以"创业大赛"为标志的大学校园的创业活动引发了一股"创业"浪潮。以往从没有人想过在校的大学生还能创办公司，认为在校学生只要完成大学学业，找一份安稳舒适的工作就心满意足了。然而，席卷全球的高校创业浪潮登陆中国，让大学生如梦初醒，比尔·盖茨、杨致远等成为学生心中的创业英雄，特别是国内高校创业大赛中涌现出的一个又一个大学生创业公司，着实让大学生们大开眼界。

大学生能不能创业？应该怎样创业？已成为学子们关注的话题，创业成了校园流行语。对于大学生来说，已不再满足于日后成为单纯的职员，而是更渴望证实自己的价值——融资、创立公司、自主经营开发。特别是对于那些学习成绩优秀、科研成果突出的大学生而言，创业将更具有实际意义。

边读书边创业遇到的困难更大，不同于一般的活动，创业需要投入相当的时间和精力，难免对学业产生影响。虽然说,创业活动会激励大学生更加勤奋与刻苦地钻研知识,但如何处理好学业和创业的关系还需要我们认真思考。一般来说,在校创业风险大、难度大,大学生应十分慎重。

5. 休学业搞创业

高校大学生的创业激情和创业行动得到国家教育主管部门、社会企事业单位、学校的支持与关心。在学习中创业、在创业中学习是高校素质教育的最佳结合点。近年来教育部明确提出允许大学生(包括硕士生、博士生)保留学籍开办高科技企业。清华大学、南京大学等高校先后出台政策,鼓励有创新能力的学子休学创业。这无疑给具有强烈创新欲望的在校大学生提供了广阔的发展机遇。一些富有创业意识、敢于冒险的大学生成为第一批吃"螃蟹"的人。

8.2 创业精神与创业素质

一、创业精神

1. 创业精神的内涵

创业精神是指在创业者的主观世界中,那些具有开创性的思想、观念、个性、意志、作风和品质等。又可以称为企业家精神,是企业家这个特殊的群体所具有的独特的个人素质、价值取向以及思维模式的抽象表达,是对企业家理性和非理性逻辑结构的一种超越、升华。创业精神包括三个重要的主题:第一个主题是对机会的追求,即对商机的把握,抢占先机、赢得市场;第二个主题是创新,创业精神包含了变革、革新、转换和引入新方法,即新产品、新服务、新方式;第三个主题是增长,创业者追求增长,他们不满足于停留在小规模或现有的规模上,希望企业能够尽可能扩大经营范围,他们不断寻找新趋势和机会,不断创新,不断推出新产品和新的经营方式。

创业精神是社会中刺激经济增长和创造就业机会的一个重要因素。20世纪的著名经济学家熊彼特,将创业精神看作一股"创造性的破坏力量"。新古典经济学的奠基人马歇尔认为,企业家精神是一种个人特征,包括"果断、机智、谨慎和坚定"、"自力更生、坚强、敏捷并富有进取心"以及"对优越性的强烈渴望"。

综上所述,创业精神就是发现和把握商业机会,努力通过创新,从无到有地创造和建立某些事物以满足社会需求、创造价值的活动过程。创业精神包括两个层面:精神层面,代表一种以创新为基础的做事与思考方式;实质层面,代表一种发掘机会,组织资源建立新公司,进而提供新的价值的实践方式。

创业精神又分为:个体的创业精神和组织的创业精神。个体的创业精神,指的是以个人力量,在未来远景引导下,从事创新活动,进而创造一个新事业。组织的创业精神,指在已存在的一个组合资源内部,以群体力量追求共同愿景,从事组织创新活动,进而创造组织的新面貌。

创业精神的价值内涵:要有独立生存的自信心,要有不断创新的进取心,要有广泛关怀的责任心。

2. 大学生应具备的创业精神

1) 创新精神

创新精神包括批判怀疑精神、独立思考精神、勇于探索精神。创办企业,首先要分析市场,寻找创业商机,这要求创业者必须具有创新思维。创新是企业家特有的工具。创业精神是创新实践的精神。

创新精神是创业精神的核心,是企业家的基本素质,没有创新精神,就没有企业的生存和发展。西方企业界流行一句话:不创新,则死亡。

案例 8-1

尤努斯的"微贷"事业

孟加拉国经济学家尤努斯,他缔造的"微贷"事业正在以成功的商业运作模式在全世界范围内消灭贫困。尤努斯的项目遍及100多个国家,累计为400万穷人放贷53亿美元。2004年,尤努斯甚至向26 000位乞丐放贷,每人9美元,这些钱可以让一个乞丐从事贩卖糖果等小生意,而不是沿街乞讨。2005年,尤努斯被评为1979年以来全球最具影响力的25位经济领袖之一。

2) 冒险精神

冒险精神也是创业精神的必然要求,是否敢冒风险,是大学生能否实施创业的重要前提。"风险"一词的来源最为普遍的说法是,在远古时期,以打鱼捕捞为生的渔民们,每次出海前都要祈祷,祈求神灵保佑自己平安归来,他们认识到,"风"给他们带来了无法预测、无法确定的危险,因此有了"风险"一词。风险的基本含义是"未来结果的不确定性或损失"。

案例 8-2

冒险成就比亚迪

1987年7月,21岁的王传福从中南工业大学冶金物理化学专业毕业进入北京有色金属研究院。由于他刻苦努力,潜心钻研电池研究,26岁被破格委以研究院301室副主任重任,成为当时全国最年轻的处长。1993年,研究院在深圳成立比格镍氢电池有限公司,由于专业对口,王传福顺理成章地成为公司总经理。

作为研究电池方面的专家,王传福此时做了一个大胆的决定:脱离有强大背景的比格镍氢电池有限公司,辞掉总经理职务创业,开始他的第一次冒险。2001年,比亚迪锂电池市场份额上升到世界第四位,而镍镉和镍氢电池上升到了第二和第三位,实现了13.65亿元销售额,纯利润高达2.56亿元。

如果说创业是王传福的第一次冒险,那么,决定制造汽车无疑是他冒险的疯狂之举。2003年1月23日,比亚迪宣布以2.7亿元收购西安秦川汽车有限责任公司77%的股份。比亚迪成为继吉利之后国内第二家民营轿车生产企业。按照王传福的话说,冒险精神给比亚迪的初期发展带来了举世瞩目的成就,同样,比亚迪要想成为汽车大王,同样需要冒险精神,更需要一支敢于冒险的企业团队。

但我们必须要明确,冒险并不等于蛮干,不等于铤而走险,更不是违法犯罪,它是在正确计划的指导下有步骤地进行的。所以,创业者一定要分清冒险与冒进的关系,分清什么是勇敢,什么是无知。无知的冒进只会使事情变得更糟,创业行为将变得毫无意义。

3) 科学精神

科学精神作为人类文明的崇高精神,它表达的是一种敢于坚持科学思想的勇气和不断探求真理的意识,具体表现为探索精神、怀疑精神、实证精神、理性精神、独立精神等。

在企业成立和发展的各个阶段,都需要有科学的意识和科学的手段。创办企业时创业者首先需要科学地分析自身条件和外部环境,了解自己是否有能力创业,是否到了创业的时机。在企业的管理过程中,更需要科学的决策,科学精神在企业发展中的作用集中体现在企业决策上,包括人才决策、制度决策等。

4) 拼搏精神

拼搏精神是一种自强不息、不怕困难、勇往直前、披荆斩棘、勇攀高峰的意志品质。冰心曾说过:"成功的花,人们只惊羡它现时的明艳,然而当初它的芽儿,浸透了奋斗的泪泉,洒遍了牺牲的血雨"。拼搏是创业精神的本色。

冯根生的拼搏精神

冯根生,福布斯 2002 年中国内地富豪排名第 58 位。在中药业界,冯根生有一个"中药基辛格"的美称。的确,冯根生是一个不可多得的中药奇才,他为中药走向国际化做出了巨大的贡献。早在 20 世纪 70 年代中期,冯根生就着手开发中药针剂,在大多数同行都中途放弃的时候,冯根生难能可贵地坚持了下来,如今,青春宝药业的针剂产品为中药的现代化正了名,争了光。在经营企业的几十年里,冯根生从不满足于"守摊子",无论是企业处于顺境还是逆境,他始终保持着较强的忧患意识和责任意识,始终保持着"闯"和"冒"的拼搏精神。从创办杭州第二中药厂,研制出几十年来一直畅销海内外的国药"青春宝",到毅然兼并胡庆余堂(1874 年由著名徽商胡雪岩投资创办),再到体制创新,无一不是靠顽强拼搏的精神实现的。完全可以说,没有冯根生的顽强拼搏精神,就不可能有今天的青春宝集团。

5) 合作精神

合作精神,简单来说就是团结协作、发挥他人作用的精神。合作精神是创业精神的精华。

华为公司的"狼性文化"

在企业界,人们正在被一种称为"狼性文化"的企业管理和运作模式吸引。华为公司因为鲜明的运作特征和过去几年里辉煌的成就使得它被认为是最具有代表性的"狼性文化"企业。华为的企业文化是"狼性"文化,主要体现在:敏锐的嗅觉;不屈不挠、奋不顾身的进攻精神;群体奋斗精神。

华为的营销能力很难超越。人们刚开始会以为是华为人的素质高,但当对手也是一批素质很高的人时,发现还是很难战胜华为。最后大家明白过来,与他们过招的,远不止是前沿阵地上的几个冲锋队员,这些人背后是一个强大的后援团队,他们有的负责技术方案设计,有的负责外围关系拓展,有的甚至已经打入了竞争对手内部。一旦前线需要,马上就会有人来增援。华为通过这种"群狼"战术,从一个区域市场、一个产品入手,将国外的竞争对手逐渐逐出了中国市场。

"狼性文化"要求企业从管理层到各个团队成员保持对市场发展和客户需要的高度敏感,保持对市场变化的快速反应和极强的行动能力,保持强大而坚定的信念,并且在企业运转过程中表现出高效的团队协同作战能力。

6) 开拓精神

开拓与创新既密切联系,又各有侧重,都有打破常规、勇于创造和探索的意思。与创新精神相比,开拓精神更强调一种不满足于现状、顽强奋斗、不屈不挠的进取精神。

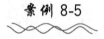

创业精神是硅谷成功的根本原因

硅谷是目前全世界人均生产力与平均投资报酬率最高的地方,而这里与其他地区最大的不同点在于拥有一股支持创新与创业活动的精神力量。机会、资源、人才在这一地区可以获得充分自由的流动,这是硅谷精神最大的特色。在这里,好的创业点子通常都可以找到所需要的资金,能挖掘到有能力的人才共创大业,因此在硅谷创业成功的机会比其他地方更大。反观一般成熟企业的内部,创新的点子通常被视为离经叛道,难以获得资金与人才的支援,更没有实践的机会。硅谷的成功要归于它所形成的环境特征,包括专业分工,旺盛的创业精神,风险投资业的资金投注,产业的群聚,大量的信息与人力流动,产学密切交流互动,开放的企业文化与弹性的组织,产业间密切的技术合作与策略联盟,产业创新速度快,不断创新的竞争策略等。

二、创业素质

创业活动是由创业者主导和组织的商业冒险活动,要成功创业,不仅需要创业者富有开创新事业的激情和冒险精神、面对挫折和失败的勇气等各种优良的品质素养,还需要具备解决和处理创业活动中各种挑战和问题的知识及能力。

1. 创业激情和创业意识

创业激情所指的不是一时冲动,而是持久的追求与不懈的努力。创业需要百折不挠、坚忍不懈的意志。保持创业的激情,是创业者成功的关键因素之一。

创业意识是创业者的一个重要素质,能在瞬息万变的市场环境中不断推陈出新是创业生存的一个重要环节。要想取得创业的成功,创业者必须具备自我实现、追求成功的强烈的创业意识。大学生的创业欲望是指在各种原因的作用下,产生于创业者内心的强烈持久的创业冲动。这种创业冲动不是老师和学校鼓动的结果,而是大学生创业者自然爆发的心灵涌动。

将"创业激情和创业意识"列在创业素质的第一位,是因为没有激情和意识就没有一切,没有创业激情和创业意识就没有创业的目标和行动,因为,激情和意识是创业的原动力。

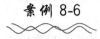

从一张借条开始创业

吴立杰,浙江理工大学2004届服装设计与营销商务专业毕业生,在学生时代就已身家数百万元。在"2009中国大学创业富豪榜"中,他以1000万元身家排名25位。他是从一张借条开始创业的。2000年,家住浙江省泰顺县埠下村的吴立杰以优异成绩考上了浙江理工大学。然而,像不少农村孩子的遭遇一样,父母想尽一切办法也没凑齐他上大学的第一笔学费。最后,是他姐姐东挪西凑了一万元钱才解了燃眉之急。吴立杰郑重许诺,一定要早日还上姐姐的钱,并给姐姐写了一张借条。2000年9月1日,吴立杰如期跨入了大学的校门。一张沉甸甸的借条变成了吴立杰创业的动力。按照他自己的话说:"跨入大学的第一天,我就给自己定了一个目标,必须一边读书,一边赚钱。"正是这个创业意识变成了创业动力,吴立杰利用自己的专业优势上大学期间就自主创业。他学的是服装设计专业,又善于进行职业生涯规划:大一阶段必须学会利用电脑设计作品并去服装企业做兼职;大二阶段积极参加各类服装设计大赛,以锻炼能力、积累资源。大二暑假,他终于踏出了非常大胆也非常关键的一步,他与另外两名同学用20万元注册了一家公司——华泰服装品牌策划公司,他拥有75%的份额。接下来的三个月,没接一单生意。但他并不灰心,经过努力他终于拿下了第一笔策划业务——杭州"三彩服装"策划方案。之后,他相继争取到了"欧王服饰""浙江鳄鱼"等企业的业务。一个大品牌搞定后,有了成功范例,业务也越做越大。

2004年2月,上大四的吴立杰成功注册了法国"豪雯"服饰公司。对自己的创业经历,他的感触是,第一步其实很简单,就是先设计自己。

欲望是一个人与生俱来的,但激情和意识朝什么方向发展,是靠后天培养的。意识由弱到强、由小到大,也是后天培养的结果。特别是大学生的创业激情和创业意识更是后天培养的结果,主要通过想、读、写、看、说、做、比几个环节来培养。

想:想创业的大学生,必须敢于畅想自己的未来,敢于放大自己对功名利禄的欲望,敢于公开自己所想的创业计划。

读:想创业的大学生,不能只读悲观主义的书,除专业书外,还可以阅读励志书籍,阅读那些成功创业家的传记,寻找自己崇拜的创业英雄。

写:想创业的大学生,不能天天书写谴责自己的日记,不能天天写连别人都看不懂的朦胧诗,不能天天写悲天悯人的哲学文章,要写自己的创业感想,写自己的创业格言,写自己创业的宏伟蓝图。

看:想创业的大学生,不能总是看到不如自己的弱者,不能总是坐井观天,必须向比自己强大的人看齐,必须看各类英雄的豪迈,必须看胜利者的壮举。

说:想创业的大学生,不能说"我不行",不能说"做不到",不能说"不可能",不能说"要失败";要说"我很棒""绝对可能""做得到""一定要成功"。

做:想创业的大学生,不能做自己不喜欢的工作,不能做犹豫不决的事情,不能做目标不明确的事情,不能做没有策划的事情,不能做方向错误的事情,不能做没有结果的事情;要做自己拯救自己的事情,按照自己的兴趣发展自己,做目标明确的事情,在目标面前必须立即行动,要在正确策划指导下做事情,要聪明地做事情。

比:想创业的大学生,不能和不如自己的人比,必须和成功的企业家比。在比较中思考以下问题:人家敢想为什么自己不敢想?人家敢做为什么自己不敢做?人家敢成功为什么自己不敢成功?人家敢创业为什么自己不敢创业?人家在创业中获得了一切,为什么自己不能在创业中获得一切?

2. 自信、自强、自主、自立,善于捕捉商机

自信就是对自己充满信心。自信心能赋予人主动积极的人生态度和进取精神。自强就是在自信的基础上,不贪图眼前的利益,不留恋平淡的生活,敢于实践,不断增长自己各方面的能力与才干,勇于使自己成为生活与事业的强者。自主就是具有独立的人格,具有独立思维能力,不受传统和世俗偏见的束缚,不受舆论和环境的影响,能自主选择自己的道路,善于设计和规划自己的未来,并采取相应的行动。自立就是凭借自己的头脑和双手,凭借自己的智慧和才能,凭借自己的努力和奋斗,建立起生活和事业的基础。

在创业的路上,付出了多少代价,付出了多少努力,忍受了多少别人不能忍受的憋闷、痛苦、甚至是屈辱,只有创业的人最清楚。有多少人愿意付出与他们一样的代价?对一般人来说,忍耐是一种美德,对创业者来说,忍耐是必须具备的品格。对创业者来说,肉体上的折磨算不得什么,精神上的折磨才是致命的,如果有心自己创业,一定要先在心里问一问自己,面对从肉体到精神上的全面折磨,你有没有宠辱不惊的"定力"与"精神力"。

创业的每一步都是由很多小目标组成,小目标完成了,大目标也自然能顺利实现。不过,每一个小目标的实现都会遇到很多阻碍和艰难,如果没有毅力去突破,或者选择了逃离,那么肯定是无法创业成功的。每一个成功的背后都有一段难以想象的艰辛。

大学生创业要有捕捉商机的眼光,这种眼光不是政治眼光、学术眼光、生活眼光,它一定是经济眼光。进一步说,一定是能透过各种表象迅速捕获商机的眼光,是能够迅速发现顾客需要的眼光,在此,创业眼光有两层意思,一是要看到,二是要捕捉到,二者合一才能构成大学生创业的眼光。

推 销 案 例

如何把冰箱卖给因纽特人?

因纽特人生活在北极圈内外,冰天雪地,表面上看并不需要冰箱。可有的推销员说:"冰天雪地会冻坏蔬菜,而我的冰箱却可以保鲜又不冻坏蔬菜。推销员透过冰天雪地看见了因纽特人蔬菜保鲜的需要,看见了保鲜的需要也就看见了冰箱的商机。

如何把梳子卖给和尚?

推销员对寺院的住持说,凡来进香的人,多有一颗虔诚之心,宝刹应有所回赠,以做纪念,保佑其平安吉祥,鼓励其多做善事。我有一批木梳,可刻上"积善梳"三字,便可做赠品。住持大喜,当即买下1000把。得到"积善梳"的香客很高兴,一传十,十传百,朝圣者更多,香火更旺。

案例 8-8

制鞋公司的两名推销员

某制鞋公司向非洲某岛屿派去了两名推销员,第一个推销员看见该岛屿上的人都光着脚,于是给公司汇报:这个岛上的人都不穿鞋子,在此没有我们公司的市场。第二个推销员看见该岛上的非洲人都光着脚,他给公司汇报说:该岛上的人都是光着脚的,正是因为他们光着脚,经过教育可以穿鞋子,因此,我们公司在这里有大市场。

要学会辩证地分析问题,进而才能发现并抓住商机。大学生的创业眼光决定了其是否适合创业。很多大学都面向大学生开展创业设计大赛,可是参加比赛的学生并不多?那是因为多数人没有创业的眼光,他们就不可能捕捉到创业的机会,也就不可能写出创业计划书。

3. 良好的创业知识素养

创业知识是进行创业的基本要素。创业需要专业技术知识、经营管理知识和综合性知识等。创业实践证明,良好的知识结构对于成功创业具有决定性的作用,创业者不仅要具备必要的专业知识,还要掌握必备的现代科学、文学、艺术、哲学、伦理学、经济学、社会学、心理学、法学等综合性知识和管理科学知识。

4. 敢于竞争

竞争是市场经济最重要的特征之一,是企业赖以生存和发展的基础,也是一个人立足社会不可缺乏的一种精神。创业者只有敢于竞争,善于竞争,才能取得成功。创业者的创业之路面临的是一个充满竞争的市场,如果创业者缺乏竞争的心理准备,甚至害怕竞争,就只能是一事无成。

5. 良好的人际关系

在创业的道路上,人际关系具有重要的促进作用。良好的人际关系可以帮助创业者排除交流障碍,化解交往矛盾,降低工作难度,提高客户的信任度,从而提高办事效率,增加创业成功的机会。并且,良好的人际关系还有助于创业者在遇到困难时及时得到帮助。很多创业者最初的创业想法是在朋友的启发下产生,甚至是朋友直接提出的。所以,这些人创业成功后,都会更加积极地保持从前的友谊,并且广交天下友,不断开拓自己的社交圈。与朋友们进行头脑风暴,能够不断激发新思路、新点子。创业者应经常到处走一走,多和朋友谈谈天,多阅读,多观察,多思考。机遇只垂青有准备的头脑,让自己"眼界大开"就是最好的准备。

6. 经营管理能力

当今的市场经济社会中,小企业要生存、要发展,创业者必须具有良好的经营管理能力。世界"钢铁大王"卡耐基曾说过:"将我所有的工厂、设备、市场、资金全部夺去,但只要保留我的组织和人员,四年以后,我将仍是钢铁大王。"由此可见,经营管理体系和经营管理能力的重要性。

7. 专业技术能力

创业者是以自己的服务和产品为社会做贡献的,这就需要以精通专业操作为基础。一个具有丰富经验和较高水平的经营管理者,如果不熟悉、不了解某一专业或职业的特殊性,就无法施展和发挥其经营管理能力或综合能力。只有掌握了某一专业技术能力,才能对症下药、因事制宜,采取适当的经营管理方法。从这层意义上讲,专业技术能力是一种最基本的创业能力。

8. 领导与决策能力

创办一个企业,不仅需要处理大量的事务性问题,还要为企业建章立制,即便是只有一两个人的小店铺或家庭企业也不例外。因此,创业者还需要具备相当的领导与决策能力,能把企业的人员与业务安排得井井有条,并能及时处理所遇到的一切问题。

9. 综合能力

在创业活动中,综合能力是一种最高层次的能力,具有很强的综合性。主要包括:把握机遇的能力、信息的获取加工处理能力、公关能力、创新能力等。这些特殊能力一旦与经营管理能力相结合,就从整体上全方位地影响和作用于创业实践活动,使创业实践活动的方式和效率发生显著的改变。

三、创业者提升自身的素质与能力

(1) 刻苦学习相关知识。

知识可以促进能力的发展。在学习文化专业知识的过程中,认真思考,吸取前人的经验,同时锻炼自己综合分析问题的能力。

(2) 实践是提高创业能力的唯一途径

利用空闲时间进行尝试性、见习性的实践活动。

(3) 模拟实践。

利用实习期间进行创业实践训练。

(4) 向专家或行家咨询。

总之,成功创业者所具有的基本素质有:强烈的欲望,积极的心态;充分的自信,敢于冒险;坚韧的毅力,足够的耐心;开阔的眼界,敏锐的反应;把握趋势,明确方向;善借资源,懂得分享;坚持学习,经常反省;勇于创新,出奇制胜;健康的体魄,健全的心理。如图 8-1 所示,大学生创业素质模型中的各要素是大学生创业需要的基本素质。

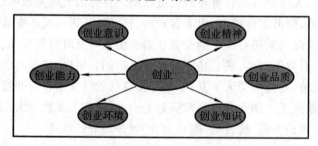

图 8-1 大学生创业素质模型

8.3 创业资源的整合

1. 创业资源

资源是指对于某一主体具有支持作用的各种要素的总和。对于创业者来说,只要是对其创业项目和创业企业的发展有所帮助的要素,都可以归入创业资源的范畴。创业资源中最基本的资源是人员、资金和创业项目,除此之外还包含诸如技术支持、销售渠道、咨询机构、潜在顾客甚至政府机构在内的各种各样的内容。因此,为了强化学生对创业资源的理解,我们有必要从不同的角度对创业资源进行分类。

(1) 从"归属权"的角度来看,可以把创业资源分为内部资源和外部资源。

内部资源是指创业企业或者创业团队自己所拥有的,能够自由配置和使用的各种资源,如企业的创业者、员工、土地、厂房、机器设备、材料、资金、技术等,甚至也可以包括创业者及其员工的时间。只要这种配置和使用不违反现行的法律法规,基本上就不会受到阻止和反对。外部资源则是指创业者或者创业企业并不具有归属权,但通过某些利益共同点可能在一定程度上加以配置和利用的各种资源。常见的外部资源如原材料供应商、技术供给者、销售商、广告商以及相关政府部门等。在有些情况下,创业企业为了减少交易或者沟通的成本,可以考虑把某些外部资源转化为内部资源。

(2) 从"认知度"的角度来看,可以把创业资源分为现实资源、潜力资源和潜在资源。

现实资源就是指那些创业者已经完全认识到其作用的方面和程度的创业资源,如机器设备、原材料、厂房、资金等。潜力资源是指那些已经被创业者所关注,但还没有完全认识其作用的方面和程度的创业资源,比如人员(无论内部还是外部)就是一种典型的潜力资源,往往一个平时不太被关注的人最终可能为创业做出重大贡献。而潜在资源则是指那些创业者可以利用但却还没有发现的创业资源,从某种意义上说,这种资源所占的比例可能是最大的,其作用的不确定性往往也是很大的。

(3) 从支撑作用的着力点的不同,可以把创业资源分为效益型资源、声誉型资源和决策型资源。

效益型资源是指那些能够直接影响创业企业经济效益的资源,也就是说,通过配置和利用这些资源,能够达到降低成本或者增加收入的目的。声誉型资源是指那些有助于提升创业企业的品牌知名度等无形资产的创业资源。决策型资源是指那些能够为创业者的各种决策提供相关信息的创业资源。由于决策型资源是通过创业者或者决策者来起作用的,所以也可以称之为间接性创业资源。

(4) 从"有效性"的角度来看,可以把创业资源分为正资源和负资源。

从某种角度来说,"负资源"的有效处理也是非常重要的,因为避免损失也可以看作是一种收益的方式。

创业者能否成功地开发机会,进而推动创业活动向前发展,通常取决于他们掌握和能整合到的资源,以及对资源的利用能力。许多创业者早期所能获取与利用的资源都相当匮乏,而优秀的创业者在创业过程中所体现出的卓越的创业技能之一,就是创造性地整合和运用资源,尤其是那种能够创造并带来持续竞争优势的战略资源。

尽管与已存在的进入成熟发展期的大公司相比,创业企业的资源比较匮乏,但创业者所拥有的创业精神、独特创意以及社会关系等资源,却同样具有战略性。因此,对创业者而言,一方面要借助自身的创造性,用有限的资源创造尽可能大的价值,另一方面要设法获取和整合各类战略资源。

2. 善用资源整合技巧

我们已经知道,创业总是和创新、创造及创富联系在一起。然而,有的创业者结合自身创业经历提出了这样的观点:缺少资金、设备、雇员等资源,实际上是一个巨大的优势,因为这会迫使创业者把有限的资源集中于销售,进而为企业带来现金流。为了确保公司持续发展,创业者在每个阶段都要问自己,怎样才能用有限的资源获得更多的价值创造?

(1) 学会拼凑。

很多创业者都是拼凑高手,通过加入一些新元素,与已有的元素重新组合,形成资源利用方面的创新行为,进而带来意想不到的惊喜。创业者通常利用身边能够找到的一切资源进行创业活动,有些资源对他人来说也许是无用的、废弃的,但创业者可以通过独特的经验和技巧,加以整合创造。例如很多高新技术企业的创业者并不是专业科班出身,可能是出于兴趣或其他原因,对某个领域的技术略知一二,却凭借这个略知的"一二"敏锐地发现了机会,并迅速实现了相关资源的整合。

整合已有的资源,快速应对新情况,是创业的利器之一。拼凑者善于用发现的眼光,洞悉身边各种资源的属性,将它们创造性地整合起来。这种整合很多时候甚至不是事前仔细计划好的,往往是具体情况具体分析,"摸着石头过河"的产物。而这也正体现了创业的不确定性,考验了创业者的资源整合能力。

(2) 步步为营。

创业者分多个阶段投入资源并在每个阶段投入最有限的资源,这种做法被称为"步步为营"。步步为营的策略首先表现为节俭,设法降低资源的使用量,降低管理成本。但过分强调降低成本,会影响产品和服务质量,甚至会制约企业发展。比如:为了求生存和发展,有的创业者不注重环境保护,或者盗用别人的知识产权,甚至以次充好,这样的创业活动可能赚取短期利润,但长期而言,发展潜力有限。所以,需要有原则地保持节俭。

步步为营策略表现为自力更生,减少对外部资源的依赖,目的是降低经营风险,加强对所创事业的控制。很多时候,步步为营不仅是一种做事最经济的方法,也是创业者在资源受限的情况下寻找实现企业理想目标的途径,更是在有限资源的约束下获取收益的方法。习惯于步步为营的创业者会形成一种审慎控制和管理的价值理念,这对创业企业的成长与向稳健成熟发展期的过渡尤其重要。

3. 发挥资源杠杆效应

尽管存在资源约束,但创业者并不会被当前资源所限制,成功的创业者善于利用关键资源的杠杆效应,利用他人或者别的企业的资源来完成自己的创业目的。用一种资源补足另一种资源,产生更高的复合价值,或者利用一种资源撬动和获得其他资源。其实,大公司也不只是一味地积累资源,他们更擅长于资源互换,进行资源结构更新和调整,积累战略性资源,这是创业者需要学习的经验。

对创业者来说,容易产生杠杆效应的资源,主要包括人力资本和社会资本等非物质资源。创业者的人力资本由一般人力资本与特殊人力资本构成,一般人力资本包括受教育背景、以往的工作经验及个性品质特征等。特殊人力资本包括产业人力资本(与特定产业相关的知识、技能和经验)与创业人力资本(如先前的创业经验或创业背景)。调查显示,特殊人力资本会直接作用于资源获取,有产业相关经验和先前创业经验的创业者能够更快地整合资源,更快地实施市场交易行为。而一般人力资本使创业者具有知识、技能、资格认证、名誉等资源,也提供了同窗、校友、老师以及其他连带的社会资本。

相比之下,社会资本有别于物质资本、人力资本,是社会成员从各种不同的社会结构中获得的利益,是一种根植于社会关系网络的优势。在个体分析层面,社会资本是嵌入、来自并浮现在个体关系网络之中的真实或潜在资源的总和,它有助于个体开展目的性行动,并为个体带来行为优势。外部联系人之间社会交往频繁的创业者所获取的相关商业信息更加丰裕,从而有助于提升创业者对特定商业活动的深入认识和理解,使创业者更容易识别出常规商业活动中难以被其他人发现的顾客需求,进而更容易获得财务和物质资源,这正是其杠杆作用所在。

4. 设置合理利益机制

资源通常与利益相关,创业者之所以能够从家庭成员那里获得资源支持,是因为家庭成员之间不仅是利益相关者,更是利益整体。既然资源与利益相关,创业者在整合资源时,就一定要设计好有助于资源整合的利益机制,借助利益机制把包括潜在的和非直接的资源提供者整合起来,借力发展。因此,整合资源需要关注有利益关系的组织或个人,要尽可能多地找到利益相关者。同时,分析清楚这些组织或个体和创业的利益关系,利益关系越强、越直接,整合资源的可能性就越大,这是资源整合的基本前提。

利益相关者之间的利益关系有时是直接的,有时是间接的,有时是显性的,有时是隐形的,有时甚至还需要在没有的情况下创造出来。另外,有利益关系也并不意味着能够实现资源整合,还需要找到或发展共同的利益,或者说利益共同点。为此,识别利益相关者后,需要逐一分析每一个利益相关者所关注的利益,这一点非常重要,多数情况下,将相对弱的利益关系变强,更有利于资源整合。

然而,有了共同的利益或利益共同点,并不意味着就可以顺利实现资源整合。资源整合是多方面的合作,切实的合作需要有各方面利益能够真正实现的预期加以保证,这就要求寻找和设计出多方共赢的机制。对于在长期合作中获益、彼此建立起信任关系的合作,双赢和共赢的机制已经形成,进一步的合作并不难。但对于首次合作,建立共赢机制尤其需要智慧,要让对方看到潜在的收益,从而为了获取收益愿意投入资源。因此,创业者在设计共赢机制时,既要帮助对方扩大收益,也要帮助对方降低风险,降低风险本身也是变相扩大收益。在此基础上,还需要考虑如何建立稳定的信任关系,并加以维护。

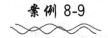

案例 8-9

如何开办一家美容院

以开办一家美容院为例,说明创业项目开办的具体步骤和内容。

活动背景:在众多的创业者中,想从事传统行业的还是占大多数,如何在传统行业中做出特色,做出新意,是许多创业者关心的问题。

项目介绍:根据市场分析,美容不只是客观的皮肤护理、整容、身体保健、化妆等,在此过程中它还蕴含着人类的审美、医学、食物营养等多方面专业知识。在此基础上,通过人为手段让人们无论在身体、容貌还是心理上都更加健康。现代美容院的形式多种多样,各个美容院的经营方式也是不尽相同。有集休闲、美容一体的美容中心;有瘦身、香熏、塑体、美容、化妆等专业服务的美容店;有与美容有关的产品、服务和美容院相结合的大型综合美容院;也有几个美容师、几张按摩床的按摩式美容店。随着美容行业的不断发展,将来还会有更多的业态出现在我们面前。

1. 开业前整体策划

(1) 确定经营目标。(2) 考察同行的经营情况。(3) 调查顾客群和美容产品的选用及定价。(4) 制定一套独具风格的服务标准。(5) 严格遵守行业的职业道德规范。

2. 门店装修

(1) 店铺的装修与布局。(2) 产品展示与陈列。

3. 门店的日常经营

(1) 进行市场定价。(2) 开业前的造势与活动。(3) 促销活动的开展。

4. 美容院的现代管理

(1) 员工管理。(2) 顾客管理。

5. 赢利模式

(1) 向顾客出售美容产品。(2) 为顾客提供美容服务。(3) 为顾客提供其他增值服务。

6. 行业品牌

雅芳：全市有40余家门店，产品中低档，以皮肤清洁、日常保养为主，平均消费50元/次。

香蔓丽尔：全市有50余家门店，产品以香熏类为主，面部美容＋身体保养是强项，平均消费200元/次。

自然美：全市有90余家门店，集研发、制造、销售为一身，实力雄厚，门店众多，平均消费300元/次。

此外还有克丽缇娜、美丽田园、思研丽等众多行业品牌。所以，美容行业品牌众多、竞争激烈。

7. 目标客户

一般女性美容院的客户群从25～55岁，有一定经济实力，对自己的容貌有要求，希望变得更美，增强自身的自信心。

8. 地点选择

开店的档次与目标客户将直接决定地址的选择。一般来说，考虑以下几个因素：交通因素；客流因素；竞争因素；店铺实际情况。

9. 开办资金

装修＋设备添置＋商品铺货＋人员培训＋前期宣传＋不可预见费用。面积50 m^2 以下，20万以内；面积100 m^2 以下，30万以内。

10. 准入条件

一般来说，小型的美容院，都会注册个体工商户，规格大一些的或有连锁预期的，可注册美容有限公司。无论何种组织形式，都需要办理卫生许可证、消防安全许可证。风险分析：使用的产品必须由国家正规厂家生产，自制产品或三无产品有可能对顾客造成的伤害。如果注册的是个体工商户，老板将承担无限连带责任。此外，同行竞争非常激烈，美容师的跳槽也很普遍。如何管理好员工和顾客，是一门很大的学问。

8.4 创业计划书

一、创业计划书概述

1. 创业计划书的内涵及特点

创业计划书也称为商业计划书,是对构建一个企业的基本思想以及对企业有关的各种事项进行总体安排的文件。创业计划书主要从企业内部的人员、制度、管理,企业的产品、营销、市场、财务等各个方面对即将创建的企业进行可行性分析。其目的主要是展望商业前景、整合资源、集中精力、修补问题、寻找机会,具体可以分为以下四个方面。

(1) 分析和确定创业机遇及内容。
(2) 说明创业者计划利用这一机遇发展新的产品或服务所要采取的方法。
(3) 分析和确定企业成功的关键因素。
(4) 确定实现创业成功所需要的资源以及取得这些资源的方法。

当创业者选定了创业目标,确定了创业动机,并在资金、资源和市场等各方面的条件都已经准备妥当或已经积累了相当的实力,这时候就必须提出一份完整的创业计划。它是整个创业过程的灵魂,其中要详细叙述与项目有关的一切内容,包括创业的形式、企业的阶段目标、资金的筹集及规划、财务预测、市场营销、风险评估、竞争者分析、内部管理规划以及相关的其他必要信息等。在实际创业过程中,这些都是不可或缺的因素。

2. 创业计划书的作用

创业计划书是创业者创建企业的蓝图,是创业者实现创业理想的具体实施方案。它可以使创业者有计划地开展商业活动,增加成功的概率,减少失误。对于初创企业来说,创业计划书的作用尤为重要,一个创意或构思中的产品,往往很模糊,通过制定创业计划,把优势和不足都反映出来,再逐条推敲摸索,这样就会对创业项目有一个更为清晰和全面的认识。当前很多人对创业计划书作用的认识存在片面性。有人认为,创业计划书的主要作用就是去吸引风险投资,吸引不来资金,等于废纸一张。其实这种观点是不对的,或者说是不全面的。

创业计划书是企业运营必需的商业文件,具有明显的商业价值。这种商业价值是从多方面表现出来的。寻求风险投资只是其中的一个方面,除此之外创业计划书还有以下作用。

1) 导向作用

创业计划书是创业全过程的纲领性文件,是创业实践的战略设计和现实指导。因此,创业计划书对于创业实践具有非常重要的导向作用。

2) 聚才作用

创业计划书的聚才作用是很宽泛的,主要表现在以下几个方面:
①吸引创业人才加入。
②吸引新股东加盟。
③吸引有志之士参加创业团队。
④吸引对创业计划感兴趣的单位赞助和支持。

3）整合作用

创业计划书的整合作用是一个最根本、最重要的作用。在创业的过程中，各种生产要素是分散的，各种信息是凌乱的，各种工作是互不衔接的。通过编写创业计划书，创业团队理清思路，进行调研，完善信息，更好地找到企业运行各种程序之间的连接点，实现各种资源的有序整合，最终达到创造商业利润的目标。

4）融资作用

资金是企业的血液，是创业的要素，是创业企业能够获得快速发展和崛起的前提。创业计划书是企业项目融通资金的必备资料与重要因素。一个好的项目需要进行融资时，仅靠创业者的口头述说是不可能赢得投资者的信任的，也很难激发他们投资创业项目的兴趣。创业计划书是一份全方位的项目计划，它从各个方面对创业项目进行可行性分析及筹划，是投资商审慎筛选项目的重要依据。因此，只有拥有一份完整的创业计划书才有可能实现融资需求，而创业计划书的质量对项目融资至关重要。

5）纽带作用

创业计划书是创业者联结理想与现实的纽带。对初创企业来说，创业计划书说明创业项目的基本思想，确定最重要的目标，描述目前的起点以及达到目标的方法，分析影响项目成功的因素。在创业计划书中，对项目的产品、市场、财务及管理团队进行深入的分析和调研，能及早发现问题，从而进行事前控制，进一步提高项目的可行性，提高成功率。

3. 创业计划书的读者需求

创业计划书的作用决定其有内部及外部两类读者，不同的读者阅读创业计划书希望看到的主要内容如表 8-1 所示。

表 8-1　创业计划书的读者需求

	读　　者	希望看到的主要内容
内部读者	企业创立者和初始管理团队	这部分读者也是创业计划书的撰写者，撰写的过程促使他们更加细致地思考企业的各部分，并就一些重要问题达成一致
	普通员工	这部分读者愿意看到企业计划实现什么以及如何实现的清晰阐述，这些信息有助于员工将自己的行为与企业目标保持一致
	董事会成员	对于董事会成员来说，创业计划书树立了一个标杆，根据这个标杆，能够评价高层管理团队的绩效
外部读者	潜在投资者	对投资者来说，创业计划书提供有关商业机会的优势、企业高层管理团队质量和其他相关信息的证据；投资者也会对他们将如何实现投资回报感兴趣，例如首次公开上市、出售企业或管理层收购等
	潜在的贷款银行	银行家关心新企业的贷款何时以及如何偿付，新企业是否有担保以确保贷款安全；此外，银行家还会对企业如何从潜在的危机中谋生感兴趣
	潜在的合作伙伴和重点客户	高质量的联盟伙伴和大型客户一般不愿意与不熟悉的公司打交道，一份有说服力的创业计划书有助于打消他们的顾虑
	前来应聘的关键员工	关键职位应聘者往往看重商业机会的吸引力、报酬计划与企业前景

二、怎样写好创业计划书

1. 撰写原则

(1) 主题鲜明,扣人心弦。

最好开门见山地切入主题,以真实、简洁的语言描述自己的想法,不要浪费时间去写与主题无关的内容,尽可能通过语言陈述的煽动力,展现创业者的领导才能。

(2) 自信务实,关注细节。

通过互联网等多种渠道搜集更多的资料,多做市场调研,认真听取顾客的建议,尽可能地在行业专家指导下,对产品的市场前景、竞争优势、回报分析等多方面加以分析和总结,对于可能出现的困难或问题要有足够的认识和预估,增强对创业项目的可行性和成功可能性的认识。

(3) 脉络分明,条理清晰。

对初创企业来说,创业计划书的作用尤为重要,一个酝酿中的项目,往往很模糊,通过撰写创业计划书,把相关事宜都写下来,然后再逐条推敲。这样创业者就能对这一项目有更清晰的认识。首先,创业计划书把计划中要创立的企业推销给创业者自己。其次,创业计划书还能把计划中的风险推销给风险投资家,创业计划书的主要目的之一就是筹集资金。因此,创业计划书必须说明如下问题:

①创办企业的目的:为什么要冒风险,花精力、时间、资金、资源去创办该企业?

②创办企业需要多少资金?为什么要这么多的钱?为什么投资人值得为此投入资金?

对已创建的企业来说,创业计划书可以为企业的发展确定比较具体的方向和重点,从而使员工了解企业的经营目标,并激励他们为共同的目标而努力。更重要的是,创业计划书可以使企业的出资者以及供应商、销售商等了解企业的经营状况和经营目标,说服出资者(原有的或新来的)为企业的进一步发展提供资金。

正是基于上述理由,创业计划书是创业者所写的商业文件中最主要的一个。因此,如何撰写创业计划书便成为创业者需要着重把握的技能。

2. 注意事项

那些既不能给投资者以充分认定信息也不能使投资者激动起来的创业计划书,最终结果只能是被扔进垃圾箱。为了确保创业计划书能"击中目标",创业者应注意以下几点。

(1) 产品的核心作用。

在创业计划书中,应提供所有与企业的产品或服务有关的细节,包括企业所实施的所有市场和行业调查。这些问题包括:产品正处于什么样的发展阶段?它的独特性怎样?企业分销产品的方法是什么?谁会使用企业的产品?产品的生产成本是多少?售价是多少?企业发展新的现代化产品的计划是什么?要把投资者拉到企业的产品或服务中来,这样投资者就会和创业者一样对产品感兴趣。在创业计划书中,创业者应尽量用简单的词语来描述每件事,如商品及其属性的定义对创业者来说是非常明确的,但其他人不一定清楚它们的含义。创业计划书不仅要让投资者相信企业的产品会在社会上产生创造性的影响,同时也要使他们对产品十分感兴趣。创业计划书对产品的阐述,要让投资者感到:"噢,这种产品是多么美妙、多么鼓舞人心啊!"

(2) 勇于竞争。

在创业计划书中,创业者应细致分析竞争对手的情况。竞争对手是谁?他们是如何工作的? 竞争对手的产品与本企业的产品相比,有哪些相同点和不同点? 竞争对手所采用的营销策略是什么? 要明确每个竞争者的销售额、毛利润、收入以及市场份额,然后再讨论本企业相对于每个竞争者所具有的竞争优势,要向投资者展示,顾客偏爱本企业的原因是本企业的产品质量好、送货迅速、定位适中、价格合适等。创业计划书要使读者相信,本企业不仅是行业中的有力竞争者,而且将来还会是确定行业标准的领先者。在创业计划书中,创业者还应阐明竞争者给本企业带来的风险以及本企业所采取的对策。

(3) 了解市场。

创业计划书要给投资者提供企业对目标市场的深入分析和理解。要细致分析经济、地理、职业以及心理等因素对消费者选择购买本企业产品这一行为的影响,以及各个因素所起的作用。创业计划书中还应包括一个主要的营销计划,计划中应列出本企业打算开展广告、促销以及公共关系活动的地区,明确每一项活动的预算和收益。创业计划书中还应简述企业的销售战略:企业是使用外面的销售代表还是内部职员? 企业是使用批发商、分销商还是特许商? 企业将提供何种类型的销售培训? 此外,创业计划书还应特别关注销售的细节问题。

(4) 表明行动的方针。

企业的行动计划应该是无懈可击的。创业计划书中应该明确下列问题:企业如何把产品推向市场? 如何设计生产线? 如何组装产品? 企业生产需要哪些原料? 企业拥有哪些生产资源? 还需要什么生产资源? 生产和设备的成本是多少? 企业是买设备还是租设备? 解释与产品组装、储存以及发送有关的固定成本和变动成本的情况。

(5) 展示管理队伍。

把一个思想转化为一个成功的风险企业,其关键的因素就是要有一支强有力的管理队伍。这支队伍的成员必须有较高的专业技术知识、管理才能和多年的工作经验。管理者的职能就是计划、组织、控制和指导公司实现目标。在创业计划书中,应首先描述一下整个管理队伍及其职责,然后再分别介绍每位管理人员的才能、特点和造诣,细致描述每位管理者将对公司所做的贡献。创业计划书中还应明确管理目标以及组织结构。

(6) 出色的执行摘要。

创业计划书中的执行摘要也十分重要,它必须能让读者有兴趣并渴望得到更多的信息,它将给读者留下最初的印象。执行摘要将是创业者所写的最后一部分内容,却是投资者首先要看的内容,它将从计划中摘录出与筹集资金最相关的细节:公司内部的基本情况,公司的能力以及局限性,公司的竞争对手、营销和财务战略,公司的管理队伍等情况的简明而生动的概括。创业计划是一本书,执行摘要就是这本书的封面,做得好就可以把投资者吸引住。它会让风险投资家有这样的印象:"这个公司将会成为行业中的巨人,我已经等不及要去读计划的其余部分了。"

3. 编写步骤

创业计划书的编写涉及的内容较多,因此必须进行周密安排。编写一份好的创业计划书,主要有以下步骤。

(1) 第一阶段:资料准备。

以创业计划书总体框架为指导,针对创业目的与宗旨,搜寻内部与外部资料。包括创业企业所在行业的发展趋势、产品市场信息、产品测试、实验资料、竞争对手信息、同类企业组织机构状况、行业同类企业财务报表等。资料调查可以分为实地调查与收集二手资料两种方法。实地调查可以得到创业所需的一手真实资料,但时间及费用耗费较大。收集二手资料较容易,但可靠性较差。创业者可以根据需要灵活采用资料调查方法。

同时,创业者可以搜集和整理其他创业者成功的创业计划书案例,借鉴他人成功的经验,有针对性地准备自己的创业计划书。

(2) 第二阶段:创业构思。

在分析自身条件和了解创业机会的基础上,创业者可以对创业项目做初步的构思与选择,即选择创业的切入点。如:是办修理厂还是办加工厂;是开美发中心还是进行软件开发;是开商场还是经营酒店;是个人独立经营还是与人合作经营。选择的正确与否直接关系到创业的成败。

首先,创业者要对现阶段国家政策进行认真学习、深刻领会,明确哪些行业是国家鼓励发展的,哪些是被限制的。创业项目一定要有发展前景,绝不能因利益驱动的短期行为而贻误远大前程。其次,应选择自己熟悉的社会经济热点。最后,必须对所选的项目进行深入、细致、认真的市场调查。

(3) 第三阶段:市场调研。

在编写创业计划书之前,应该进行充分的市场调研。市场调研主要围绕以下内容进行:投资项目中的产品或服务的市场性质是什么?该领域目前的情况如何?产品或服务处于什么样的阶段?市场前景如何?竞争对手的情况如何?在调研过程中,要尽量抓住各种细节。

(4) 第四阶段:方案起草。

依据创业构思和市场调研的结果,对创业企业的市场竞争及销售、组织与管理、技术与工艺、财务计划、融资方案以及风险分析等内容进行全面编写,初步形成较为完整的创业计划方案。写作风格要适中,恰到好处。既不要太平淡无奇,引不起投资者兴趣,又不能太花里胡哨,富于煽动性。介绍技术时,要用科学事实和必要的数据,阐明技术的先进性和实际性。介绍设想时,更需要有充分的市场调研结果,阐述想法的合理性,证明这个想法是切实可行的。分析市场时,要对未来 3~7 年的市场前景有合情合理的分析,言之有据。

总之,创业计划书要有冲击力,能抓住投资者的心,一定要记住,创业计划书既不是动员报告,也不是文艺作品,而是一篇实实在在的创业说明报告。

(5) 第五阶段:检查和修改。

检查和修改是编写创业计划书的一个重要步骤和重要阶段。检查和修改的过程是对创业计划书进行提升和提炼的过程,是进一步理清创业思路的过程,也是一个进一步夯实创业准备工作的过程。通常可以从以下几个方面对创业计划书进行检查和修改。

①进行格式上的检查。

创业计划书的主体格式尽管并不固定,但是其主要的内容、主要的纲目却是必需的、不可或缺的。另外,对创业计划书封面的要求也是非常规范和严格的。在封面上除了应该写明项目名称和项目编制人或单位之外,特别应该标明版本及保密级别。版本表示计划书的修改情况,保密情况反映了创业项目的安排、战略策划和整体设想的保密情况。多数跨国的风险投资商不希望创业计划书是公开的。

当前,国内的一批大学举办创业计划书比赛,对创业计划书进行公开宣读和公开评议,这对鼓动大家的创业热情是必要的,但是真正的创业计划书是保密的,不能在没进行实践前就把自己的商业秘密公开。

②进行文字上的检查。

创业计划书应该是创业者真实的、完整的、准确的意思表示。因此,创业计划书中的用词、用字、标点和相关的数字计算都要十分准确。应该尽量用简单而准确的词语来描述每件事、每件商品及其属性的定义,段落要清晰,阐述问题的逻辑层次要清楚。该用图表说明的地方应该用图表说明。创业计划书如果篇幅较长,还应该编写目录。

③进行内容上的检查。

创业计划书的内容是检查的重点,是修改的基础。内容的检查分两个层次,一个是通盘检查,也叫整体检查,另一个是重点检查。正确的做法是:在整体检查的基础上进行重点检查;在重点检查并进行重点修改后,再进行整体检查并定稿。内容检查主要应该检查该创业计划书是否准确地阐明创业思路,是否清楚地回答了该商业模式的运作想法和开拓市场的方法。应该检查创业计划书是否显示出创业者具有管理公司的才能。如果创业者缺乏管理能力,那么是否聘请了有经验的管理精英或取得了具有相应管理能力的团队骨干的支持。创业计划书是否显示了创业者具有迎战风险、偿还借款的能力,是否能够给预期的投资者提供一份完整的、实在的、恰当的分析。创业计划书要展示出创业者进行过认真的市场分析,要让投资者或加盟者能够感受到计划书中阐明的市场需求不仅是确实的,而且是有潜力的。

还应检查创业计划书是否有执行摘要,执行摘要应该写得既简明扼要又重点突出,具有说服力和吸引力。

如果创业研发工作已经取得了一定的进展,那么还可以准备模型或照片。但这种实物资料只是用来进一步说明创业计划的可行性。应该注意的是,避免在这些实物和照片资料中暴露核心商业秘密。

三、创业计划书的结构框架

1. 封面和目录

封面应该包括公司名称、地址、联系电话、撰写日期以及核心创业者的联系方式等内容。联系方式应该包括固定电话号码、电子邮箱、移动电话号码及公司网址,这些信息应置于封面顶端中间。由于封面和商业计划可能分离,所以最明智的方法是同时在这两处都留下联系方式。封面底部可以放置警示读者保密等事项的信息。如果公司已经有独特的商标,那么应该把它放在封面的中心位置。目录在封面之后,它列出了创业计划书的组成部分及对应的页码。

2. 执行摘要

执行摘要是整个创业计划书的快照,可以向读者提供他需要了解的新企业独特性质的关键信息。在某些情况下,投资者可能会先向企业索要执行摘要副本,在执行摘要有足够说服力时,他才会要求阅读详尽的创业计划副本。毋庸置疑,执行摘要是创业计划书中最重要的部分,如果它未能激发投资者的兴趣,那么计划的其他部分也就付诸东流了。阅读完执行摘要后,读者应该能比较明确整个计划的大致内容。创业者在撰写执行摘要时务必记住:执行摘要并非创业计划书的引言或前言,恰恰相反,它是篇幅为一两页、对整个创业计划书高度精练的概述。

如果新企业正在募集资金、争取融资,执行摘要必须明确说明需要的资金数量。有些创业计划书还表明了特定投资能够换取的权益数额,此时在执行摘要中应该明确写出,例如"企业计划筹集100万美元投资资金,并愿意用15%的所有权做交换"。

尽管从形式上看,执行摘要先于计划内容,但它的撰写却应该在完成创业计划书之后,因为只有这样,才能形成对创业计划书的准确概述。

执行摘要主要包括:企业概述、竞争优势、商业模式描述、目标市场、管理团队、财务预测摘要、企业需求描述等。

3. 产品与服务

首先,介绍公司的产品与服务,描述产品与服务的用途和优点,有关的专利、著作权、政府批文等。讨论企业试图进入产业的发展趋势及其重要的特征,例如产业规模、吸引力和赢利潜力。其次,要对产品的生产经营计划进行分析,主要包括产品的生产技术能力以及流程等各方面。本部分还应该讨论企业将如何削减或超越那些挤压产业赢利水平的力量。接着,介绍目标市场以及如何在该市场参与竞争。为了展现企业产品与服务如何对抗竞争,创业计划书中还应该包括竞争者分析。竞争者分析有利于投资者了解企业产品与服务,及其与竞争对手产品与服务相比较的主要优势和独特品质。

产品与服务的介绍包括:产品与服务的名称、特征及性能用途;产品与服务对客户的价值,产品与服务的开发过程,同样的产品与服务在市场上是否出现,产品与服务的生命周期,产品与服务的市场前景和竞争力,产品的技术改进和更新换代计划及成本,利润的来源及持续赢利的商业模式,生产经营计划,新产品与服务的生产经营计划,公司的生产技术能力,品质控制和质量改进能力,将要购置的生产设备,生产工艺流程,生产产品的经济分析及生产过程等。

4. 市场营销

市场营销关系到产品的价值是否可以顺利实现,是企业经营中最富有挑战性的环节。可以从消费者特点、产品或服务特性、企业自身状况、市场环境及最终影响营销策划的营销成本和营销效益等方面进行分析。分析现有和将来的竞争对手的优势和劣势,以及相应的本企业的优势和战胜竞争对手的方法,并对目标市场做出营销计划。对新创企业来说,由于产品缺少知名度,所以很难进入其他企业已经稳定的销售渠道中去,因此有时企业不得不采取高成本、低效益的营销战略。而对于发展企业来说,一方面它可以利用原来的销售渠道,另一方面也可以开发新的销售渠道以适应企业的发展,以及应对新进入企业带来的威胁。

这部分主要介绍企业所面对的市场、营销战略、竞争环境、竞争优势与不足,产品与服务所拥有的核心技术,拟投资的核心产品的总需求等。具体分为以下几方面。

(1) 目标市场:细分市场,目标顾客群,五年生产计划、收入和利润,目标市场份额,营销策略。

(2) 行业分析:该行业的发展程度,现在的发展动态,该行业的总销售额、总收入、发展趋势,经济发展对该行业的影响程度,政府是如何影响该行业的,该行业发展的决定性因素,竞争的本质,所采取的战略,进入该行业的障碍,克服的方法。

(3) 竞争分析:主要竞争对手分析,竞争对手所占市场份额和市场策略,可能出现的新发展,核心技术(包括专利技术拥有情况,相关技术使用情况),产品研发的进展情况和现实物质基础。

(4) 竞争策略:在竞争中的发展,市场和地理位置的优势所在,能否承受竞争所带来的压力,产品的价格、性能、质量在市场竞争中所具备的优势。

(5) 营销战略:营销机构和营销队伍,营销渠道的选择和营销网络的建设,广告策略和促销策略,价格策略,市场渗透与开拓计划,市场营销中意外情况的应急对策。

5. 管理团队

首先,这部分应该对企业主要管理人员加以阐明,介绍他们所具有的能力、在企业中的职务和责任、过去的工作经历及教育背景。还要介绍公司的全职员工、兼职员工人数,对职务空缺进行详细的统计等。其次,应该简要介绍公司的组织结构,包括:公司的组织机构图、各部门的功能与责任、各部门的负责人及主要成员;公司的报酬体系;公司的股东名单,包括认股权、比例和特权;公司的董事会成员,各位董事的背景资料。

企业中的管理人员应该是互补型的,团队应具有凝聚力,具备负责产品设计开发、市场营销、生产作业管理、企业财务管理等各方面的专门人才。

6. 财务规划

一份经营计划概括地提出了在筹资过程中风险企业家需要做的事情,而财务规划是对经营计划的支持和说明。因此,一份好的财务规划对评估风险企业所需的资金数量,提高风险企业取得资金的可能性是十分关键的。如果财务规划准备得不好,就会给投资者以企业管理人员缺乏经验的印象,降低风险企业的评估价值,同时也会增加企业的经营风险。那么如何做好财务规划呢?财务规划一般包括经营计划的条件假设、预计的资产负债表、预计的损益表、现金收支分析、资金的来源和使用等内容。具体包括以下几方面。

(1)财务分析:过去三年的历史数据,今后三年的发展预测,主要提供过去三年的现金流量表、资产负债表、损益表以及年度的财务总结报告书和投资计划。

(2)融资需求:完成研发所需投入,达到盈亏平衡所需投入,达到盈亏平衡的时间,项目实施的计划进度及相应的资金配置、进度表,投资与收益。

(3)简述本次风险投资的数额、退出策略、预计回报数额和时间表。

7. 资本结构

资本结构主要描述公司目前及未来资金筹集和使用情况、融资方式、融资前后的资本结构表。其中主要包括迄今为止投入企业的资金量、目前正在筹集的资金量、资金成功筹集后企业可持续经营的时间、下一轮的投资计划以及企业可以向投资人提供的权益。

8. 投资者退出方式

投资者退出方式需要说明风险投资的变现方式,如:股票上市;股权转让给行业内的大公司,若确有这种设想,请列出有可能的公司名称;股权回购,按预先商定的方式买回在该公司的权益;利润分红,投资商可以通过公司利润分红达到收回投资的目的,按照创业计划书的分析,公司应该向投资者说明股权利润分红计划。

9. 风险分析

新企业的创办会面临很多风险,其中关键风险取决于其产业和特定环境。企业必须根据自身实际来描述确实存在的关键风险,这样的创业计划书给读者的重要印象之一就是新企业的管理团队非常细心,已充分认识到企业面临的重大风险。同时要尽量提出风险和问题的应对计划,包括客观地描述管理团队的经验不足、市场发展的不确定性、技术开发不成功的可能性、实验室阶段转为批量化生产的不确定性、关键人物的离去对企业的影响等风险因素,并制定相应的对策。

10. 附录

不宜放入创业计划书正文的所有支持上述信息的材料都应该放在附录中,例如高层管理团队简历、产品与服务的图示或照片、销售手册、具体的财务数据和市场调查计划、创业计划书的真实性承诺以及其他需要介绍的内容等。附录的内容不宜过多,仅需要放入与企业相关的十分重要的补充材料。

第9章 大学生创新创业大赛与实践分析

 本章要点

了解我国大学生创新实践活动的主要类别;明确大学生科技竞赛活动相关材料的准备;对大学生科技竞赛活动作品进行分析并以此指导课外实践创新活动,提高大学生的动手能力和创新能力。

大学生是青年群体中的佼佼者,智力水平相对较高、思维能力相对较强,文化知识、科学素养相对完备。而社会实践和科技创新活动是培养和检阅大学生综合素质的有效载体,是校园文化的重要组成部分,是展现大学生创新精神和能力水平的广阔舞台,积极开展大学生课外创新创业活动,为大学生实践能力的提升创造良好的发展空间,有效推动素质教育的实施,具有重要的作用。在我国大学生中有着广泛影响,并吸引大学生积极参与的创新活动主要有"'挑战杯'全国大学生课外学术科技作品竞赛""全国大学生机械创新设计大赛""全国TRIZ杯大学生创新方法大赛""全国三维数字化创新设计大赛""中国大学生应用科技发明大奖赛""全国大学生电子设计竞赛""全国大学生机器人大赛"等,为了更好地参加课外创新活动,对其中的典型赛事予以简单的介绍和分析。

9.1 "挑战杯"全国大学生课外学术科技作品竞赛

一、赛事介绍

"挑战杯"全国大学生课外学术科技作品竞赛是由共青团中央、中国科学技术协会、教育部、中华全国学生联合会和承办高校所在地人民政府联合主办,国内著名高校和新闻媒体单位联合发起的一项具有导向性、示范性和群众性的全国竞赛活动,已发展成为全国规模最大、最具影响力的大学生科技创新赛事,被誉为中国大学生学术科技的"奥林匹克"盛会,俗称"大挑",每两年举办一届,在奇数年份举行。此项活动旨在全面展示我国高校教育成果,激发广大在校大学生崇尚科学、追求真知、勤奋学习、锐意创新、迎接挑战,培养跨世纪的创新人才。

自1989年以来,"大挑"已分别在清华大学、浙江大学、上海交通大学、武汉大学、华南理工大学、重庆大学、西安交通大学、华南理工大学和复旦大学等高校成功举办了十七届。"挑战杯"已形成校级、省级、全国的三级赛事,参赛同学首先参加校内作品选拔赛、省内的作品复赛,优秀作品报送全国组委会参加决赛。党和国家领导人对竞赛活动十分关注,江泽民同志于1993年为"挑战杯"题写了杯名。

"挑战杯"分自然科学类学术论文、哲学社会科学类社会调查报告和学术论文、科技发明制作三类作品;聘请专家评定出具有较高学术理论水平、实际应用价值和创新意义的优秀作品,进行奖励;组织学术交流和科技成果的展览、转让活动。

二、赛事的特点

1. 规模扩大

现在的"挑战杯"竞赛已发展到200多所高校、400多件作品参与决赛的规模,其学科覆盖的范围、活动的影响力有很大的提高,很多国家级新闻媒体都会跟踪报道。

2. 水平提升

参赛作品的水平得到迅速提高,传统的小发明小制作已经被淘汰。现在,很多项目均出自国家自然科学基金、省部级重点项目,某些成果甚至达到国内乃至国际领先水平。

如第九届"挑战杯"特等奖作品:国防科技大学的《先驱体转化C/SiC复合材料高室压推力室》,其产品的研制成功解决了国内发展新型航天动力系统的重大技术难题,直接经济效益已达到200万元。

3. 强调实际应用

近几年获奖作品均有很强的实用价值,很多选题紧密结合了当今社会的热点问题,反映出在校大学生关注的各种社会现象和问题,体现了大学生强烈的责任感和使命感。如第十二届"挑战杯"特等奖作品:厦门大学的《乡土视野中的纠纷解决——以海安法院的疏导式庭审为样本》以及华北电力大学《西藏无电区农牧民用电对策研究——基于对拉孜县新能源利用的实证分析》均体现了这一特点。

4. 注重成果转化

无论是评委评审,还是产品、人才推介会,"挑战杯"始终贯彻着强烈的市场观念,即强调科技成果向市场利润或生产力的转化,以及基础理论对社会生产的重要影响。

如第九届"挑战杯"特等奖作品:西安电子科技大学的作品《用于煤矿安全生产的网络化多参数气体监测系统》现已应用于许多大型煤矿。

5. 受到普遍关注

"挑战杯"竞赛发展至今,已成为各大高校综合实力竞争和高校学生科研实力一争高下的重要平台,受到广大高校的高度重视,也引起了社会的巨大反响。因此,越来越多的院校开始关注该赛事,并且不断加大投入力度,不遗余力地开展"挑战杯"活动。

三、竞赛选题分析

"挑战杯"参赛选手主要是大学本科在校生,研究生只能以科技发明制作类作品或哲学社会科学类社会调查报告和学术论文参赛。通过对近两届竞赛的部分特等奖、一等奖作品的分析,可以归纳出以下特点:

(1) 自然科学类学术论文主要依托各高校的学科优势。学术论文仅限于本科生参加,因此,在短期内产生重大科研成果的难度相对较高。

(2) 哲学社会科学类作品中绝大多数都涉及社会热点话题、与人民群众的切身利益相关的政策导向,或是与大学生密切相关的课题。

(3) 科技发明制作类作品往往具有很强的连续性和多学科合作的特点。一项成果不是由某个人或某些人在一两年内完成的,而是通过几届学生不断改进和摸索,最终获得的科研成果。

四、参赛选手能力分析

"挑战杯"竞赛在不同的类别对参赛选手要求不同,参赛选手应具备以下几方面能力。

1. 科研能力

大学生课外科研活动的主体是学生,绝大部分的科研活动都需要学生来完成。为了保证科研成果的质量,大多数团队成员必须具备扎实的基础和专业知识,担负实质性的科研工作,需要具备较强的科研能力。

2. 协调管理能力

具有能够协调团队、协调工作、充分利用各类资源的协调管理能力是非常重要的,只有充分发挥组织协调作用,才能最大限度地激发每位成员的潜力,弥补个人知识的缺陷,共同完成科研项目。

3. 表达能力

无论是以论文参赛还是以实物参赛,很多团队都应该有善于表达的选手,他们可以将科研成果完美地呈现给评委或读者,将成果在较短的时间内言简意赅、通俗易懂地表达出来,这就要求参赛选手必须具备深厚的文字功底和良好的语言表达能力。

4. 良好的心理素质

良好的心理素质是参加"挑战杯"竞赛的必备条件。选手们既需要有顽强的毅力和耐心去不断完善科研成果,同时还要有良好的心态去应对赛场突发情况,所以说,选手们具备良好的心理素质是很重要的。

五、填写作品申报书的注意事项

填写作品申报书之前应该仔细阅读竞赛章程、评审规则和作品申报书说明。

1. 个人作品

(1) 申报者需承担申报项目60%以上的研究工作。

(2) 合作者不超过二人,且均为学生。

(3) 合作者学历不高于申报者。

(4) 鉴定书、专利证书、发表作品署名均需第一作者。

2. 集体作品

(1) 合作者超过二人。

(2) 合作者虽不超过二人,但无法区分第一作者。

3. 正确填报作品类别及学科领域

(1) 科技发明制作有 A、B 类区别。

(2) 涉及几个学科领域时,按学术方向或发明点、关键创新点来填写。

六、往届优秀作品摘要

1. 作品名称:两足智能机器人

作品编号:BB-2-10-80

学校：中国矿业大学（江苏）

作者姓名：杨勇、褚成成、孙甲鹏、傅睿卿、郑之增、薛尽想、刘庆

作品摘要：该两足智能机器人是在原有的步态分析理论基础上，提出了一套全新的步行模型，令机器人在复杂环境中进行基本的抛弃力学模型计算，并采用自适应、自调整的步态分析理论作为指导思想，大大提高了机器人适应环境的能力。

2. 作品名称：用于煤矿安全生产的网络化多参数气体监测系统

作品编号：AB-2-27-32

学校：西安电子科技大学（陕西）

作者姓名：张宝、赵璐扬、庹明光

作品摘要：煤矿瓦斯爆炸而引发的煤矿特大事故，已成为威胁我国煤炭安全生产的首要问题。但由于缺乏完善的信息检测与监控系统，无法及时、准确地将现场监测信息上报有关部门，已成为预防事故发生和防止事故瞒报最重要的障碍。目前我国采用的高性能检测仪表大多依赖进口，其价格昂贵，国产仪表虽价格较低，但技术含量偏低，功能单一，无法满足各煤矿，特别是中小煤矿的安全监测需要。为保证煤矿安全生产，我们专门开发了一套集现场检测与信息网络传输于一体的多参数气体监测系统。通过现场监测和信息网络传输使国家、地方和矿山有关部门能够进行实时监控，使险情第一时间被发现，有效避免事故的发生、谎报及瞒报。本系统采用网络固定式多种气体检测仪表与巡检便携式多种气体检测仪表相结合的设计思路对煤矿安全进行监测。固定式检测仪表分布在最易产生瓦斯的各工作面（掘进面和采挖面）上，通过 RS-485 串行总线，利用有线/无线网络通信技术，组成一个完整的网络型监测系统，并由地面实施实时监控；便携式检测仪表配发给瓦斯监测人员，便于在井下进行巡回检测，它能够智能化采集、记录、处理信息以配合监测员完成不同地点、不同时间的安全检查任务，并能将记录的信息通过 RS-232 接口下载给系统监控主机，便于进行数据处理和分析。系统监控主机可与无线网相联实现信息的上传，便于上级部门进行监控。

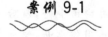

案例 9-1

多变实用自行车

项目名称：多变实用自行车

来源：第十二届"挑战杯"省赛作品

小类：机械与控制

大类：科技发明制作 A 类

简介：本设计在具有体积小、重量轻、骑感舒适、性能稳定、外观时髦、结构简洁合理、能轻松折叠、极易推广普及、市场前景好的基础上，还可以：①郊游、野炊、露营时，可以做临时的桌子和凳子，方便就餐和娱乐；②逛街购物时，可展成精致美观的购物车，节约空间、资源；③居家生活时，可放在卧室和客厅中，作为摆放物品的桌子，还可以在上面读书写字，合理利用空间，方便日常生活。

一、详细介绍

本方案所设计的自行车，是一款多功能折叠自行车，除具备自行车常见功能外，还可用作购

物车、桌子、椅子等。我们的多变自行车在具有体积小、重量轻、骑感舒适、性能稳定、外观时髦、结构简洁合理、能轻松折叠、极易推广普及、市场前景好的基础上，还可以：①在郊游、野炊、露营时，通过车筐的展开拼接成桌面或凳面，用定位销将其固定在车把和车座上，可以做临时的桌子和凳子，方便人们就餐和娱乐；②在逛街购物时，该多变自行车，可以展现其双折叠功能，通过两次折叠，并将中间的小轮子放下，即可形成精致美观的购物车，这样既节约了空间又节约了资源；③在居家生活时，该多变自行车，可以放在卧室和客厅中，作为桌子使用，合理利用了空间，方便日常生活。我们研究的折叠自行车，其特征是用升降手闸使整车轴心向上提升折叠成超小体积的轴心型便携折叠车的整体结构。在制作中需要用锁紧合页将车架及龙头、车座相连接；锁紧合页装有弹簧、钢索（线闸）等，方便操作；升降手闸可控制锁紧合页，确保安全和方便。本项目构思新颖，结构简洁合理，能轻松折叠和展开，携带和使用方便舒适，生产工艺成熟，极易推广普及，可以填补市场空白，市场前景非常广阔。作品图片如图 9-1 所示。

图 9-1　多变自行车

二、作品专业信息

设计、发明目的：本设计可较好地满足很多需要经常外出联系业务且又爱好旅游休闲的人群、一些小资型上班族追求绿色上班、绿色出游、绿色休闲、绿色购物的愿望和需求。另外，本设计对那些爱好出游的老年人也是不错的选择。

设计、发明基本思路：①选用铝镁合金、钛合金、碳纤维等轻质材料制作车身，保证车身轻质美观；②采用折叠式设计，选用小型轻质车轮，便于折叠、便捷携带；③附加专用购物小轮，前后车筐搭配设计，使之具备购物车功能；④车前筐采用合页设计，拆装便捷，展开后用作桌面，配合后座定位构件，搭成一个具有良好定位和稳固性的桌面，使之具备"变形"成桌子的功能；⑤车后筐 90°后折用作靠背，配合后支座，使之具备"变形"成椅子的功能；⑥尺寸、结构等设计合理化，保证具备各项功能的前提下尽量使外观美化，使用舒适。

设计创新点：①本设计自行车具有普通自行车的基本功能；②多样化美观设计，满足多样人群；③有购物车功用；④有桌子、椅子功用；

技术关键：①车身选材：依不同人群选用铝镁合金、钛合金、碳纤维等不同轻质高塑性材料；②保证拥有适当车速，骑行舒适、省力；③尽可能减少关节点，以便于携带、组装、拆散、折叠、改装等；④折叠组装拆卸需力小、耗时短、质轻便携；⑤做工精细、牢固，保证骑行安全；⑥折叠后可用作桌子、椅子、购物车等。

作品所处阶段：中试阶段。

技术转让方式：源于对生活的探索研究，属于自主研发。

作品可展示的形式：图纸、图片、录像、模型。

三、使用说明

主要技术特点：①保证可以拥有适当车速，骑行舒适、省力；②关节点少，便于携带、组装、拆散、折叠、改装等；③折叠、组装拆卸需力小、耗时短，质轻便携；④做工精细、牢固，保证骑行安全；⑤有桌子、椅子、购物车等功用。相比制作机器人等大型、复杂型实物来说，本项目的技术实现相对较清晰、容易实现。利用一些现有的技术，以上技术需求可以得到解决和实现。

适应范围：有车的消费一族、需要经常外出联系业务且又爱好旅游休闲、一些小资型上班族、喜爱外出活动的老年人群。

市场分析：据初步的市场调查，国内现有的折叠自行车功能多数仅限于折叠后方便携带和存放，极个别的自行车可以在折叠后进行堆放或拖放，独具特色或者创意的设计还不是很多；国外有很多新型创意的多功能折叠自行车设计，但大多都处于起步阶段，发展空间大，可以投入市场的实物少。我们提出本设计，完全切合了市场背景并迎合了市场的发展趋势。

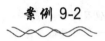

案例 9-2

一种电动汽车用漏电保护器

项目名称	一种电动汽车用漏电保护器
来源	第十二届"挑战杯"省赛作品
小类	机械与控制
大类	科技发明制作 B 类
简介	电动汽车动力电池电压，尤其大型电动汽车动力电池电压在 200 V 以上，正常时，用电器（负载）与车体保持绝缘。发明本产品的目的在于提供一种简单实用的电动汽车漏电保护回路。在用电器（负载）对车体电气地发生漏电时，及时发现漏电，立即切断动力电池与用电器（负载）的连接。其结构包括动力电池、断路器、分压电阻、空心线圈、干簧管、继电器、控制电源、指示灯。本产品结构简单，工作可靠，成本低，实用价值高
详细介绍	本产品为一种电动汽车漏电保护回路，能及时发现漏电，并切断动力电池电源。一旦用电器（负载）对车体电气地漏电，且漏电点电位高于 a 点，漏电电流由漏电点—车体电气地—空心线圈（L）—分压电阻（R）—动力电池（E1-1）及（E1-2）之间的 a 点流回动力电池（E1-1）负极。如果漏电点电位低于 a 点，则漏电电流方向相反，漏电电流由 a 点—分压电阻（R）—空心线圈（L）—车体电气地—漏电点流回动力电池（E1-2）负极。由于干簧管（Q）安装在空心线圈（L）内，漏电电流产生的电磁场使干簧管（Q）内的触点闭合而继电器（K2）线圈得电，其常闭触点断开。因而继电器（K1）线圈失电，触点断开，切断动力电池与用电器（负载）的连接。同时由于继电器（K2）常开触点接合，指示灯（D1）得电发光。开关（S）用于是否向用电器（负载）供电

作品图片	
设计、发明的目的和基本思路、创新点、技术关键和主要技术指标	电动汽车动力电池电压,尤其大型电动汽车动力电池电压在200 V以上,正常时,用电电器(负载)与车体保持绝缘。一旦因各种原因,用电电器(负载)向车体电气地发生漏电,将可能造成用电电器(负载)损坏、烧毁或至人电击。发明本产品的目的在于提供一种简单实用的电动汽车漏电保护回路。在用电电器(负载)对车体电气地发生漏电时,及时发现漏电,立即切断动力电池与用电电器(负载)的连接。一种电动汽车漏电保护回路,其包括动力电池、断路器、分压电阻、空心线圈、干簧管、继电器、控制电源、指示灯。一旦电动汽车上有漏电发生,干簧管、继电器、断路器等将进行一系列动作,从而切断动力电池电源,达到漏电保护作用。本产品结构简单,工作可靠,成本低,实用价值高。能适应电动汽车,尤其是大型电动汽车的漏电保护
科学性、先进性	①本产品科学先进,采用一种磁敏的特殊开关,即干簧管,最大特点是不受外界环境影响,工作可靠,非常稳定; ②本产品体积小,方便安装和调试; ③成本低,各个部件均价格低廉而且容易更换; ④触点通断时间短,比一般产品反应时间快3~5倍; ⑤实用价值高,能适应电动汽车,尤其是大型电动汽车的漏电保护
获奖情况及鉴定结果	本产品在2006年至2009年间,一直应用于城市公交、混合动力大客车上,实现漏电保护功能。经试验,该产品能够实现漏电保护功能,且性能良好
产品所处阶段	生产阶段
技术转让方式	专利代理委托
产品可展示的形式	实物、图纸、样品
应用范围和推广前景、效益预测	应用范围和推广前景:本产品为一种电动汽车漏电保护回路,能及时发现漏电,并切断动力电池电源;结构简单,能适应电动汽车尤其是大型电动汽车漏电保护;人类社会对于节能、环保的追求,使新能源汽车成为全球汽车产业面临的时代命题,电动汽车作为新能源汽车的成员之一,越来越受到重视,而电动汽车的安全问题引起了人们的高度重视,本产品能够适用于电动汽车的漏电保护; 效益预测:在国际石油疯涨的形势下,在石油资源即将贫乏的情况下,使用电力驱动是汽车行业的未来发展之路。因此,本产品的应用将随着电动汽车的需求量增长而不断普及

续表

其他注意事项	人类社会对于节能、环保的追求,使新能源汽车成为全球汽车产业面临的时代命题,电动汽车作为新能源汽车的成员之一,越来越受到重视。而电动汽车的安全问题引起了人们的高度重视。漏电保护器的作用是防患于未然,电路工作正常时反映不出来它的重要,往往不易引起大家的重视。漏电保护器的安全运行要靠一套行之有效的管理制度和措施来保证。除了做好定期的维护外,还应定期对漏电保护器的动作特性(包括漏电动作值及动作时间、漏电不动作电流值等)进行试验,做好检测记录,并与安装初始时的数值相比较,判断其质量是否有变化。漏电保护器一旦损坏不能使用时,应立即请专业电工进行检查或更换。如果漏电保护器发生误动作和拒动作,其原因一方面是由漏电保护器本身引起,另一方面是来自线路的缘由,应认真地具体分析,不要私自拆卸和调整漏电保护器的内部器件

9.2 全国大学生机械创新设计大赛

一、赛事简介

全国大学生机械创新设计大赛是经教育部高等教育司批准,由教育部高等学校机械学科教学指导委员会主办,机械基础课程教学指导分委员会、全国机械原理教学研究会、全国机械设计教学研究会联合著名高校共同承办,面向大学生的群众性科技活动。赛制为每两年举办一次。目的在于引导高等学校在教学中注重培养大学生的创新设计能力、综合设计能力与协作精神;加强学生动手能力的培养和工程实践的训练,提高学生针对实际需求进行机械创新、设计、制作的实践工作能力,吸引、鼓励广大学生踊跃参加课外科技活动,为优秀人才脱颖而出创造条件。

截至2021年,全国大学生机械创新设计大赛已成功举办九届。大赛影响力持续提升,规模持续扩大,已经成为大学生从方案设计、技术设计到工艺实现等机械工程设计能力培养的综合性、实践性培养环节之一;展示了大赛机制在培养大学生的创新设计能力、综合设计能力和团队协作精神方面,在加强学生动手能力和工程实践能力培养方面的平台作用;扩展了大学生的素质教育空间,极大地提高了参展作品学校和省市的知名度。

全国大学生机械创新设计大赛从第二届开始成为有固定主题的设计大赛。如第二届在湖南大学举办,主题为"健康与爱心",内容为"助残机械、康复机械、健身机械、运动训练机械等四类机械产品的创新设计与制作";第三届在武汉海军工程大学举办,主题为"绿色与环境",内容为"环保机械、环卫机械、厨卫机械等三类机械产品的创新设计与制作";第四届在东南大学举办,主题为"珍爱生命,奉献社会",内容为"在突发灾难中,用于救援、破障、逃生、避难的机械产品的设计与制作"等。

大赛采取学校选拔、各赛区预赛和全国决赛(含初评和决赛评审)的方式,从第三届大赛开始增设慧鱼创新(创意)设计比赛的专项竞赛组,参加慧鱼组比赛的作品也应符合大赛的主题和内容。

二、作品的评价方式

参赛作品必须以机械设计为主,提倡采用先进理论和先进技术,如机电一体化技术等。对作品的评价不以机械结构为单一标准,而是对作品的功能、设计、结构、工艺制作、性能价格比、先进性、创新性等多方面进行综合评价。在实现功能相同的条件下,机械结构越简单越好。一般从以下几个方面进行评价:

(1) 选题评价:新颖性、实用性、意义或前景。
(2) 设计评价:创新性、结构合理性、工艺性、先进理论和技术的应用、设计图纸质量。
(3) 制作评价:功能实现、制作水平与完整性、作品性价比。
(4) 现场评价:介绍及演示、答辩与质疑。

案例 9-3

第四届机械创新大赛实物组实例
高楼救援逃生装置

设计者:古明良,叶登亮,王俊义
指导教师:朱志强,刘新平

一、设计目的

随着我国城市化发展,高层建筑结构越来越复杂、人员越来越密集。突发火灾时,楼梯、竖井等产生的烟囱效应,助长火势加速蔓延,而电梯也不能保证正常供电,这些因素都给高楼人群的逃生和消防人员救援带来了极大的难度。而我国现有消防救援设备品种单一,用于登高救援的装备主要是消防云梯车,其举高救援最高至十五层楼,加上这些装备的机动性差、受周边环境影响大等诸多因素,已经成为制约高楼火灾有效扑救和救援逃生的致命缺陷。且各种救援逃生的设备中,能上能下的很少,这对特殊人群(儿童、病人、老人等)的救援极为不便,因为在发生火灾时,这些人不能用设备自救,而需要救援人员的帮助。针对这些问题,我们设计出这套高楼救援逃生装置,在高楼发生火灾时,为实现受灾人员的救援和逃生,该装置可以实现沿绳带上爬救援和缓降逃生双重功能。

二、工作原理

为实现装置能沿绳、带、杆等自由上下,我们对装置的结构进行了创新设计。该装置是由单向超越离合器原理演变而来的,并巧妙地和楔形空间结合起来,能实现自由锁死和解锁功能。救援逃生装置安装有两个锁紧块和一个滚柱,救援带从滚柱和锁紧块之间通过,如图9-2所示。当该装置相对于绳向下移动或有向下移动的趋势时,由于绳子和滚柱之间的摩擦力,攀爬带会带滚柱转向,由上锁紧块和下锁紧块形成的楔形空间,空间越来越小,斜夹板1与主夹板6把滚柱2与攀爬带7夹得越来越紧,直至滚柱2被卡死,即重力与锁紧力(滚柱2在主夹板与斜夹板之间所承受的力)平衡,如图9-3所示。自动解锁过程和锁死过程刚好相反,当用力推动该装置使之有相当于绳向上移动或有向上移动的趋势时,攀爬带会带着滚柱离开由上锁紧块和下锁紧块形成的楔形空间,进而实现装置的自动解锁。

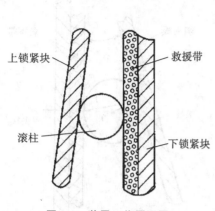

图 9-2 装置工作原理图

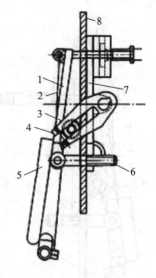

图 9-3 上锁紧示意图

三、设计计算

该装置由两部分组成,分别是上锁紧机构和下锁紧机构。

1. 锁紧机构工作过程

1) 攀爬救援

人站在下锁紧机构上,由于重力作用,该机构会自动锁死在攀爬绳上。此时,只要用双手把上锁紧机构向上推,就可以使上锁紧机构上升。当把双脚与下锁紧机构一起向上提时,由于重力上锁紧机构会因为重力在攀爬绳上自动锁死,而安全带与上锁紧机构连接,所以人会停在空中。当双脚带动下锁紧机构提到一定高度后,再向下踩,此时,下锁紧机构会再次自动锁死,使人可以安全地站在上面。如此反复,两个锁紧机构交替锁紧和上升,从而带动人体向上运动。

2) 下降逃生

当扶手机构 5 上的手刹捏合时,会使滚柱 3 随着斜夹板 1 向下移动,使上锁紧机构解锁,从而整个机构会在下降环 8 的配合下向下移动,通过改变手刹的捏合程度,来随意调整所需要的下降速度,如图 9-4 所示。

2. 锁紧机构受力分析

为使该机构易于锁死,楔形空间的楔形角越小越好,但楔形角过小,又会造成解锁困难,故 α 角的大小对该机构的自动锁死和自动解锁功能至关重要。并且,不同摩擦系数的绳子和杆子,需要有不同的楔角与之相匹配,由此,设计的装置应可在一定范围内调节楔角的大小。为找到合适的角度,则需对该机构进行受力分析,机构受力分析图如图 9-5 所示。

自锁条件是下锁紧块与滚柱在接触点 A 点不打滑,故须满足:

$$\mu F_n > F_t \tag{1}$$

式中:μ 为摩擦系数,钢与尼龙绳的摩擦系数 $\mu = 0.3 \sim 0.5$,取 $\mu = 0.4$;

F_n 为滚柱在 A 点受的径向力;

F_t 为滚柱在 A 点受的切向力。

取滚柱为隔离体,并对 B 点取矩,有

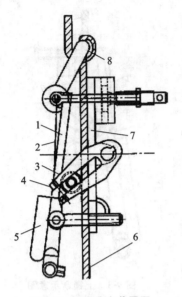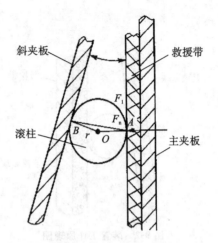

图 9-4 下降逃生装置图　　图 9-5 机构受力分析图

$$F_t r(1+\cos\psi) = F_n r\sin\psi \tag{2}$$

式中：r 为滚柱半径；

ψ 为楔形夹角。

由式(1)和式(2)可得自锁条件的计算公式

$$\tan\frac{\alpha}{2}=\frac{\sin\varphi}{1+\cos\varphi}<\mu$$

式中：α 为摩擦角，即 $\psi<2\alpha=2\arctan\mu$。

这就是滚柱式超越离合器自锁理论依据。故 $\psi<43.6°$，离合器自锁。

在工作中，由于有弹塑性变形和磨损，实际工作楔角要小于设计楔角，为了保证一定的寿命和可靠性，在实践验证后取 $\psi=18°\sim25°$。因此，我们设计的装置具有可在 $12°\sim20°$ 调节楔角的功能，可根据实际情况调节。

四、功能特点

该套装置在救援上爬和下降逃生时都有很好的自锁和解锁能力，经实验，向上爬的速度大约在 0.8 m/s，10 楼发生火灾，在上爬阶段，需花费约 40 s。在逃生中，操作极其简单。从实验中得出，逃生下滑的速度平均在 2 m/s，假如从 10 楼逃生，只需 15 s。下降速度可用扶手刹车手柄自由控制。

五、主要创新点

(1) 装置的结构进行了创新设计。该装置是由单向超越离合器原理演变而来，并巧妙地和楔形空间结合起来，能实现自由锁死和解锁功能。

(2) 救援效率高。往返穿梭于高楼的各楼层之间以及各楼层和地面之间，实现逃生和救援双管齐下。

(3) 强大的适应性。上下锁紧机构能够在各种安全带、消防带、安全绳上自由上下移动，更能够在各种杆件上上下移动。

参考文献

[1] 濮良贵,纪名刚.机械设计[M].8版.北京:高等教育出版社,2006.

[2] 薛渊,陆念力,王树春.滚柱式超越离合器的自锁失效分析及设计对策[J].机械传动,2006(3):78-80+4.

案例 9-4

第四届机械创新大赛慧鱼组实例

纸牌发牌机设计

设计者:李晨、王蔚、张海泽、展菊荫、王浦洋

指导教师:王世刚、王雪峰

一、创新构思背景

随着人们生活水平的不断提高,人们的业余爱好也随之增多。为了使自己的业余时间更加充实和欢乐,在忙碌的工作后,人们更加追求生活环境的舒适和轻松的氛围,于是越来越多的人选择各种各样的纸牌游戏来放松。

但是,各种各样的纸牌游戏都有一个急需要解决的问题,那就是要人工发牌。这样的工作既劳累又会使人们产生厌倦的心理,所以我们设想用自动机械装置来完成这个工作。自动发牌机不仅增强了纸牌游戏或比赛的趣味性,而且自动化过程替代手工发牌,有效减轻参与者的负担,增加游戏的舒适度,能够更加便捷、流畅、高效率地进行纸牌的娱乐游戏,使纸牌游戏成为人们放松身心的休闲娱乐享受。根据市场分析和人们的需求,我们小组设计出一款纸牌发牌机,它的综合化、多功能、全面化、环保化,必将使纸牌发牌机成为家庭娱乐服务的首选。目前国内外尚无相关类似产品,未来市场前景广阔。

二、设计方案

纸牌发牌机主要借鉴慧鱼模型中分牌器的基本结构,然后根据自己的创意来改进各个机构,采用气动结构将牌一一分取;由传送带将分开的牌分发给不同的参与者;采用多个传感器控制分牌机械臂位置、纸牌的有无等。同时,增加履带式发牌机构,这样增加了实用性,以便能够迅速分发纸牌,为娱乐生活提供便利;对机械手臂上的可旋转机构和气动抓牌机构,进行传感器控制,这样可以很好地控制机械臂的运动,从而更准确地抓取纸牌,提高抓取纸牌的准确性。

1. 方案设计

方案设计如图 9-6 所示。

图 9-6 方案设计

(1) 动力装置:利用电动机带动曲轴产生一定的压力,配合阀体的使用实现自动发牌的动力源。

(2) 抓牌装置:利用电动机带动齿轮,齿轮带动吸盘装置的旋转;吸盘装置的压力来源由动力装置的压力源提供;利用继电器的功能来实现旋转装置在抓牌位置和放牌位置的自动回转。

(3)传送装置：利用电动机的履带来实现传送扑克牌的目的；另外利用电动机的正反转来实现传送带的来回运动，实现不同位置的推牌动作。

(4)推牌装置：运用气缸连杆的动作把传送带上到达指定位置的牌推出传送带，实现发牌的目的。

综合运用电动机、阀体、吸盘、压力装置、传送带等部件，加上编程设计的指令，实现纸牌的抓取、传送等一系列动作。

2. 工作原理

利用电动机的转动，带动曲轴的离心转动，促使曲柄在缸体内上下移动，从而产生有压力的气体，产生的气体在管道内流通传送到储存器中；运用电动机和齿轮带动转盘的旋转，转盘上装有吸盘装置；该吸盘装置转动到放牌位置的上方时，在气压缸连杆的带动下推动吸盘移动到紧挨牌的位置，然后由阀体、吸盘的作用达到吸附的目的，并利用连杆的回收运动实现牌的抓取动作。当牌被抓起后，利用转盘的旋转将牌转送到传送带的上方，利用缸体连杆的伸缩，将牌运送到靠近传送带的位置，利用阀体将牌放到传送带上，传送带在电动机的带动下移动，将牌运送到指定位置。当纸牌运动到指定位置时，受连杆的推动作用，将传送带上的纸牌推送到玩牌人的位置，最终实现自动发牌的目的。

三、组合模型

纸牌发牌机的模型能够展示其科学原理和技术过程，简述发牌机的系统，设计并分析了发牌机的主要构成。纸牌发牌机的设计综合应用了机械技术、系统技术、自动控制技术、传感检测技术系统总体技术等群体技术。纸牌发牌机的构成如图 9-7 所示。

图 9-7　纸牌发牌机的构成

从系统的观点出发，根据系统功能目标和优化组织结构目标，以动力、结构、运动和感知等组成要素为基础，对各组成要素及相互之间的信息处理、运动传递、物质运动、能量变换原理进行研究，使得整个系统有机结合与综合集成，并在主控电路板和各个传感器的有序信息流控制下，形成物质和能量的有规则运动。在高质量、高精度、高可靠性、低能耗意义上，实现多种技术功能复合的最佳功能价值的系统工程技术。

四、运动分析和动力分析

纸牌发牌机的机械臂爪有夹紧和松开的功能，由一个电机和两个气缸驱动三个自由度的运动,由一个气缸控制吸盘的吸紧和松开,一个电机驱动机械手臂的回转,这样可实现整体的旋转、水平、垂直运动及吸盘的吸紧、松开运动。通过主控电路板控制,由各个传感器发出位移、转动等控制信号,再由主控电路板按程序设定将各种动作传给各个电机,驱动机械手臂并明确传送带的运动方向与行程,从而实现发牌的目的。

(1) 工作机构一:机械手臂的水平运动,如图 9-8 所示,电机输出动能,经曲轴、背压阀及气缸转换为压力势能储存于气缸内,再通过电磁阀控制气缸的水平伸缩运动。

(2) 工作机构二:机械手臂的垂直运动,如图 9-9 所示,电机输出动能,经曲轴、背压阀及气缸转换为压力势能储存于气缸内,再通过电磁阀控制气缸的垂直伸缩运动。

图 9-8　机械手臂的水平运动

图 9-9　机械手臂的竖直运动

(3) 工作机构三:机械手臂基座的旋转运动,如图 9-10 所示,电机输出动能,经减速箱调节速度并传递到蜗杆,蜗杆与齿轮啮合传动,齿轮转动带动整个底座进行旋转运动。

图 9-10　机械手臂基座的旋转运动

(4) 工作机构四:传送带运动,如图 9-11 所示,电机输出动能,经减速箱调节速度并传递到小齿轮,小齿轮与链条啮合传动,链条带动整个传送带进行分牌运动。

(5) 工作机构五:气缸推牌运动,如图 9-12 所示,电机输出动能经曲轴、背压阀及气缸转换为压力势能储存于气缸内,再通过电磁阀控制气缸的伸缩运动。

五、成本分析及应用前景

1. 成本分析

随着技术的进步,微控制器的体积、速度、成本都有了非常大的进步,其接口数量在十个以

图 9-11 传送带运动

图 9-12 气缸推牌运动

上,而价格仅为几元。我们的发牌机采用的机械原理及控制原理相对简单,实现起来较为容易,采用各种简单的传感器及机械部件,发牌机的实用化成本可以控制在几十元以内,为发牌机走入家庭创造了良好的条件。

2. 应用前景

随着生活水平的日益提高,人们越来越重视生活质量和身心健康,注重劳逸结合。休闲娱乐的纸牌,成为人们茶余饭后的重要娱乐方式。由于纸牌游戏玩法的多样性,玩牌的过程中洗牌、发牌占用了部分时间,不仅影响游戏娱乐进程和玩牌的舒适度,同时因手工洗牌,容易作弊造成游戏的不公平性。

目前,纸牌玩家千呼万唤"舒适玩牌、玩牌不洗牌、抵制作弊"的呼声一浪高过一浪,自动发牌机的应用将会有很大的市场空间。

参考文献

[1] 濮良贵,纪名刚.机械设计[M].8版.北京:高等教育出版社,2006.

[2] 孙桓,陈作模,葛文杰.机械原理[M].8版.北京:高等教育出版社,2013.

9.3 全国 TRIZ 杯大学生创新方法大赛

一、大赛简介

全国 TRIZ 杯大学生创新方法大赛由国家创新方法研究会联合黑龙江省科学技术厅、黑龙江省教育厅、黑龙江省科学技术协会、黑龙江省知识产权局等单位共同举办,黑龙江省技术创新方法研究会、黑龙江省生产力促进中心、哈尔滨工程大学、黑龙江人民广播电台龙广高校台、哈尔滨工程大学国家大学科技园等单位具体承办。大赛到目前为止已举办九届,从 2012 年起改为国赛,比赛吸引了北京航空航天大学、大连理工大学等 34 所高校参与,600 余名学生的 310 件作品参赛,且规模逐渐扩大,2013 年包括台湾地区在内的多所高校报名参加。大赛的宗旨是通过开展竞赛活动,帮助广大学生熟练掌握、运用创新方法,开拓创新思维,激发创新活力,树立创新精神,进一步提高大学生的科技创新能力和水平,培养更多的创新型人才。

1. 作品种类要求

(1) 自备作品:参赛队伍运用"TRIZ"创新方法,自行提出的论文创意和设计制作的参赛作品。

(2) 企业委托作品:参赛队伍根据企业委托设计,运用"TRIZ"创新方法,做出新颖的、独特的,具有一定实用价值的发明设计方案。

2. 作品内容要求

(1) 参赛作品所提供的技术方案应构思巧妙,具备新颖性,原创性较强。

(2) 参赛作品对促进本领域的技术进步与创新有突出的作用,有较高的学术价值。

(3) 参赛作品应具备一定的实用性,能够在社会生产实践中应用,有望取得较好的经济、社会效益。

3. 大赛的特点

(1) 大赛注重作品成果转化,鼓励作品和企业对接。

(2) 作品侧重创新方法,尤其要用 TRIZ 理论解决工程实际问题。

二、TRIZ 方法大赛实例

1. 大赛申报书撰写

以全国第一届 TRIZ 创新方法大赛二等奖作品为例,简要介绍大赛申报书的撰写。

1) 申报作品情况(科技发明制作)

作品全称	多功能护树装置
作品分类	科技发明制作

续表

作品设计、发明的目的和基本思路,创新点,技术关键和主要技术指标	发明目的:实现多功能、无伤害护树装置; 基本思路:实现支撑、防水土流失、冲击隔离等多功能一体的护树装置; 创新点:多功能集成、冲击分解; 技术关键和主要技术指标:树木支撑、冲击分解、防水土流失。
作品发明过程中运用到的"TRIZ"理论(详细说明)	组合原理:利用组合原理,组合护树板、护树隔离架、支撑架,实现三功能一体; 组合中发现:普通的隔离装置起到隔离作用的同时,由于存在棱角会对外界造成伤害; 提出物理矛盾:隔离架应该存在,以实现隔离功能;隔离架不应该存在,以减少对外界的伤害,且普通隔离架会将冲击传递到支撑装置。 分析目前广泛使用的隔离装置的隔离原理,是将冲击按原路线返回实现阻挡;分析系统中存在的资源,有空间资源可以利用。 采用空间分离法,应用其中的多维法(17)提出将冲击分解到其他维度,并采用曲面化原理(14)引进螺旋线实现冲击分解,达到隔离目的。
作品的科学性、先进性(应说明与现有技术相比,该作品是否具有突出的实质性技术特点和显著进步。请提供技术性分析说明和参考文献资料)和实用性	技术特点:与目前广泛使用的护树装置相比,本护树装置实现了多功能集成,并实现了无冲击反弹的隔离方法,从而减少了因隔离保护对外界造成的伤害;显著技术进步在于多功能集成和冲击分解。 技术性分析和实用性:当有冲击力作用在螺旋杆上时,螺旋杆会旋转,从而将力分解,从而减少力直接对树冲击所带来的伤害;同时,由于螺旋杆与外套、外套与内套、内套与护树板、护树板与底座、底座与地面之间的相互连接,从而将力从螺旋杆传递到地面,进而将力分解;由于支撑杆架设在内套上端,在螺旋杆将力部分分解的前提下,传递到支撑杆上的力减小,支撑杆作用于树的冲击力也因此而减轻;由于此装置中有护树板,能够防止雨水对树根部位土壤的冲击而导致的水土流失。
作品所处阶段	(B) A.实验室阶段 B.中试阶段 C.生产阶段 D._____(自填)
技术转让方式	
作品可展示的形式	□实物、产品 ☑模型 ☑图纸 ☑磁盘 ☑现场演示 ☑图片 ☑录像 □样品
使用说明及该作品的技术特点和优势,请提供该作品的适用范围及推广前景的技术性说明及市场分析和经济效益预测	使用说明:安装多功能护树装置时,将护树板与底座及内套连接,根据需求可将内套下端埋入土里一部分实现稳固连接,连接好后将两块底座通过螺栓紧固连接,其底座可根据需求通过地脚螺栓与地面相连,从而使底座更加稳固,然后用辐条将外套与螺旋杆连接,将外套扣在内套的上槽中,用螺栓将两外套连接,最后根据需求可在内套上端架设支撑杆实现对树木的支撑要求。 技术特点和优势:本护树装置实现了多功能集成,并实现了无冲击反弹的隔离方法,从而减少了因隔离保护对外界造成的伤害;显著技术进步在于多功能集成和冲击分解。

	续表
使用说明及该作品的技术特点和优势,请提供该作品的适用范围及推广前景的技术性说明及市场分析和经济效益预测	适用范围及推广前景:可以广泛应用于街道及小区,因结构简单、操作方便、可组装、造价低、美观、多功能、实用性强,所以具有良好的市场前景。 市场分析和经济效益预测:城市环境的美化是提高人们生活水平的重要措施,绿化对美化城市环境、保护生态平衡具有重要的意义,树木栽种是城市绿化的重要手段;树木保护装置的保护行为、外观、多用性等技术特征都应融入城市生活,而不是将树木保护与人们的生活隔离开来;但是目前的护树装置单一化、不美观,甚至会对外界造成伤害,为此,集美观、多功能、耐用、便于组装和拆卸等功能于一体的树木保护装置研发,对美化城市环境、提高城市人文内涵具有重要的意义,由于护树装置已被广泛应用于市场,我们的产品具有很大的优势,若投入市场,具有很强的市场竞争力,一定会带来很大的经济效益。
专利申请情况	☑提出专利申请　　　　　申请号: 　　　　　　　　　　　　申请日期:2012年9月15日 □已获专利权批准　　　　批准号: 　　　　　　　　　　　　批准日期:　　年　　月　　日 □未提出专利申请

2)申报作品 TRIZ 理论应用情况

项目名称	多功能护树装置		
项目来源	齐齐哈尔大学	研究领域	机械
项目概述			

　　城市环境的美化是提高人们生活水平的重要措施,绿化对美化城市环境、保护生态平衡具有重要的意义,树木栽种是城市绿化的重要手段。然而,树木在生长过程中难免会受到自然环境、人为因素、自身因素的影响,使树体受到破坏而不能正常成长,甚至不能成活。因此,为树木提供保护,对其成长具有重要的意义,应用树木保护装置是对树木提供保护的有效措施。树是城市生活的一部分,树木保护装置的保护行为、外观、多用性等技术特征都应融入城市生活,而不是将树木保护与人们的生活隔离开来。但是传统的护树装置单一化、不美观,甚至会对外界造成伤害。为此,集保护、美观、多功能、耐用、便于组装和拆卸等功能于一体的树木保护装置研发,对美化城市环境、提高城市人文内涵具有重要的意义。

问题描述

(要求应写清楚系统的工作原理、主要问题、限制条件、类似产品的解决方法)
　　以目前广泛应用的隔离装置为例(见图 9-13),该系统利用了空间隔离原理来实现隔离,当有冲击力作用在隔离架上,隔离架直接反弹作用在冲击体上。存在的主要问题是它起到了隔离作用的时候,由于棱角的存在也会对外界的人、车辆造成不必要的伤害;由于带有棱角,不适合安装在人群比较密集的地方,同时也不能起到支撑等其他护树功能。解决方法:改变其结构设计,去除棱角,减少对外界的伤害。

续表

以目前广泛应用的支撑装置为例(见图 9-14),该系统利用了三角形具有稳定性来起到支撑作用,当有风等外力作用时,支撑杆起到支撑作用。存在的主要问题:支撑杆不能同时起到隔离作用,且当有外力作用时,力会通过支撑杆传递到树上,对树造成伤害;限制条件,由于支撑时支撑杆需要一定角度,导致装置占地面积较大,不适合面积小的街道两旁,同时也不能起到隔离等其他护树功能。解决方法,增加支撑杆数量或者减少杆之间的间隙以起到隔离作用。

图 9-13 隔离架

图 9-14 支撑架

TRIZ解题流程
系统分析

(系统完备性法则、功能分析、九屏图、生命曲线)

(1) 系统完备性法则:当冲击力作用在螺旋杆上时,螺旋杆通过内外套的滑道旋转,将力分散。

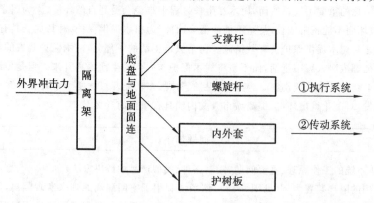

(2) 功能分析:

隔离功能分析:

续表

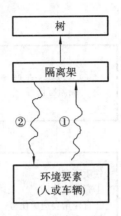

①外界对隔离架的冲击作用；
②隔离架对外界的反作用(因为棱角存在对外界造成伤害)。
支撑功能分析：

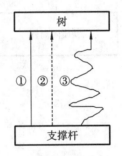

①对树木有支撑功能；
②支撑能力不足；
③起到支撑的同时，当有外力冲击在支撑杆上时，力会通过支撑杆对树造成伤害。
防水土流失功能分析：

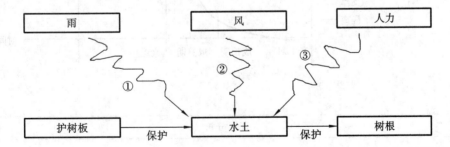

①②③都表示外力导致的水土流失。
（3）九屏图：

续表

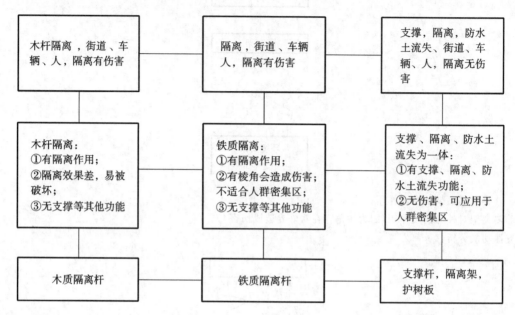

(4)生命曲线：

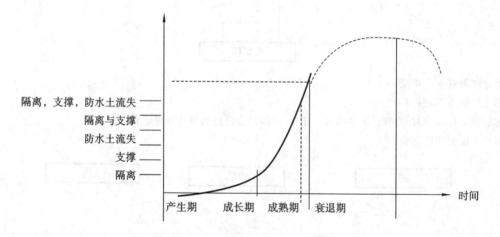

资源分析
（系统内部资源：现有资源、可用资源）
现有资源：空间资源
可用资源：空间资源
最终理想解
实现支撑、隔离、防水土流失为一体的无伤害护树功能

运用 TRIZ 工具
物理矛盾1:由于树木需要支撑,因此支撑杆应该有;但是当外界冲击支撑杆时,支撑杆会对树造成伤害,因此,支撑杆不应该存在。 此矛盾的物-场模型为: 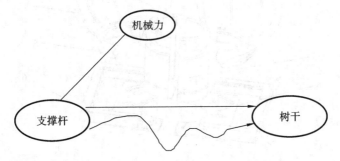 物理矛盾2:目前广泛应用的隔离装置,隔离架应该存在,以实现隔离功能;隔离架不应该存在,以减少对外界的伤害。
解决方案
物理矛盾1的解决方案:物理矛盾推荐原理解为采用空间分离,将外界冲击与支撑杆隔离开。 物-场模型推荐求解策略:引入第三种物质,消除有害因素,故引入隔离架。 物理矛盾2的解决方案:隔离伤害是一维隔离伤害,空间中存在其他维度,可采用多维法(17)将伤害转移到其他维度,采用曲面化原理(14)来增加维度,即将以前的直杆变为螺旋杆或圆杆;支撑带来的是冲击伤害,存在空间资源,可以采用空间隔离法,将支撑杆安装在内套上。 评价指标:无伤害隔离,支撑,防水土流失 ①无伤害隔离:通过转动隔离架的引导作用,将冲击分解到其他维度,而不是反弹回去,从而减少了对外界的伤害,同时实现了隔离作用,达到预期效果。 ②支撑:支撑杆可将对树干的作用力传递到底座上,实现多支撑杆协同支撑,同时受力,强化了支撑效果。 ③护树板可以有效防止因自然力或人力造成的水土流失。
确定最终方案
此多功能护树装置(见图9-15),它包括底座、旋转装置、隔离装置及支撑装置。底座分为两半,通过螺栓连接;旋转装置分为内套(7)与外套(5),内套(7)上下有环形槽,下槽与底座(6)之间通过护树板(8)连接,上槽用于连接外套(5);隔离装置由辐条(4)连接外套(5)与螺旋杆(3)组成。当外物撞击在螺旋杆(3)上时,旋转装置可将力分解,从而减少外力对树木的破坏,隔离装置可避免外物与树木的直接接触,从而实现对树木的保护。支撑装置(支撑杆)可根据需求通过铰链连接在内套(7)上,实现对树木的支撑,螺旋杆(3)端部装有荧光球(1),可在夜晚起到警示及美化作用。

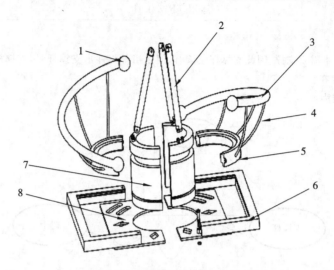

图 9-15　多功能护树装置结构图

（1. 荧光球　2. 支撑杆　3. 螺旋杆　4. 辐条　5. 外套　6. 底座　7. 内套　8. 护树板）

2. 作品说明书示例

<h3 style="text-align:center">多功能护树装置说明书</h3>

1. 研究目的

城市环境的美化是提高人们生活水平的重要措施，绿化对美化城市环境、保护生态平衡具有重要的意义，树木栽种是城市绿化的重要手段。然而，树木在生长过程中难免会受到自然环境、人为因素、自身因素的影响，使树体受到破坏而不能正常成长，甚至不能成活。因此，为树木提供保护，对其成长具有重要的意义，应用树木保护装置是对树木提供保护的有效措施。树是城市生活的一部分，树木保护装置的保护行为、外观、多用性等技术特征都应融入城市生活，而不是将树木保护与人们的生活隔离开来。但是传统的护树装置单一化、不美观，甚至会对外界造成伤害。为此，集保护、美观、多功能、耐用、便于组装和拆卸等功能于一体的树木保护装置研发，对美化城市环境、提高城市人文内涵具有重要的意义。

2. 基本思路及创新点

1) 基本思路

本项目研究的是多功能、美观、融入城市文明，多功能护树装置的结构。为此，项目利用 TRIZ 理论来解决设计过程中出现的技术问题。利用组合原理，组合护树板、护树隔离架、支撑架，实现三功能一体。组合中发现：普通的隔离装置起到隔离作用的同时，由于存在棱角会对外界造成伤害。提出物理矛盾：隔离架应该存在，以实现隔离功能；隔离架不应该存在，以减少对外界的伤害，且普通隔离架会将冲击传递到支撑装置。

分析目前广泛使用的隔离装置的隔离原理，是将冲击按原路线返回实现阻挡；分析系统中存在的资源，有空间资源可以利用。

采用空间分离法，应用其中的多维法(17)提出将冲击分解到其他维度，并采用曲面化原理(14)引进螺旋线实现冲击分解，达到隔离目的。

2) 创新点

项目研究的创新之处在于多功能集成、冲击分解，功能创新，所提出的功能适合在城市街道和居民小区中用来保护树木、美化环境，立意新颖。

3. 装置结构图

多功能护树装置的结构图如图9-16至图9-19所示。

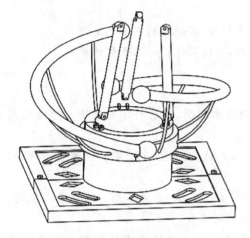

图 9-16　整体结构示意图

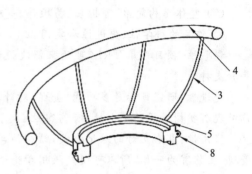

图 9-17　内套结构示意图

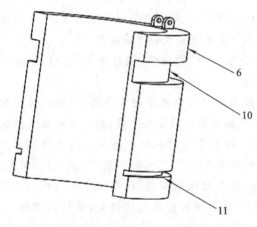

图 9-18　外套结构示意图

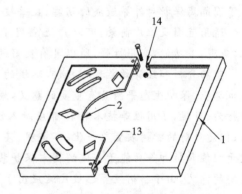

图 9-19　护树板结构示意图

4. 建造及使用方法

1）建造方法

底座与护树板铣削加工，内套与外套车削加工，螺旋杆折弯加工。

2）使用方法

安装多功能护树装置时，将护树板与底座及内套连接，根据需求可将内套下端埋入土里一部分实现稳固连接，连接好后将两块底座通过螺栓紧固连接，其底座可根据需求通过地脚螺栓与地面相连，使底座更加稳固，然后用辐条将外套与螺旋杆连接，将外套扣在内套的上槽中，用螺栓将两外套连接，最后根据需求可在内套上端架设支撑杆实现对树木的支撑要求。

5. 作品创新点

(1) 护树板的设计实现了防止水土流失及保护树根的功能。

(2) 内外套的设计实现了护树装置旋转的功能。

(3) 螺旋杆的设计实现了空间隔离的功能。

(4) 旋转功能与隔离功能的结合,实现了当护树装置受外力撞击时分散力的作用,从而减轻了外力对树木的伤害。

(5) 根据需求可在内套上表面焊接底脚用于架设支撑杆,实现对树木多点支撑。

(6) 螺旋杆及端部连接的小球表面可涂上荧光物质,夜晚实现提示及美化的功能。

(7) 整体结构简单、可拆装、易操作、美观,多功能。

6. 作品的科学性、先进性和实用性

科学性:项目采用TRIZ理论来解决设计过程中的技术问题,具有科学的理论与方法的指导和支持。

先进性:研究目标是多功能、美观、对外界无伤害、融入城市文明,多功能护树装置的结构,弥补现有护树装置的单一性、有伤害性。

实用性:具有良好的绿化意义,结构简单、功能齐全、美化环境、造价不高。因为集多功能、美观、无伤害为一体,所以可以广泛用于街道、小区等人群密集区。

7. 作品的技术特点和优势,适用范围及推广前景的技术性说明及市场分析和经济效益预测

技术特点和优势:本护树装置实现了多功能集成,并实现了无冲击反弹的隔离方法,从而减少了因隔离保护对外界造成的伤害;显著技术进步在于多功能集成和冲击分解。

适用范围及推广前景:可以广泛应用于街道及小区,因结构简单,操作方便,可组装,造价低,美观,多功能,实用性强,所以具有良好的市场前景。

市场分析和经济效益预测:城市环境的美化是提高人们生活水平的重要措施,绿化对美化城市环境、保护生态平衡具有重要的意义,树木栽种是城市绿化的重要手段;树木保护装置的保护行为、外观、多用性等技术特征都应融入城市生活,而不是将树木保护与人们的生活隔离开来;但是目前的护树装置单一化、不美观,甚至会对外界造成伤害。为此,集美观、多功能、耐用、便于组装和拆卸等功能于一体的树木保护装置研发,对美化城市环境、提高城市人文内涵具有重要的意义,由于护树装置已被广泛应用于市场,我们的产品具有很大的优势,若投入市场,具有很强的市场竞争力,一定会带来很大的经济效益。

9.4 全国三维数字化创新设计大赛

一、大赛简介

全国三维数字化创新设计大赛由科技部高新技术发展及产业化司、教育部科学技术司、国家制造业信息化培训中心等部门共同指导,国家制造业信息化培训中心3D办与3D动力(全国3D技术推广服务与教育培训联盟)主办,简称"3D大赛或3DDS"。大赛以"推动3D技术普及、

提升自主创新能力"为主题,以"学3D!用3D!我创造!我快乐!"为口号,以"以赛促教、以赛促训、以赛促用、以赛促新"为宗旨,弘扬创新文化,推动人才培养,选拔优秀院校、应用人才和成功案例,在3D技术应用企业与3D人才培训院校间搭建桥梁,引领创新实践与就业创业,掀起全民创新热潮,支撑产业升级和发展方式转变,践行创新型国家建设。

全国三维数字化创新设计大赛以"三维数字化"与"创新设计"为特色,突出体现三维数字化技术对创新实践的支持和推进。要求首先是实用创新的设计活动,同时必须基于三维数字化技术平台或使用三维数字化技术工具实现,并且体现现代三维数字化设计方法与流程,最终以三维数字化形式表现设计结果。

全国三维数字化创新设计大赛以"3D FOR ALL"的理念,设置"工业与工程""数字表现(文化创意)"两个大方向,设立工业设计、工程设计(机械设计/结构设计/仿真分析)、模具设计、数控编程、工业设计、CG与数字艺术、影视动漫、游戏与虚拟现实、建筑与室内外表现等九大竞赛项目,鼓励多元应用。大赛着重考察设计过程、设计文档、设计源文件及设计结果。评审标准包括设计创意性、视觉美观性、工程实用性、技术复杂性等因素。

全国三维数字化创新设计大赛以推动"设计实践、全民创新"为目标,设置"学生组"与"职业组"两个组别。鼓励学生参与设计、科技创新,并以数字仿真方式进行设计实践活动。鼓励企业在职人员进行创新设计,使社会涌现更多面向实际、面向市场的平民创新人物。

全国三维数字化创新设计大赛每年举办一届,分初赛选拔、复赛(赛区)评审和全国现场总决赛与颁奖盛典四个赛程。为体现现代协同设计理念和团队合作精神,大赛复赛、决赛以团队形式参赛。

参赛作品需应用三维数字化技术完成,可以使用一款或多款软硬件平台完成,软硬件平台种类不限。参赛作品应体现现代三维数字化设计方法与应用流程。鼓励参赛团队使用企业实际项目或实际科研项目参赛,学生组复赛、决赛参赛作品需由团队协同完成。

二、大赛作品提交形式

参赛作品以网评形式进行复赛,采取作品网上上传形式。注册团队后,复赛参赛作品发帖展示内容,建议将参赛作品说明书保存为图片,然后上传。如果有视频或其他展示内容,可在图片后补充说明。作品贴展示内容应包含作品基本信息,如作品名称、参赛方向及赛项、团队名称、指导教师、队员、使用软件等。

大赛作品摘要示例

1. 团队信息

团队编号:3DDSG125

团队名称:蓝鲸队(辽宁工程技术大学)

作品名称:新型点触式除雪破冰机(见图9-20)

2. 主要软件

Inventor、Pro/E、Keyshot、Photoshop

3. 主要模块

工业设计、工程设计、模具设计、数控编程

(1) 工业设计:创意设计、造型建模、原理、原型验证、产品展示、概念性零件划分、系统

图 9-20　新型点触式除雪破冰机

划分。

(2) 工程设计:零件拆分、系统划分、零件结构设计、装配设计、工程制图、工程仿真、工程分析(CAE)。

(3) 模具设计:零件分模分析、分模、模具结构设计、模具工程图、模流分析、开模仿真。

(4) 数控编程:数控加工工艺制定、刀位程序及后处理G代码生成、刀具路径仿真。

作品贴示例一

团队:集智创意(武汉理工大学华夏学院)

学生队员:沈超、杨金强、谢大幸、苑锡超

作品名称:新型创意发动机设计(见图 9-21)

图 9-21　新型创意发动机设计

主要竞赛项目:工业与工程

主要软件:CATIA、Pro/E、Cinema4D、3Dmax、Photoshop、Corel VideoStudio Pro X4

作品贴示例二

团队:DOUBLE(厦门大学)

作品名称:蜗牛健身洗衣机(见图 9-22)

主要竞赛项目:工业与工程

主要软件:CATIA、Pro/E、3Dmax、Photoshop

作品贴示例三
团队：新源工作室（德州科技职业学院）
作品名称：横行霸道新能源车（见图9-23）

图9-22　蜗牛健身洗衣机　　　　　　　　图9-23　横行霸道新能源车

主要竞赛项目：工业与工程
主要软件：Pro/E、Camtasia Studio、Keyshot、AutoCAD2004

9.5　全国大学生电子设计竞赛

一、大赛简介

1. 指导思想与目的

全国大学生电子设计竞赛是教育部倡导的大学生学科竞赛之一，是面向大学生的群众性科技活动，目的在于推动高等学校促进信息与电子类学科课程体系和课程内容的改革，有助于高等学校实施素质教育，培养大学生的实践创新意识与基本能力、团队协作的人文精神和理论联系实际的学风；有助于培养学生的工程实践素质、提高学生针对实际问题进行电子设计制作的能力；有助于吸引、鼓励广大青年学生踊跃参加课外科技活动，为优秀人才的脱颖而出创造条件。

2. 竞赛特点与特色

全国大学生电子设计竞赛的特点是与高等学校相关专业的课程体系和课程内容改革密切结合，以推动高校的课程教学、教学改革和实验室建设工作。竞赛的特色是与理论联系实际学风建设紧密结合，竞赛内容既有理论设计，又有实际制作，以全面检验和加强参赛学生的理论基础和实践创新能力。

3. 组织运行模式

全国大学生电子设计竞赛的组织运行模式为"政府主办、专家主导、学生主体、社会参与"十六字方针，以充分调动各方面的参与积极性。

4. 组织领导

全国大学生电子设计竞赛由教育部高等教育司和信息产业部人事司共同主办,负责领导全国范围内的竞赛工作。各地竞赛事宜由地方教委(厅、局)统一领导。为保证竞赛顺利开展,需要组建全国及各赛区竞赛组织委员会和专家组。

5. 竞赛时间和竞赛周期

全国大学生电子设计竞赛每两年举办一届,于奇数年的9月份举办,赛期四天三夜。在偶数的非竞赛年份,根据实际需要由全国竞赛组委会和有关赛区组织开展全国的专题性竞赛,同时积极鼓励各赛区和学校根据自身条件适时组织开展赛区和学校一级的大学生电子设计竞赛。

6. 竞赛方式

竞赛采用全国统一命题、分赛区组织的方式,采用"半封闭、相对集中"的组织方式进行。竞赛期间学生可以查阅有关纸质或网络技术资料,队内学生可以集体商讨设计思想,确定设计方案,分工负责、团结协作,以团队为基本单位完成竞赛任务。竞赛期间不允许任何教师或其他人员进行任何形式的指导或引导,竞赛期间参赛队员不得与队外任何人员讨论商量。参赛学校应将参赛学生相对集中在实验室内进行竞赛,便于组织人员巡查。为保证竞赛工作顺利开展,竞赛所需设备、元器件等均由各参赛学校负责提供。

二、赛题类别

(1)电源类:简易数控直流电源、直流稳压电源。

(2)信号源类:实用信号源的设计和制作、波形发生器、电压控制LC振荡器等。

(3)高频无线电类:简易无线电遥控系统、调幅广播收音机、短波调频接收机、调频收音机等。

(4)放大器类:实用低频功率放大器、高效率音频功率放大器、宽带放大器等。

(5)仪器仪表类:简易电阻、电容和电感测试仪,简易数字频率计、频率特性测试仪,数字式工频有效值多用表,简易数字存储示波器,低频数字式相位测量仪,简易逻辑分析仪。

(6)数据采集与处理类:多路数据采集系统、数字化语音存储与回放系统、数据采集与传输系统。

(7)控制类:水温控制系统、自动往返电动小汽车、简易智能电动车、液体点滴速度监控装置。

三、参赛形式

(1)全国大学生电子设计竞赛原则上安排在奇数年的9月中旬举行,为期4天。竞赛以赛区为单位统一组织报名、竞赛、评审和评奖工作。

(2)鼓励设有信息与电子学科及相关专业或已开展电子设计科技活动的高等学校,积极组织学生参赛。

(3)学生自愿组合,三人一队,由所在学校统一向赛区组委会报名。参赛队数由学校自行确定。

(4)为鼓励不同类型的高校和不同专业或专业方向的学生都能参赛,全国竞赛专家组根据命题原则,将统一编制若干个竞赛题目,供参赛学生选用。

（5）竞赛所需场地、仪器设备、元器件或耗材原则上由参赛学校负责提供。

四、近几届的赛题

2013年：

A.单相AC-DC变换电路；B.四旋翼自主飞行器；C.简易旋转倒立摆及控制装置；D.射频宽带放大器；E.简易频率特性测试仪；F.红外光通信装置；G.手写绘图板；H.电磁控制运动装置；I.简易照明线路探测仪；J.直流稳压电源及漏电保护装置。

2015年：

【本科组】A.双向DC-DC变换器；B.风力摆控制系统；C.多旋翼自主飞行器；D.增益可控射频放大器；E.80 MHz～100 MHz频谱分析仪；F.数字频率计；G.短距视频信号无线通信网络。

【高职高专组】H.LED闪光灯电源；I.风板控制装置；J.小球滚动控制系统。

2017年：

【本科组】A.微电网模拟系统；B.滚球控制系统；C.四旋翼自主飞行器；D.探测跟踪系统；E.自适应滤波器；F.调幅信号处理实验电路；G.远程幅频特性测试装置；H.可见光室内定位装置；I.单相用电器分析监测装置。

【高职高专组】J.自动泊车系统；K.管道内钢珠运动测量装置；L.直流电动机测速装置；M.简易水情检测系统。

2019年：

【本科组】A.电动小车动态无线充电系统；B.巡线机器人；C.线路负载及故障检测装置；D.简易电路特性测试仪；E.基于互联网的信号传输系统；F.纸张计数显示装置；G.双路语音同传的无线收发系统；H.模拟电磁曲射炮。

【高职高专组】I.LED线阵显示装置；J.模拟电磁曲射炮；K.简易多功能液体容器。

9.6 全国大学生机器人大赛

一、大赛简介

全国大学生机器人大赛始终坚持"让思维沸腾起来，让智慧行动起来"的宗旨，在推动广大高校学生参与科技创新实践、培养工程实践能力、提高团队协作水平、培育创新创业精神方面发挥了积极作用，培养出一批爱创新、会动手、能协作、勇拼搏的科技精英人才，在高校和社会上产生了广泛、良好的影响。

大赛由共青团中央主办；中国青少年发展基金会、全国学校共青团研究中心支持；教育部应用技术大学（学院）联盟、教育部高等学校机械类专业教学指导委员会、教育部高等学校计算机类专业教学指导委员会、山东电视台协办。大赛组委会秘书处设在北京科技大学。

二、大赛项目

全国大学生机器人大赛下设4项赛事：Robocon赛事、RoboMaster赛事、Robotac赛事和机器人创业赛。

（1）Robocon赛事。该项赛事每年一个主题，参赛队员为注册在籍的高校全日制在校本科生，每校允许一支队伍报名。

（2）RoboMaster赛事。该项赛事由共青团中央联合深圳市人民政府共同举办，团深圳市委、大疆创新科技有限公司承办。参赛队员为注册在籍的高校非在职博士研究生、硕士研究生与全日制本科生、专科生，每校允许一支队伍报名参赛。对于成功通过技术审核的初次参赛队伍，组委会将免费赠送一套机器人器材。

（3）Robotac赛事。赛事分为竞技赛和竞速赛两项，参赛队员为注册在籍的高职高专院校学生。

（4）机器人创业赛。参赛队员为注册在籍的高校学生或毕业不超过三年的本科生、专科生、硕士研究生、博士研究生。

三、大赛时间安排

（1）报名与确认。需登录各项赛事官方网站，在线填写报名信息，查询竞赛具体规则、竞赛时间、地点等要求。

（2）培训与答疑。大赛会组织参赛高校领队和指导教师专题培训班。各参赛团队可通过电子邮箱、官网论坛留言的方式进行赛事咨询，组委会通过大赛官方网站对有关问题进行答疑。

（3）比赛与奖励。每年5月至8月，各项赛事将分别举行。比赛设立一、二、三等奖若干名，以及冠、亚、季军和单项奖，并颁发证书和奖金。

附　　录

附录 A　40 个发明原理

1. 分割	2. 抽取	3. 局部质量	4. 不对称	5. 组合
将物体分离成互相独立部分； 将物体分成几部分； 提高物体的分离性	去掉物体中的干扰部分（干扰特性），或者相反，只抽取物体中必要的部分或特性	将物体的共性结构转换成异性结构或环境； 物体不同的部分应起不同的作用； 物体的每一部分都应处于促进整体运作的状态	用非对称性代替对称性； 如果一物体已不对称，可进一步增强其不对称的程度	在空间上将有共性的物体和需要连续操作的物体组合起来； 从时间上将有共性的物体和需要连续操作的物体组合起来
6. 多用性	7. 套叠	8. 重量补偿	9. 预先反作用	10. 预先动作
一物体能起多种不同的作用，因此其他部分可以除去	一物体套在另一物体内，可形成重叠； 一物体穿过另一物体	将需提起的重物和有上升性质的物体结合起来； 给需要提起的物品加上空气动力或由外部环境引起的水动力	对物体预加反向压力从而避免其完工时的不良效果； 如果一个物体需要完成某种操作，应先进行相反的操作	部分或全部的预加所需的改变； 将有用的物体预置，使其在必要时能立即在最方便的位置起作用
11. 预先防范	12. 等势	13. 反向操作	14. 曲面化	15. 动态
对具有较低可靠性的物品预置紧急防范措施	改变工作状态而不必升高或降低物品	不用常规的解决方法，而是反其道行之（如需加热时反用冷却法）； 使通常运动的部分或环境静止，而让通常静止的部分运动； 将物体倒过来放置	将直线变成曲线，平面变成曲面，方形变成球形； 利用滚筒、球体和螺旋体； 利用向心力将线性运动变为圆周运动	改变物体的性质或外部环境，以使操作的每一步都能达到最佳效果； 将非运动物体变为动态的，增加其运动性； 将一物体分成能够改变相对位置的不同部分

续表

16. 部分超越	17. 多维法	18. 机械振动	19. 周期性动作	20. 有效动作持续
如果不能达到100%的效果,争取部分达到或超越理想效果	将物体的运动或布置由一维变为二维,或将二维变为三维;利用物体的多层结构;将物体竖置;利用物体相反一面;将光线照到物体相邻的区域或物体的反面	利用振荡作用;如已有振动存在,提高振动频率以达超音速;应用共振的频率;用压电振动代替机械振动;将超音速振动和电磁场结合作用	将持续运动变成间歇运动(脉冲法);如果动作已经是间歇性的,则改变间歇频率;利用间歇提供附加作用	不间断持续运作;一物体的各组成部分应扭转为持续保持其全能状态运行;去除闲置和间歇的部分
21. 快速通过	22. 变害为利	23. 反馈	24. 中介物	25. 自助
快速运行有害而冒险的操作	利用有害因素,特别是环境方面的有害因素来获取有益的结果;将一有害因素与另一有害因素结合,抵消有害因素;提高有害动作的程度以达无害状态	引入反馈法;如果反馈已经存在,将其改善	利用中介物质转换或执行一种动作;临时将原物体和一个容易去除的物体连接	一物体能服务于自我,并能执行辅助和修理的功能;利用废物和废弃的能量
26. 复制	27. 廉价替代品	28. 更换机械系统	29. 气压或液压	30. 弹性膜或薄膜
不便于操作的易损、易碎物,应由简易的和便宜的复制品替代;可见光仪器可由红外线或紫外线仪器替代;用光学图像替代单件物品或系列物品,图像可以放大和缩小	用便宜的物品代替贵重的物品,对性能稍做让步(例如寿命因素)	用光学、声学、热学及味觉系统代替机械系统;运用电场、磁场、电磁场和物体进行相互作用	用气体或液体代替物体的固体部分,从而可利用空气或水产生膨胀,或利用气压和液压起缓冲作用	用灵活的或薄膜表面代替通常结构;用可调的表面或薄膜表层将物体和外部环境隔开

续表

31. 多孔材料	32. 改变颜色	33. 同质性	34. 抛弃或再生	35. 性能转换
给物体加孔,或运用辅助的有孔材料（插入或覆盖等）； 如果一个物体已经有孔,事先向孔中充入相应的物质	改变物体或环境的颜色； 改变物体和环境的透明度； 在物体中加上颜色添加剂,用以观察难以看到的物体或过程； 如果已经用了添加剂,则考虑增加发光成分	和主要物体相互作用的物体应该用同样的材料做成,或具有相同的性质	当作用完成后或物体本身不再有用时,物体中的一部分自动消失,或在操作过程中自动调整； 物体中用过的零件应在工作过程中重新发挥作用	改变系统的物理状态； 改变浓度或密度； 改变灵活性； 改变温度和体积
36. 相变	37. 热膨胀	38. 强氧化剂	39. 惰性环境	40. 复合材料
运用物态转换（如改变体积、释放或吸收热量等）	改变温度,利用物体的热胀冷缩性； 利用不同材料之间不同的热膨胀系数	使用富氧空气代替普通空气； 使用纯氧代替富氧空气； 使用电离射线处理空气或氧气； 用臭氧代替离子化的空气	用惰性环境代替通常环境； 在真空中完成过程	用组合物质来代替同类物质

附录 B 矛盾

	特 性	1	2	3	4	5	6	7	8	9	10	11	12	13	14	15	16	17	18
1	动物重量			15,8 29,34	–	29,17 38,34	–	29,2 40,28	–	2,8 15,38	8,10 18,37	10,36 37,40	10,14 35,40	1,35 19,39	28,27 18,40	5,34 31,35		6,29 4,38	19,1 32
2	静物重量	–		–	10,1 29,35	–	35,30 13,2	–	5,35 14,2	–	8,10 19,35	13,29 10,18	13,10 29,14	26,39 1,40	28,2 10,27	–	2,27 19,6	28,19 32,22	19,32 35
3	动物长度	8,15 29,34	–		–	15,17 4	–	7,17 4,35	–	13,4 8	17,10 4	1,8 35	1,8 15,34	1,8 29,44	8,35 19	19		10,15 19	32
4	静物长度	–	35,28 40,29	–		–	17,7 10,40	–	35,8 2,14	–	28,10	1,14 35	13,14 15,7	39,37 35	15,14 28,26	–	1,40 35	3,35 38,18	3,25
5	动物面积	2,17 29,34	–	14,15 18,4	–		–	7,14 17,4	–	29,30 4,34	19,30 35,2	10,15 36,28	5,34 29,4	11,2 13,39	3,15 40,14	6,3	–	2,15 16	15,32 19,13
6	静物面积	–	30,2 14,18	–	26,7 9,39	–		–	–	–	1,18 35,36	10,15 36,37	–	–	2,38	40	–	2,10 19,30	35,39 38
7	动物体积	2,26 29,40	–	1,7 4,35	–	1,7 4,17	–		–	29,4 38,34	15,35 36,37	6,35 36,37	1,15 29,4	28,10 1,39	9,14 15,7	6,35 4	–	34,39 10,18	2,13 10
8	静物体积	–	35,10 19,14	19,14	35,8 2,14	–	–	–		–	2,18 37	24,35	7,2 35	34,28 35,40	9,14 17,15	–	35,34 38	35,6 4	–
9	速 度	2,28 13,38	–	13,14 8	–	29,30 34	–	7,29 34	–		13,28 15,19	6,18 38,40	35,15 18,34	28,33 1,18	8,3 26,14	3,19 35,5	–	28,30 36,2	10,13 19
10	力	8,1 37,18	18,13 1,28	17,19 9,36	28,10	19,10 15	1,18 36,37	15,9 12,37	2,36 18,37	13,28 15,12		18,21 11	10,35 40,34	35,10 21	35,10 14,27	19,2	–	35,10 21	–
11	张力/压力	10,36 37,40	13,29 10,18	35,10 36	35,1 14,16	10,15 36,28	10,15 36,37	6,35 10	35,24	6,35 36	36,35 21		35,4 15,10	35,33 2,40	9,18 3,40	19,3 27	–	35,39 19,2	–
12	形 状	8,10 29,40	15,10 26,3	29,34 5,4	13,14 10,7	5,34 4,10	–	14,4 15,22	7,2 35	35,15 34,18	35,10 37,40	34,15 10,14		33,1 18,4	30,14 10,40	14,26 9,25	–	22,14 19,32	13,15 32
13	组合物的稳定	21,35 2,39	26,39 1,40	13,15 1,28	37	2,11 13	39	28,10 19,39	34,28 35,40	33,15 28,18	10,35 21,16	2,35 40	22,1 18,4		17,9 15	13,27 10,35	39,3 35,23	35,1 32	32,3 27,15
14	强 度	1,8 40,15	40,26 27,1	1,15 8,35	15,14 28,26	3,34 40,29	9,40 28	10,15 14,7	9,14 17,15	8,13 26,14	10,18 3,14	10,3 18,40	13,17 35	27,9 26		–	30,10 40	35,19	
15	动物作用时间	19,5 34,31	–	2,19 9	–	3,17 19	–	10,2 19,30	–	3,35 5	19,2 16	19,3 27	14,26 28,25	13,3 35	27,3 26		–	19,35 39	2,19 4,35
16	静物作用时间	–	6,27 19,16	–	1,40 35	–	–	35,34 38	–	–	–	–	–	39,3 35,23	–	–		19,18 36,40	–
17	温 度	36,22 6,38	22,35 32	15,19 9	15,19 9	3,35 39,18	35,38	34,39 40,18	35,6 4	2,28 36,30	35,10 3,21	35,39 19,2	14,22 19,32	1,35 32	10,30 22,40	19,13 39	19,18 36,40		32,30 21,16
18	亮 度	19,1 32	2,35 32	19,32 16	–	19,32 26	–	2,13 10	–	10,13 19	26,19 6	–	32,30	32,3 27	35,19	2,19 6	–	32,35 19	
19	动物耗能	12,18 28,31	–	12,28	–	15,19 25	–	35,13 18	–	8,35	16,26 21,2	23,14 25	12,2 29	19,13 17,24	5,19 9,35	28,35 6,18	–	19,24 3,14	2,15 19
20	静物耗能	–	19,9 6,27	–	–	–	–	–	–	–	36,37	–	–	27,4 29,18	35	–	–	–	19,2 35,32
21	功 率	8,36 38,31	19,26 17,27	1,10 35,37	–	19,38	17,32 13,38	35,6 38	30,6 25	15,35 2	26,2 36,35	22,10 35	29,14 2,40	35,32 15,31	26,10 28	19,35 10,38	16	2,14 17,25	16,6 19
22	能量损耗	15,6 19,28	19,6 18,9	7,2 6,13	6,38 7	15,26 17,30	17,7 30,18	7,18 23	7	16,35 38	36,38	–	–	14,2 39,6	26	–	–	19,38	1,13 32,15
23	物质损耗	35,6 23,40	35,6 22,32	14,29 10,39	10,28 24	35,2 10,31	10,18 39,31	1,29 30,36	3,39 18,31	10,13 28,38	14,15 18,40	3,36 37,10	29,35 3,5	2,14 30,40	35,28 31,40	28,27 3,18	27,16 18,38	21,36 39,31	1,6 13
24	信息损耗	10,24 35	10,35 5	1,26	26	30,26	30,16		2,22	26,32						10	10		19
25	时间损耗	10,20 37,35	10,20 26,5	15,2 29	30,24 14,5	26,4 5,16	10,35 17,4	2,5 34,10	35,16 32,18		10,37 36,5	37,36 4	4,10 34,17	35,3 22,5	29,3 28,18	20,10 28,18	28,20 10,16	35,29 21,18	1,19 26,17
26	物质的量	35,6 18,31	27,26 18,35	29,14 35,18	–	15,14 29	2,18 40,4	15,20 29	–	35,29 34,28	35,14 3	10,36 14,3	35,14	15,2 17,40	14,35 34,10	3,35 10,40	3,35 31	3,17 39	–
27	可靠性	3,8 10,40	3,10 8,28	15,9 14,4	15,29 28,11	17,10 14,16	32,35 40,4	3,10 14,24	2,35 24	21,35 11,28	8,28 10,3	10,24 35,19	35,1 16,11	–	11,28	2,35 3,25	34,27 6,40	3,39 18,31	11,32 13
28	测量精度	32,35 26,28	28,35 25,26	28,26 5,16	32,28 3,16	26,28 32,3	26,28 32,3	32,13 6	–	28,13 32,24	32,2	6,28 32	6,28 32	32,35 13	28,6 32	28,6 32	10,26 24	6,19 28,24	6,1 32
29	制造精度	28,32 13,18	28,35 27,9	10,28 29,37	2,32 10	28,33 29,32	2,29 18,36	32,28 2	25,10 35	10,28 32	28,19 34,36	3,35	32,30 40	30,18	3,27	3,27 40	–	19,26	3,32
30	外来有害因素	22,21 27,39	2,22 13,24	17,1 39,4	1,18	22,1 33,28	27,2 39,35	22,23 37,35	34,39 19,27	21,22 35,28	13,35 39,18	22,2 37	22,1 3,35	35,24 30,18	18,35 37,1	22,15 33,28	17,1 40,33	22,33 35,2	1,19 32,13
31	内部有害因素	19,22 15,39	35,22 1,39	17,15 16,22	–	17,2 18,39	22,1 40	17,2 40	30,18 35,4	35,28 3,23	35,28 1,40	2,33 27,18	35,1 40,27	35,40 27,39	15,35 22,2	15,22 33,31	21,39 16,22	22,35 2,24	19,24 39,32
32	制造力	28,29 15,16	1,27 36,13	1,29 13,17	15,17 27	13,1 26,12	16,40	13,29 1,40	35	35,13 8,1	35,12	35,19 1,37	1,28 13,27	11,13 1	1,3 10,32	27,1 4	35,16	27,26 18	28,24 27,1
33	易用性	25,2 13,15	6,13 1,25	1,17 13,12	–	1,17 13,16	18,16 15,39	1,16 35,15	4,18 39,31	18,13 34	28,13 35	2,32 12	15,34 29,28	32,35 30	32,40 3,28	29,3 8,25	1,16 25	26,27 13	13,17 1,24
34	可修复性	2,27 35,11	2,27 35,11	1,28 10,25	3,18 31	15,13 32	16,25	25,2 35,11	1	34,9	1,11 10	13	1,13 2,4	2,35	11,1 2,9	11,29 28,27	1	4,10	15,1 13
35	适应性	1,6 15,8	19,15 27,16	35,1 29,2	1,35 16	35,30 29,7	15,16	15,35 29	–	35,10 14	15,17 20	35,16	15,37 1,8	35,30 14	35,3 32,6	13,1 35	2,16	27,2 3,35	6,22 26,1
36	装置复杂性	26,30 34,36	2,26 35,39	1,19 26,24	26	14,1 13,16	6,36	34,26 6	1,16	34,10 28	26,16	19,1 35	29,13 28,15	2,22 17,19	2,13 28	10,4 28,15	–	2,17 13	24,17 13
37	控制复杂性	27,26 28,13	6,13 28,1	16,17 26,24	26	2,13 18,17	2,39 30,16	29,1 4,16	2,18 26,31	3,4 16,35	36,28 40,19	35,36 37,32	27,13 1,39	11,22 39,30	27,3 15,28	19,29 39,25	25,34 6,35	3,27 35,16	2,24 26
38	自动水平	28,26 18,35	28,26 35,10	14,13 17,28	23	17,14 13	–	35,13 16	–	28,10	2,35	13,35	15,32 1,13	18,1	25,13	6,9	–	26,2 19	8,32 19
39	生产量/生产率	35,26 24,37	28,27 15,3	18,4 28,38	30,7 14,26	10,26 34,31	10,35 17,7	2,6 34,10	35,37 10,2	–	28,15 10,36	10,37 14	14,10 34,40	35,3 22,39	28,29 10,18	35,10 2,18	20,10 16,38	35,21 28,10	26,17 19,1

242

矩阵表

的特性	19	20	21	22	23	24	25	26	27	28	29	30	31	32	33	34	35	36	37	38	39	
	35,12 34,31	-	12,36 18,31	6,2 34,19	5,35 3,31	10,24 35	10,35 20,28	3,26 18,31	3,11 1,27	28,27 35,26	28,35 26,18	22,21 18,27	22,35 31,39	27,28 1,36	35,33 2,24	2,27 28,11	29,5 15,8	26,30 36,34	28,29 26,32	26,35 18,19	35,3 24,37	1
	-	18,19 28,1	15,19 18,22	18,19 28,15	5,8 13,30	-	10,15 35	10,20 35,26	19,6 18,26	10,28 8,3	18,26 28	-	2,19 35,17	35,22 22,37	2,27 1,39	28,1 9	6,13 1,32	2,27 28,11	19,15 29	1,10 26,39	25,28 17,15	2,26 35	1,28 15,35	2
	8,35 24	-	1,35	7,2 35,39	4,29 23,10	1,24	15,2 29	29,35	10,14 29,40	28,32 4	10,28 29,37	1,15 17,24	17,15	1,29 17	15,29 35,4	1,28 10	14,15 1,16	1,19 26,24	35,1 26,16	17,24 28,29	14,4	3
	-	-	12,8	6,28	10,28 24,35	24,26	30,29 14	-	15,29 28	32,28 3	2,32 10	1,18	-	15,17 27	2,25	3	1,35	1,26	26	-	30,14 7,26	4
	19,32	-	19,10 32,18	15,17 30,26	10,35 2,39	30,26	26,4	29,30 6,13	-	29,9	26,28 32,3	2,32	22,33 28,1	17,2 18,39	13,1 26,24	15,17 13,16	15,13 10,1	15,30	14,1 13	2,36 26,18	14,30 28,23	10,26 34,2	5
	-	-	17,32	17,7 30	17,10 18,39	30,16	10,35 4,18	2,18 40,4	32,35 40,4	26,28 32,3	2,29 18,36	27,2 39,35	22,1 40	40,16	16,4	16	15,16	1,18 36	2,35 30,18	23	10,15 17,7	6
	35	-	35,6 13,18	7,15 13,16	36,39 34,10	2,22	2,6 34,10	29,30 7	14,1 40,11	26,28	25,28 2,16	22,21 27,35	17,2 40,1	29,1 40	15,13 30,12	10	15,29	26,1 29,26	29,26 4	35,34 16,24	10,6 2,34	7
	-	-	30,6	-	10,39 35,34	-	35,16 32,18	35,3 16	2,35	-	35,10 25	34,39 19,27	30,18 35,4	35	-	1	-	1,31	2,17 26	-	35,37 10,2	8
	8,15 35,38	-	19,35 38,2	14,20 19,35	10,13 28,38	13,26	-	10,19 29,38	11,35 27,28	28,32 1,24	10,28 32,25	1,28 35,23	32,28 35,21	2,24 35,21	35,13 8,1	32,28 13,12	34,2 28,27	15,10 26	10,28 4,34	3,34 27,16	-	9
	19,17 10	1,16 36,37	19,35 18,37	14,15	8,35 45,5	-	10,37 36	14,29 18,36	3,35 13,21	10,14 23,24	35,10 37,36	1,35 40,18	13,3 36,24	15,37 18,1	1,28 3,25	15,1 11	15,17 18,20	26,35 10,18	36,37 10,19	2,35 3	3,28 35,37	10
	14,24 10,37	-	10,35 14	2,36 25	10,36 3,37	-	37,36 4	10,14 36	10,13 19,35	6,28 25	3,35	22,2 37	2,33 18	1,35 16	11	2	35	19,1 35	2,36 37	35,24	10,14 35,37	11
	2,6 34,14	-	4,6 2	14	35,29 3,5	-	14,10 34,17	36,22	10,40 16	28,32 1	32,30 40	22,1 2,35	35,1	1,32 17,28	32,15 26	2,13 1	1,15 29	16,29 1,28	15,13 39	15,1 32	17,26 34,10	12
	13,19	27,4 29,18	32,35 27,31	14,2 39,6	2,14 30,40	-	35,27	15,32 35	-	13	18,35 30,18	35,40 27,39	35,19	32,35 30	2,35 10,16	35,22 34,2	1,8 22,26	23,35 39,23	35,40,3	1,8 35	23,35 40,3	13
	19,35 10	35	10,26 35,28	35	35,28 31,40	-	29,3 28,10	29,10 27	11,3	3,27 16	3,27	18,35 37,1	15,35 22,2	11,3 10,32	32,40 28,2	27,11 3	15,3 32	2,13 28	27,3 15,40	15	29,35 10,14	14
	28,6 35,18	-	19,10 35,38	-	28,27 3,18	10	20,10 28,18	3,35 10,40	11,2 13	3	3,27 16,40	22,15 33,28	21,39 16,22	27,1 4	12,27	29,10 27	1,35 13	10,4 29,15	19,29 39,35	6,10	35,17 14,19	15
	-	-	16	-	27,16 18,38	10	28,20 10,16	3,35 31	34,27 6,40	10,26 24	-	17,1 40,33	22	35,10	1	1	2	25,34 6,35	-	1	20,10 16,38	16
	19,15 3,17	-	2,14 17,25	21,17 35,38	21,36 29,31	-	35,28 21,18	3,17 30,39	19,35 3,10	32,19 24	24	22,33 35,2	22,35 2,24	26,27	26,27	4,10 16	2,18 27	2,17 16	3,27 35,31	26,2 19,16	15,28 35	17
	32,1 19	32,35 1,15	32	13,16 1,6	13,1	1,6	19,1 26,17	1,19	-	11,15 32	3,32	15,19 32,39	19,35 28,26	28,26 19	15,17 13,16	15,1 19	6,32 13	32,15	2,26 10	2,25 16	18
			6,19 37,18	12,22 15,24	35,24 18,5	-	35,38 19,18	34,23 16,18	19,21 11,27	3,1 32	-	1,35 6,27	2,35 6	28,26 30	19,35	1,15 17,28	15,17 13,16	2,29 27,28	35,38	32,2 10	12,28 35	19
					28,27 18,31	-	-	3,35 31	10,36 23	-	-	10,2 22,37	19,22 18	1,4	-	-	-	19,35 16,25	-	1,6	20
	16,6 19,37			3,38	10,35 38	28,27 18,38	10,19 10,6	35,20 10,6	4,34 19	19,24 26,31	32,15 2	32.2	2,35 31,2	26,10 18	26,35 10	35,2 10,34	19,17 34	20,19 30,34	19,35 16	28,2 17	28,35 34	21
			3,38		35,27 2,37	19,10	10,18 32,7	7,18 25	11,10 35	32	-	21,22 35,2	21,35 2,22	-	35,32 1	2,19	-	7,23	35,3 15,23	-	2	28,10 29,35	22
	35,18 24,5	28,27 12,31	28,27 18,38	35,27 2,31		15,18 35,10	6,3 10,24	10,29 39,35	16,34 31,28	35,10 24,31	33,22 30,40	10,1 34,29	15,34 33	32,28 2,24	2,35 34,27	15,10 2,28	35,10 28,24	35,18 10,13	35,10 18	28,35 10,23	23
			10,19	19,10			24,26 28,32	26,28 10,19	10,28 23	-	22,10 1	10,21 22	32	27,22	-	-	-	35,33	35	13,23 15	24
	35,38 19,18		1	35,20 10,6	10,5 18,32	35,18 10,39	24,26 28,32		35,38 18,16	10,30 4	24,34 28,32	24,26 28,18	35,18 34	35,22 18,39	35,28 34,4	4,28 10,34	32,1 10	35,28	6,29	18,28 32,10	24,28 35,30	-	25
	34,29 16,18	3,35 31	35	7,18 25	6,3 10,24	24,28 35,18	35,38		18,3 28,40	13,2 28	33,30 28	35,33 29,31	3,35 40,39	29,1 35,27	35,29 25,10	2,32 10,25	15,3 29	3,13 27,10	3,27 29,18	8,35	13,29 3,27	26
	21,11 27,19	36,23	21,11 26,31	10,11 35	10,35 29,39	10,28	10,30 4	21,28 40,3		32,3 11,23	11,32 1	27,35 2,40	35,2 40,26	-	27,17 40	1,11	13,35 8,24	13,35 1	27,40 28	11,13 1	1,35 29,38	27
	3,6 32		3,6 32	26,32 27	10,16 31,28	-	24,34 28,32	2,6 32	5,11 1,23		28,24 22,26	3,33 39,10	6,35 25,18	1,13 17,34	1,32 13,11	13,35 2	27,35 10,34	26,24 32,28	28,2 10,34	10,34 28,32	28
	32,2	-	32,2	13,32 2	35,31 10,24	-	32,26 28,18	32,30	11,32 1	-		26,28 10,36	4,17 34,26	-	1,32 35,23	25,10	-	26,2 18	-	26,28 18,23	10,18 32,39	29
	1,24 6,27	10,2 22,37	19,22 31,2	21,22 35,2	33,22 19,40	22,10 2	35,18 34,39	35,33 29,31	27,24 2,40	28,33 23,26	26,28 10,18		24,35 2	2,25 28,39	35,10 2	35,11 22,31	22,19 29,40	22,19 29,40	33,3 34	22,35 13,24	30
	2,35 6	19,22 18	2,35 18	21,35 2,22	10,1 34	10,21 29	1,22	3,24 39,1	24,2 40,39	3,33 26	4,17 34,26	-		-	-	-	-	19,1 31	2,21 27,1	2	22,35 18,39	31
	28,26 27,1	1,4	27,1 12,24	19,35	15,34 33	32,24 18,16	35,28 34,4	35,23 1,24	-	1,35 12,18	-	24,2	-		2,5 13,16	35,1 11,9	2,13 15	27,26 1	6,28 11,1	8,28 1	35,1 10,28	32
	1,13 24	-	35,34 2,10	2,19 13	-	28,32 2,24	4,10 27,22	4,28 10,34	12,35	17,27 8,40	25,13 2,34	1,32 35,23	2,25 28,39	-	2,5 12		12,26 1,32	15,34 1,16	32,26 12,17	-	1,34 12,3	15,1 28	33
	15,1 28,16	-	15,10 32,2	15,1 32,19	2,35 34,27	-	32,1 10,25	2,28 10,25	11,10 1,16	10,2 13	25,10	35,10 2,16	-	1,35 11,10	1,12 26,15		7,1 4,16	35,1 13,11	34,35 7,13	1,32 10	34
	19,35 29,13	-	19,1 29	18,15 1	15,10 2,13	-	35,28	3,35 15	35,13 8,24	35,5 1,10	-	35,11 32,31	-	1,13 31	15,34 1,16	1,16 7,4		15,29 37,28	1	27,34 35	35,28 6,37	35
	27,2 29,28	-	20,19 30,34	10,35 13,2	35,10 28,29	-	6,29	13,3 27,10	13,35 1	2,26 10,34	26,24 32	-	22,19 29,40	19,1	27,26 1,13	27,9 26,24	1,13		12,26	15,3 29	15,10 37,28	15,1 24	12,7	36
	35,38 19,35	19,35 16	-	28,2 23,28	35,10 18,5	35,33	18,28 32,9	3,27 29,18	27,40 28,8	26,24 32,28	-	22,19 29,28	2,21	5,28 11,29	2,5	12,26	1,15 10,37,28	-		34,21	35,18	37
	2,32 13	-	28,2 27	23,28	35,10 18,5	35,33 30	24,28	35,13	11,27 32	28,26 10,34	28,26 18,23	2,33	2	1,26	1,12 34,3	1,35 13	27,4 1,35	15,24 10	34,27 25		5,12 35,26	38
	35,10 38,19	1	35,20 10	28,10 29,35	28,10 35,23	13,15 23	-	35,38	1,35 10,38	1,10 34,28	18,10 32,1	22,35 13,24	35,22 18,39	35,28 2,24	1,28 7,19	1,32 10,25	1,35 28,37	12,17 28,24	35,18 27,2	5,12 35,26		39

附录 C　技术转让（专利权）合同模板

技术转让（专利权）合同

项目名称：＿＿＿＿＿＿＿＿＿＿＿＿＿＿＿＿＿＿＿＿＿＿＿＿＿＿＿＿＿＿＿
受让方（甲方）：＿＿＿＿＿＿＿＿＿＿＿＿＿＿＿＿＿＿＿＿＿＿＿＿＿＿＿
让与方（乙方）：＿＿＿＿＿＿＿＿＿＿＿＿＿＿＿＿＿＿＿＿＿＿＿＿＿＿＿
签订时间：＿＿＿＿＿＿＿＿＿＿＿＿＿＿＿＿＿＿＿＿＿＿＿＿＿＿＿＿＿
签订地点：＿＿＿＿＿＿＿＿＿＿＿＿＿＿＿＿＿＿＿＿＿＿＿＿＿＿＿＿＿
有效期限：＿＿＿＿＿＿＿＿＿＿＿＿＿＿＿＿＿＿＿＿＿＿＿＿＿＿＿＿＿

中华人民共和国科学技术部印制

填 写 说 明

一、本合同为中华人民共和国科学技术部印制的技术转让（专利权）合同示范文本，各技术合同认定登记机构可推介技术合同当事人参照使用。

二、本合同书适用于一方当事人（让与方、原专利权人）将其发明创造专利权转让受让方，受让方支付约定价款而订立的合同。

三、签约一方为多个当事人的，可按各自在合同关系中的作用等，在"委托方""受托方"项下（增页）分别排列为共同受让人或共同让与人。

四、本合同书未尽事项，可由当事人附页另行约定，并作为本合同的组成部分。

五、当事人使用本合同书时约定无须填写的条款，应在该条款处注明"无"等字样。

技术转让（专利权）合同

受让方（甲方）：＿＿＿＿＿＿＿＿＿＿＿＿＿＿＿＿＿＿＿＿＿＿＿＿＿＿
住所地：＿＿＿＿＿＿＿＿＿＿＿＿＿＿＿＿＿＿＿＿＿＿＿＿＿＿＿＿＿＿
法定代表人：＿＿＿＿＿＿＿＿＿＿＿＿＿＿＿＿＿＿＿＿＿＿＿＿＿＿＿
项目联系人：＿＿＿＿＿＿＿＿＿＿＿＿＿＿＿＿＿＿＿＿＿＿＿＿＿＿＿
联系方式：＿＿＿＿＿＿＿＿＿＿＿＿＿＿＿＿＿＿＿＿＿＿＿＿＿＿＿＿
通信地址：＿＿＿＿＿＿＿＿＿＿＿＿＿＿＿＿＿＿＿＿＿＿＿＿＿＿＿＿
电话：＿＿＿＿＿＿＿＿＿＿＿＿＿　传真：＿＿＿＿＿＿＿＿＿＿＿＿＿
电子邮箱：＿＿＿＿＿＿＿＿＿＿＿＿＿＿＿＿＿＿＿＿＿＿＿＿＿＿＿＿
让与方（乙方）：＿＿＿＿＿＿＿＿＿＿＿＿＿＿＿＿＿＿＿＿＿＿＿＿＿＿
住所地：＿＿＿＿＿＿＿＿＿＿＿＿＿＿＿＿＿＿＿＿＿＿＿＿＿＿＿＿＿＿
法定代表人：＿＿＿＿＿＿＿＿＿＿＿＿＿＿＿＿＿＿＿＿＿＿＿＿＿＿＿
项目联系人：＿＿＿＿＿＿＿＿＿＿＿＿＿＿＿＿＿＿＿＿＿＿＿＿＿＿＿
联系方式：＿＿＿＿＿＿＿＿＿＿＿＿＿＿＿＿＿＿＿＿＿＿＿＿＿＿＿＿
通信地址：＿＿＿＿＿＿＿＿＿＿＿＿＿＿＿＿＿＿＿＿＿＿＿＿＿＿＿＿
电话：＿＿＿＿＿＿＿＿＿＿＿＿＿　传真：＿＿＿＿＿＿＿＿＿＿＿＿＿
电子邮箱：＿＿＿＿＿＿＿＿＿＿＿＿＿＿＿＿＿＿＿＿＿＿＿＿＿＿＿＿

本合同乙方将其＿＿＿＿＿＿＿＿＿＿＿＿＿＿＿＿＿＿＿＿＿＿＿＿＿＿＿＿＿＿＿＿的专利权转让甲方，甲方受让并支付相应的转让价款。双方经过平等协商，在真实、充分地表达各自意愿的基础上，根据《中华人民共和国合同法》的规定，达成如下协议，并由双方共同恪守。

第一条：本合同转让的专利权：

1. 为＿＿＿＿＿＿＿＿＿＿＿＿＿＿（发明、实用新型、外观设计）专利。
2. 发明人/设计人为：＿＿＿＿＿＿＿＿＿＿＿＿＿＿＿＿＿＿＿＿＿＿＿＿＿＿＿。
3. 专利权人：＿＿＿＿＿＿＿＿＿＿＿＿＿＿＿＿＿＿＿＿＿＿＿＿＿＿＿＿＿＿＿。
4. 专利授权日：＿＿＿＿＿＿＿＿＿＿＿＿＿＿＿＿＿＿＿＿＿＿＿＿＿＿＿＿＿。
5. 专利号：＿＿＿＿＿＿＿＿＿＿＿＿＿＿＿＿＿＿＿＿＿＿＿＿＿＿＿＿＿＿＿＿。
6. 专利有效期限：＿＿＿＿＿＿＿＿＿＿＿＿＿＿＿＿＿＿＿＿＿＿＿＿＿＿＿＿。
7. 专利年费已交至＿＿＿＿＿＿＿＿＿＿＿＿＿＿＿＿＿＿＿＿＿＿＿＿＿＿＿＿。

第二条：乙方在本合同签署前实施或许可本项专利权的状况如下：

1. 乙方实施本项专利权的状况（时间、地点、方式和规模）：＿＿＿＿＿＿＿＿＿＿
＿＿＿＿＿＿＿＿＿＿＿＿＿＿＿＿＿＿＿＿＿＿＿＿＿＿＿＿＿＿＿＿＿＿＿＿＿。
2. 乙方许可他人使用本项专利权的状况（时间、地点、方式和规模）：＿＿＿＿＿＿
＿＿＿＿＿＿＿＿＿＿＿＿＿＿＿＿＿＿＿＿＿＿＿＿＿＿＿＿＿＿＿＿＿＿＿＿＿。
3. 本合同生效后，乙方有义务在＿＿＿＿＿＿日内将本项专利权转让的状况告知被许可使用本发明创造的当事人。

第三条：甲方应在本合同生效后，保证原专利实施许可合同的履行。乙方在原专利实施许可合同中享有的权利和义务，自本合同生效之日起，由甲方承受。乙方应当在＿＿＿＿＿＿＿日内通知并协助原专利实施许可合同的让与人与甲方办理合同变更事项。

第四条：本合同生效后乙方继续实施本项专利的，按以下约定办理：＿＿＿＿＿＿＿＿＿＿。

第五条：为保证甲方有效拥有本项专利权，乙方应向甲方提交以下技术资料：

1. ＿＿＿＿＿＿＿＿＿＿＿＿＿＿＿＿＿＿＿＿＿＿＿＿＿＿＿＿＿＿＿＿＿＿＿；
2. ＿＿＿＿＿＿＿＿＿＿＿＿＿＿＿＿＿＿＿＿＿＿＿＿＿＿＿＿＿＿＿＿＿＿＿。

第六条：乙方向甲方提交技术资料的时间、地点、方式如下：

1. 提交时间：＿＿＿＿＿＿＿＿＿＿＿＿＿＿＿＿＿＿＿＿＿＿＿＿＿＿＿＿＿＿。
2. 提交地点：＿＿＿＿＿＿＿＿＿＿＿＿＿＿＿＿＿＿＿＿＿＿＿＿＿＿＿＿＿＿。
3. 提交方式：＿＿＿＿＿＿＿＿＿＿＿＿＿＿＿＿＿＿＿＿＿＿＿＿＿＿＿＿＿＿。

第七条：本合同签署后，由＿＿＿＿＿＿方负责在＿＿＿＿＿＿日内办理专利权转让登记事宜。

第八条：为保证甲方有效拥有本项专利，乙方向甲方转让与实施本项专利权有关的技术秘密：

1. 技术秘密的内容：＿＿＿＿＿＿＿＿＿＿＿＿＿＿＿＿＿＿＿＿＿＿＿＿＿＿＿
＿＿＿＿＿＿＿＿＿＿＿＿＿＿＿＿＿＿＿＿＿＿＿＿＿＿＿＿＿＿＿＿＿＿＿＿＿。
2. 技术秘密的实施要求：＿＿＿＿＿＿＿＿＿＿＿＿＿＿＿＿＿＿＿＿＿＿＿＿＿
＿＿＿＿＿＿＿＿＿＿＿＿＿＿＿＿＿＿＿＿＿＿＿＿＿＿＿＿＿＿＿＿＿＿＿＿＿。
3. 技术秘密的保密范围和期限：＿＿＿＿＿＿＿＿＿＿＿＿＿＿＿＿＿＿＿＿＿＿
＿＿＿＿＿＿＿＿＿＿＿＿＿＿＿＿＿＿＿＿＿＿＿＿＿＿＿＿＿＿＿＿＿＿＿＿＿。

第九条：乙方应当保证其专利权转让不侵犯任何第三人的合法权益。如发生第三人指控甲

方侵权的,乙方应当_____
_____。

第十条:乙方对本合同生效后专利权被宣告无效,不承担法律责任。

第十一条:甲方向乙方支付该项专利权转让的价款及支付方式如下:

1. 专利权的转让价款总额为:_____,
其中,技术秘密转让价款为_____。

2. 专利权的转让价款由甲方_____(一次、分期或提成)支付乙方。

具体支付方式和时间如下:

(1) _____;
(2) _____;
(3) _____。

乙方开户银行名称、地址和账号为:

开户银行:_____
地址:_____
账号:_____

3. 双方确定,甲方以实施研究开发成果所产生的利益提成支付乙方的研究开发经费和报酬的,乙方有权以_____
_____方式查阅甲方有关的会计账目。

第十二条:双方确定,在本合同履行中,任何一方不得以下列方式限制另一方的技术竞争和技术发展:

1. _____。
2. _____。
3. _____。

第十三条:双方确定,

1. 甲方有权利用乙方转让专利权涉及的发明创造进行后续改进。由此产生的具有实质性或创造性技术进步特征的新的技术成果,归_____(甲方、双方)所有。具体相关利益的分配办法如下:_____
_____
_____。

2. 乙方有权在已交付甲方该项专利权后,对该项专利权涉及的发明创造进行后续改进。由此产生的具有实质性或创造性技术进步特征的新的技术成果,归_____(乙方、双方)所有。具体相关利益的分配办法如下:_____
_____。

第十四条:双方确定,按以下约定承担各自的违约责任:

1. _____方违反本合同第_____条约定,应当_____
_____(支付违约金或损失赔偿额的计算方法)。

2. _____方违反本合同第_____条约定,应当_____
_____(支付违约金或损失赔偿额的计算方法)。

3. _____方违反本合同第_____条约定,应当_____

_____（支付违约金或损失赔偿额的计算方法）。
　　4._____方违反本合同第_____条约定,应当_____
_____（支付违约金或损失赔偿额的计算方法）。
　　第十五条:双方确定,在本合同有效期内,甲方指定_____为甲方项目联系人,乙方指定_____为乙方项目联系人。项目联系人承担以下责任:
　　1._____。
　　2._____。
　　3._____。
　　一方变更项目联系人的,应当及时以书面形式通知另一方。未及时通知并影响本合同履行或造成损失的,应承担相应的责任。
　　第十六条:双方确定,出现下列情形,致使本合同的履行成为不必要或不可能的,可以解除本合同:
　　1.因发生不可抗力。
　　2._____。
　　3._____。
　　第十七条:双方因履行本合同而发生的争议,应协商、调解解决。协商、调解不成的,确定按以下第_____种方式处理:
　　1.提交_____仲裁委员会仲裁。
　　2.依法向人民法院起诉。
　　第十八条:双方确定,本合同及相关附件中所涉及的有关名词和技术术语,其定义和解释如下:
　　1._____。
　　2._____。
　　3._____。
　　第十九条:与履行本合同有关的下列技术文件,经双方确认后,_____
_____为本合同的组成部分:
　　1.技术背景资料:_____;
　　2.可行性论证报告:_____;
　　3.技术评价报告:_____;
　　4.技术标准和规范:_____;
　　5.原始设计和工艺文件:_____;
　　6.其他:_____。
　　第二十条:双方约定本合同其他相关事项为:_____
_____。
　　第二十一条:本合同一式_____份,具有同等法律效力。
　　第二十二条:本合同自国家专利行政主管机关登记之日起生效。
　　甲方:_____（盖章）
　　法定代表人/委托代理人:_____（签名）
　　　　　　　　　　　　　　　　　　　　　　　　　年　　月　　日

乙方：_____（盖章）
法定代表人/委托代理人：_____（签名）
　　　　　　　　　　　　　　　　　　　　　　年　　月　　日
印花税票粘贴处：
_____

（此页由技术合同登记机构填写）
合同登记编号：

1. 申请登记人：_____
2. 登记材料：(1)_____
　　　　　　 (2)_____
3. 合同类型：_____
4. 合同交易额：_____
5. 技术交易额：_____

　　　　　　　　　　　　　　　技术合同登记机构（印章）
　　　　　　　　　　　　　　　经办人：
　　　　　　　　　　　　　　　　　　年　　月　　日

附录 D 技术转让（专利实施许可）合同模板

技术转让（专利实施许可）合同

项目名称：_____
受让方（甲方）：_____
让与方（乙方）：_____
签订时间：_____
签订地点：_____
有效期限：_____

中华人民共和国科学技术部印制

填 写 说 明

一、本合同为中华人民共和国科学技术部印制的技术转让（专利实施许可）合同示范文本，各技术合同认定登记机构可推介技术合同当事人参照使用。

二、本合同书适用于让与人（专利权人或者其授权的人）许可受让方在约定的范围内实施专利，受让方支付约定使用费而订立的合同。

三、签约一方为多个当事人的，可按各自在合同关系中的作用等，在"委托方""受托方"项下（增页）分别排列为共同受让人或共同让与人。

四、本合同书未尽事项，可由当事人附页另行约定，并作为本合同的组成部分。

五、当事人使用本合同书时约定无须填写的条款，应在该条款处注明"无"等字样。

技术转让（专利实施许可）合同

受让方（甲方）：_____
住所地：_____
法定代表人：_____
项目联系人：_____
联系方式：_____
通信地址：_____
电话：_____ 传真：_____
电子邮箱：_____
让与方（乙方）：_____
住所地：_____
法定代表人：_____
项目联系人：_____
联系方式：_____
通信地址：_____
电话：_____ 传真：_____
电子邮箱：_____

本合同乙方以_____(独占、排他、普通)方式_____
许可甲方实施其所拥有的_____
专利权,甲方受让该项专利的实施许可并支付相应的实施许可使用费。双方经过平等协商,在真实、充分地表达各自意愿的基础上,根据《中华人民共和国合同法》的规定,达成如下协议,并由双方共同恪守。

第一条:本合同许可实施的专利权:

1. 为_____(发明、实用新型、外观设计)专利。
2. 发明人/设计人:_____。
3. 专利权人为:_____。
4. 专利授权日:_____。
5. 专利号:_____。
6. 专利有效期限:_____。
7. 专利年费已交至_____

第二条:乙方在本合同生效前实施或许可本项专利的基本状况如下:

1. 乙方实施本项专利权的状况(时间、地点、方式和规模):_____
_____。
2. 乙方许可他人使用本项专利权的状况(时间、地点、方式和规模):__
_____。

第三条:乙方许可甲方以如下范围、方式和期限实施本项专利:

1. 实施方式:_____
_____。
2. 实施范围:_____
_____。
3. 实施期限:_____。

第四条:为保证甲方有效实施本项专利,乙方应向甲方提交以下技术资料:

1. _____;
2. _____;
3. _____;
4. _____。

第五条:乙方提交技术资料的时间、地点、方式如下

1. 提交时间:_____。
2. 提交地点:_____。
3. 提交方式:_____。

第六条:为保证甲方有效实施本项专利,乙方向甲方转让与实施本项专利有关的技术秘密:

1. 技术秘密的内容:_____
_____。
2. 技术秘密的实施要求:_____
_____。
3. 技术秘密的保密范围和期限:_____

第七条：为保证甲方有效实施本项专利，乙方向甲方提供以下技术服务和技术指导：

1. 技术服务和技术指导的内容：_____
_____。

2. 技术服务和技术指导的方式：_____
_____。

第八条：双方确定，乙方许可甲方实施本项专利及转让技术秘密、提供技术服务和技术指导，按以下标准和方式验收：

1. _____。
2. _____。
3. _____。

第九条：甲方向乙方支付实施该项专利权使用费及支付方式为：

1. 许可实施使用费总额为：_____。
   其中：技术秘密的使用费为：_____，
         技术服务和指导费为：_____。

2. 许可实施使用费由甲方_____（一次、分期或提成）支付乙方。
   具体支付方式和时间如下：
   （1）_____；
   （2）_____；
   （3）_____。

   乙方开户银行名称、地址和账号为：
   开户银行：_____
   地　　址：_____
   账　　号：_____

3. 双方确定，甲方以实施专利技术所产生的利益提成支付乙方许可使用费的，乙方有权以_____方式查阅甲方有关的会计账目。

第十条：乙方应当保证其专利权实施许可不侵犯任何第三人的合法权益，如发生第三人指控甲方侵犯专利权的，乙方应当_____
_____。

第十一条：乙方应当在本合同有效期内维持本项专利权的有效性。如由于乙方过错致使本项专利权终止的，乙方应当按本合同第十六条的约定，支付甲方违约金或赔偿损失。

本项专利权被国家专利行政主管机关宣布无效的，乙方应当赔偿甲方损失，但甲方已给付乙方的使用费，不再返还。

第十二条：甲方应当在本合同生效后_____日内开始实施本项专利；逾期未实施的，应当及时通知乙方并予以正当解释，征得乙方认可。甲方逾期_____日未实施本项专利且未予解释，影响乙方技术转让提成收益的，乙方有权要求甲方支付违约金或赔偿损失。

第十三条：双方确定，在本合同履行中，任何一方不得以下列方式限制另一方的技术竞争和技术发展：

1. _____;
2. _____;
3. _____。

第十四条：双方确定，

1. 甲方有权利用乙方许可实施的专利技术和技术秘密进行后续改进。由此产生的具有实质性或创造性技术进步特征的新的技术成果，归_____（甲方、双方）所有。具体相关利益的分配办法如下：_____。

2. 乙方有权在许可甲方实施该项专利权后，对该项专利权涉及的发明创造及技术秘密进行后续改进。由此产生的具有实质性或创造性技术进步特征的新的技术成果，归_____（乙方、双方）所有。具体相关利益的分配办法如下：_____。

第十五条：本合同的变更必须由双方协商一致，并以书面形式确定。但有下列情形之一的，一方可以向另一方提出变更合同权利与义务的请求，另一方应当在_____日内予以答复；逾期未予答复的，视为同意：

1. _____;
2. _____。

第十六条：双方确定，按以下约定承担各自的违约责任：

1. _____方违反本合同第_____条约定，应当_____（支付违约金或损失赔偿额的计算方法）。

2. _____方违反本合同第_____条约定，应当_____（支付违约金或损失赔偿额的计算方法）。

3. _____方违反本合同第_____条约定，应当_____（支付违约金或损失赔偿额的计算方法）。

4. _____方违反本合同第_____条约定，应当_____（支付违约金或损失赔偿额的计算方法）。

第十七条：双方确定，在本合同有效期内，甲方指定_____为甲方项目联系人，乙方指定_____为乙方项目联系人。项目联系人承担以下责任：

1. _____。
2. _____。
3. _____。

一方变更项目联系人的，应当及时以书面形式通知另一方。未及时通知并影响本合同履行或造成损失的，应承担相应的责任。

第十八条：双方确定，出现下列情形，致使本合同的履行成为不必要或不可能，可以解除本合同：

1. 发生不可抗力。
2. _____。
3. _____。

第十九条:双方因履行本合同而发生的争议,应协商、调解解决。协商、调解不成的,确定按以下第_____种方式处理:

1. 提交_____仲裁委员会仲裁。
2. 依法向人民法院起诉。

第二十条:双方确定,本合同及相关附件中所涉及的有关名词和技术术语,其定义和解释如下:

1. _____。
2. _____。

第二十一条:与履行本合同有关的下列技术文件,经双方确认后,_____
_____为本合同的组成部分:

1. 技术背景资料:_____;
2. 可行性论证报告:_____;
3. 技术评价报告:_____;
4. 技术标准和规范:_____;
5. 原始设计和工艺文件:_____;
6. 其他:_____。

第二十二条:双方约定本合同其他相关事项为:_____
_____。

第二十三条:本合同一式_____份,具有同等法律效力。

第二十四条:本合同经双方签字盖章后生效。

甲方:_____(盖章)

法定代表人/委托代理人:_____(签名)

　　　　　　　　　　　　　　　　　　　　　　　年　　月　　日

乙方:_____(盖章)

法定代表人/委托代理人:_____(签名)

　　　　　　　　　　　　　　　　　　　　　　　年　　月　　日

印花税票粘贴处:
_____

(此页由技术合同登记机构填写)

合同登记编号:

1. 申请登记人:_____
2. 登记材料:(1)_____
　　　　　　　(2)_____
　　　　　　　(3)_____
3. 合同类型:_____
4. 合同交易额:_____

5. 技术交易额：_____

　　　　　　　　　　　　　　　　技术合同登记机构（印章）
　　　　　　　　　　　　　　　　经办人：
　　　　　　　　　　　　　　　　　　　年　　月　　日

附录 E 著录项目变更申报书

著录项目变更申报书

		本框由国家知识产权局填写
① 专利或申请专利	申请号或专利号：	递交日：
	发明创造名称：	申请号条码：
	申请人或专利权人：	挂号条码：

②针对_____通知书(发文序号_____)进行著录项目变更。

③变更项目	变更前	变更后
□发明人或设计人		
□申请人或专利权人事项： □姓名或者名称 变更类型：□更名 □转移 　　　　　 □继承 □其他 □国籍或注册国家(地区) □地址、邮编 □居民身份证件号码或统一社会信用代码/组织机构代码 □联系电话		
□联系人事项：		
□专利代理事项：		

④附件清单

□双方当事人签章的权利转移协议书	□地方知识产权管理部门的调解书
□全体权利人同意转让的证明材料	□人民法院的判决书或者调解书
□全体权利人同意赠与的证明材料	□国务院商务主管部门出具的证明文件
□双方当事人签字或盖章的说明变更理由的证明文件	□地方商务主管部门出具的证明文件
□上级主管部门或当地工商行政管理部门出具的变更名称的证明文件	□变更后申请人或专利权人的专利代理委托书
□户籍管理部门出具的更改姓名的证明文件	□公证材料

续表

□公证机关证明继承人合法地位的公证书	□已备案的证明文件备案号_____
⑤当事人或专利代理机构签字或者盖章 　　　　　　　　　年　月　日	⑥国家知识产权局处理意见 　　　　　　　　　年　月　日

附录 F 专利实施许可合同备案申请表

专利实施许可合同备案申请表

许可专利	专利名称			专利（申请）号	
许可方	名称			电话	
	地址			邮编	
被许可方	名称			电话	
	地址			邮编	
代理人	机构名称		姓名	电话	
	地址			邮编	
合同信息	许可种类	☐独占许可 ☐排他许可 ☐普通许可 ☐交叉许可 ☐分许可		专利许可地域范围	
	使用费用	☐人民币 ☐美元	支付方式		
	生效日期		终止日期		
许可方声明	☐专利实施许可合同符合《专利实施许可合同备案办法》相关规定				
	☐不存在违反专利法第15条相关规定的情形				
许可方签章： 年 月 日	代理机构签章： 年 月 日			审查意见： 年 月 日	

参 考 文 献

[1] 甘自恒.创造学原理和方法——广义创造学[M].2版.北京:科学出版社,2010.
[2] 姚凤云,朱光.创造学与创新管理[M].北京:清华大学出版社,2010.
[3] 孙学雁.创造理论与实践[M].北京:北京师范大学出版社,2011.
[4] 洪燕云,何庆.创造学[M].北京:清华大学出版社,2009.
[5] 魏拴成,姜伟.创业学:创业思维·过程·实践[M].北京:机械工业出版社,2013.
[6] 王成军,沈豫浙.应用创造学[M].北京:北京大学出版社,2010.
[7] 王占仁."广谱式"创新创业教育导论[M].北京:人民出版社,2012.
[8] 王晶.第四届全国大学生机械创新设计大赛决赛作品选集[M].北京:高等教育出版社,2012.
[9] 李青山,孙凯,齐真理.大学生创造学学习指南[M].哈尔滨:哈尔滨工业大学出版社,2001.
[10] 杨家军.机械创新设计技术[M].北京:科学出版社,2008.
[11] 王哲.创新思维训练500题[M].北京:中国言实出版社,2009.
[12] 灵感.每天学点创意学[M].北京:新世界出版社,2011.
[13] 蔡晓佳.我创新、我成功:跟大师学创新思维[M].北京:中央编译出版社,2006.
[14] 滑云龙,殷焕举.创新学[M].北京:中国农业大学出版社,2006.
[15] 刘卫平.知识创新思维学[M].北京:中国书籍出版社,2013.
[16] 季跃东.创新创业:思维拓展与技能训练[M].北京:科学出版社,2012.
[17] 赵敏,史晓凌,段海波.TRIZ入门及实践[M].北京:科学出版社,2009.
[18] 拜五四.大学生就业与创业实训[M].北京:科学出版社,2011.
[19] 王艳梅.大学生创业指导教程[M].北京:高等教育出版社,2011.
[20] 傅筠,黄道平.创新·创业与就业[M].北京:机械工业出版社,2009.
[21] 王晓进.大学生创新理论与实践[M].北京:科学出版社,2014.
[22] 高美兰.创新与创业教育[M].北京:机械工业出版社,2018.
[23] 毛良虎.国际化视野下的创造、创新和创业[M].南京:东南大学出版社,2016.